国家出版基金项目
NATIONAL PUBLICATION FOUNDATION

中央苏区革命史
调查资料汇编

卷七

吴永明 / 主编

黎志辉 / 编

江西人民出版社
Jiangxi People's Publishing House
全国百佳出版社

本卷说明

一、本卷为《中央苏区革命史调查资料汇编》卷七，以江西省档案馆特藏的革命历史档案为资料来源，包括苏区革命时期的文件档案和延安时期至新中国成立的革命回忆录。本卷主要收录《江西革命历史文件汇集》《中央革命根据地历史资料文库》《江西党史资料》等资料集未收的基层革命历史档案，或对其中的少量已收资料重新进行校订。

二、所有编入本卷的历史文献资料，均力求保持历史原貌。原件中明显的错别字以〔 〕更正，漏字在【 】内填补，衍字（误增之文字）用〈 〉标明，由于字迹模糊或脱落残缺而未能辨认的文字以大概同等数量的×号代替，文字之间出现的、存在漏字可能的空白处以□号表示。原件中极少数的顺序明显错乱、影响意思理解的词句，未做注释而直接加以修改。

三、本卷资料主要反映中国共产党领导的苏区革命在县级层面的运作和实态。这些来自县级层面的革命文件，一方面具有上传下达的功能，即反映了上级党、政、军等组织的政策和命令，另一方面则具有基层实践的特点，这些特点有时表现为文件语言的地方化、通俗化，有时表现为对上级文件的灵活执行。其中，蕉平寻县由于留存区委一级党组织的文件，因而还能反映县以下党组织的政治活动及其特点。主要形成于新中国成立初期的一些革命回忆录，能够在人和事的诸多细节上，进一步深化我们对苏区革命的实践过程的认识和研究。

四、本卷资料的查询、搜集、整理、录入和核对工作，主要由黎志辉和江西师范大学历史系硕士研究生周谊、徐进标、杭欧阳、杨可淳、龙欣等共同完成。

编者

2022 年 10 月

目　录

二、革命回忆资料

一、

革命历史档案

（一）兴国县

兴国职工运动目前工作计划（三次大会议案之一）

1. 支部和小组的组织及其作用

为什么要组织支部和小组？因为无论任何一个团体的组织，聚集广大的群众，必定要有系统线，才能巩固下层的基础，反面说，支部和小组，就是一个团体的下层基础，若然没有支部和小组组织的团体，相信没有好的结果，好似一盘散沙，非常容易涣散瓦解，尤其是在斗争肉搏的阶段中，自己队伍不整齐没有组织性，决定它不能克制敌人。现在已经说明了支部和小组是一个团体的下层基本组织，支部和小组的组织性，目前所说的，并不是说几个人组织一个支部和小组，或几个小组成立一个支部，这种机械式的方法不多说，同时，工会组织法上已说过，毋须重复的来讨论。支部和小组，普通各级工会的组织都不对，有的是执委会指派的，有的是支部长不知自己支部内有几个小组，简直支部和小组不发生关系，有的是几种雇农工人混合而成的。因此，组织上一方面紊乱，以及对组织支部和小组的意义不能彻底了解，〈所以〉各级工会整个本身组织上就有不健全的象〔特〕征。支部的组织，必须依各业为单位（如店员工会、学徒工会等，是各业混集的）。每业的支部长，须由每业的全体会员大会来推选，不能由工会指派，支部长就一定是英勇富于斗争革命性的，老板、富农和有妥协性的工人，都没有做支部长的资格。小组长由支部会来产生，支部须执行它的支部生活，支部必须和小组经常发生密切关系。支部和小组，在〈一个〉整个团体中是起核心作用的，如传达上级的命令，执行一切的决议、教育工农、鼓励斗争，等等。

2. 小商人目前组织方法及其作用

小商人在本身利益上来讲，纯站在高利剥削的地位，甚至操纵物价，故意抬高，垄断市场商品（如贩运合作社，主张店铺不能出售零盐，均归合作社），同时，没有明显的工人阶级性，所以摆摊贩运的小商人，无加入工会的必要条件。但是，一般贩运的小商人，朝夕抱着剥削企图重利的欲望之下，使其生长下去，确与工人本身利益相冲突，所以，在赤色工会的政纲和阶级斗争红热的现在，是所不允许的。因此，就采取小商人目前应组织消费合作社的方法，在合作社内另成立支部，以支部代替工会，使各个贩运小商人的资本完全集中，商品汇集，限止〔制〕物价，减少它的剥削力，防止其堕入老板和资产阶级的墓塚中去。

3. 合作社的组织及其作用

合作社的组织法就是减少和压止〔制〕老板及资产阶级的剥削性，一方面救济社会上的失业工友，使大家共同生产，共同消费，这是劳苦工人在阶级斗争中争夺来的胜利（缝衣工人，因为老板有车机、帮工和童工等，就全体有工做，不致〔至〕于受车机力的压止〔制〕而失业；理发合作社，学徒、成年工友、老板等，工资平均分派，老板不能和以前一样，克扣剥削学徒，从以上几点观来，合作社组织是能压止〔制〕老板的剥削和压迫）。就在大企业和产业方面，也会有监督资本性的作用。它的组织法，就是以各业为单位，凡老板大司等都集中同样工作，合作社直接受工会的指挥，社内只推选一个社长，按照各业情形和习惯的不同，订合作社的条例，要注意定严格监督社内经济及预防老板大司等工作上的怠工表演。

兴国县总工会印

1930 年 8 月 15 日

兴国县委紧急通知（第十一号）

各级党部、各政府党团、各军中党立即转知各士兵群众、各难民群众〈们〉！

1. 此次兴国敌人——蒋、蔡鉴于各方惨败，怕会自己吃亏，手忙脚乱，黑夜逃跑，而其破坏革命残害工农的惯性始终不能少减，乃将其搬不赢的米谷想出无聊办法，多数泼了洋油。我们捡得此种谷米，若不研究办法，吃下肚子去，虽不能致人生〔丧〕命，而呕吐泄泻最易发生，在卫生上就有莫大妨碍。望通知举凡得有洋油米的人，须经过下列方法才可以吃。首先用很清洁的冷水洗擦三四次，最后放少许水油和匀再擦，结果再用冷水洗之，如此可以避免洋油的毒气，吃下去安然无事了。此是从经验中得来的方法，已经奏了成效，特此通知。

2. 刻〔近〕得南路军委来信云，最近发现许多士兵逃跑，大都是兴国人，这样就可以检阅各党部对扩大红军的宣传鼓动及对扩大红军的一切工作做得麻稀，致使去当红军的多家庭顾虑，无斗争决心。望借此通知后，马上除鼓动在红军逃跑回家的士兵归原队外，对优待红军的一切条例（如优待红军家属……〈等〉）很实际的做到，并要影响在家的贫苦工农群众争先恐后的去当红军，如此对扩大红军的工作，才有良好的收获。

"附"内有同志是谢国宾（永丰圩西江人）、池连海，更要督促其立即回队，还有在红军中准了短期假的，亦要促其按期归队。是为至要。

兴国县委印于县城

1931 年 6 月 4 日

兴国县苏维埃政府训令（军事第一号）

——加紧洗擦武装与赤卫军训练、侦探、谍报、赤色戒严、坚壁清野等工作，同时健全各种参战组织

反动国民党政府除将东三省和淞沪各地奉送于日本帝国主义外，还要实行屠杀中国工农，企图消灭苏维埃和红军，甘心做帝国主义的忠实走狗，为镇压中国民族革命运动的工具。最近迁移洛阳的国民政府又准备派大被〔批〕输送队来赤区，任何应钦为赣粤闽边区剿匪总司令，任陈济棠为副总司令，收集残兵败将企图再来进攻苏区，我们为要很快的消灭这些敌人，领受送来的枪支子弹，以巩固中央苏区的向外发展。在这一重大任务之下，我们的后方工作要有特别的健全。凡各区乡的模范赤卫连应将既有的武装（土枪、梭镖在内）洗擦锋利，并须加紧下操训练，务要做到随调随动，对侦探、谍报、赤色戒严、坚壁清野等工作，更要事先做到，担架运输，向导、洗衣、慰劳等队同样要组织健全，才能配合红军，给敌人〈的〉致命打击，绝对不容许敷衍塞责有名无实的形式主义。如在没有敌人进扰时，抱着太平观念，对工作〈上〉表现妥协，遇有敌人进扰时，表现束手无策或〈怀〉悲观畏缩，这是很严重的不正确倾向。我们为要纠正这些错误，来给敌人比一、二、三期战争更大的打击，以争取江西全省首先胜利，进而消灭军阀国民党，坚决执行中央对日宣战的明令，特令各区军事部及模范赤卫连负责同志，务须切实对军事上一切应做到的工作，振刷〔奋〕我们无产阶级的精神，动员全体工农劳苦群众与卖国殃民的反动国民党政府及其军阀奋斗〔斗争〕到底，务期得到无产阶级的彻底解放，望切实

动员做到。此令

主席　钟世斌

副主席　徐达志

军事部长　钟人祜

1932 年 5 月 16 日（印）

兴国县苏维埃政府训令（军事第 X 号）
——关于整理参战组织

检阅各区的参战动员工作，组织上虽有相当成绩，但实际上的战争动员还是非常不够，如调动模范师参加前方作战，不能做到充分的适应战争紧急需要，动员长期短期的担架运输，多数不能按期按数的〔地〕紧急〈的〉集合。这些都是由于不深入战争紧急动员的政治宣传鼓动的结果。因此，为〈要〉坚决执行中央政府紧急动员令，各级政府及各军事部必须加紧对战争紧急动员的政治宣传鼓动，深入〈到〉群众中去！使整个的工农劳苦群众都能了解战争的严重与战争的任务，一致坚决的参加模范师赤少队的组织与工作，更须抓紧战争胜利条件〈之下〉，执行今后几点〈的〉决议：

一、充分〈的〉加强政治宣传鼓动，使每个群众彻底了解敌人大举进攻中央苏区的严重性，坚决执行粉碎敌人大举进攻的战争紧急动员工作，来争取革命战争的全部胜利。

二、各级军事部接到上级命令时必须详加讨论，定出具体计划，加强各队组织与工作，同时各军事部要经常不断的派员到各队去巡视与检阅和指导参战工作，并须多做紧急集合及实际作用的军事演习。

三、在动员参战中，要与群众的日常生活联系起来，不应【用】呆板的、简单的空泛执行方式来代替深入群众艰苦的战争紧急动员的工作作风，〈在〉动员情形要有系统的实际的工作报告。

四、〈在〉模范师模范少队中的阶级异己、恐慌动摇以及消极怠工等分子，应严格的洗刷出去。

五、赤卫军应按照三五制去编制（分师团营连排班），每班15人（并班长在内），三班一排，三排一连（以连为单位配担架床10副，箩子10担，扁担、落脚40副，全连指战员每人都要准备一件武装），连以上三连或五连编成一营，三营或五营编成一团，除太老太幼以及有特别情形不能负担运输警戒工作的以外，不分男女概行编入赤卫军，同时要调选×××的忠勇分子充当指挥员，建立各级军事会议，以加强其军政训练。

六、赤卫军的武装（快枪、土枪、梭镖、大刀、大炮等）以及参战器具（担架床、扁担、箩子、落脚、被服）要有很充分的、经常的准备和分配，以免参战时发生困难。

七、赤卫军的军事政治训练，以连为单位至少每月一次，由连负责召集，并请上级派人参加。连以上的军官会议至少15天要召集一次，来讨论和整理赤卫军一切工作，并要将决议报告县军事部。

附：各区有赤卫军尚未编好的，限本（月）15号以前须一律编制完毕。

以上各点希即讨论执行。此令

苏维埃政府

各级军事部

主席　钟世斌

副主席　徐达志

军事部长　钟人祜

1932 年 12 月 10 日

（二）赣县

中共赣【县】县委红五月工作计划

接受中央局、省委关于红五月工作决议执行的工作计划，常委会通过。

（一）依照省委决定，从四月十五日起至卅日止，为党团员动员工作

（1）各区委应在四月十七日前开委员会，十九日前开全区活动分子会，各支部在四月廿三日前，之后开支部大会来传达中央局、省委红五月工作决议及县委工作计划。

（2）各区职工会，雇农工会及反帝大同盟在四月十八日以前要先后开委员会〈开〉讨论动员工作。

（3）各乡在四月廿四日以前要先后分别开职工会，支部雇工会，支部青工小组，反帝大同盟支部，反帝青年部，贫农团，妇女代表会议等会议及少先队队员，【儿】童团团员大会〈来〉报告红五月纪念意义及动员期突击月的具体工作，尽量深入到群众中去。

（4）在廿五号以前，各区的区工会要发起邀集各群众团体，成立"五一"武装示威筹备会，讨论对红五月工作进行，要组织宣传队、化装演讲队等宣传方法：（一）利用赶圩及一切群众集会时的机会去宣传红五月纪念的意义及目前任务；（二）演文明戏、化装演讲等。宣传材料即按照中央局宣传大纲和口号去宣传，并联系到反帝、反国民党、扩大革命战争、武装保护苏联、拥护省苏大会等

意义，除口头宣传好，并〔还〕要将各乡村所有的标语完全涂去，一律重新写上红色五月、拥护省苏大会、反改组派欺骗及宣传、白军士兵的标语，要写得端正。

（二）红五月运动周内工作（中央局决定五一、五七为红五月运动周）

（1）"五一"各区要举行武装示威大会（边区、茅店、储谭、大埠、长洛、大田要注意警戒），地方武装赤卫军、少队团、群众各种参战队伍须排队赴会，但只放土炮示威，禁止打枪，边区地方武装应在可能时配合赤卫队实行向敌人袭击。

（2）"五三"至"五七"，各乡应择一天召集群众集会（不要机械的开群众大会），最好是晚饭后开会、演文明剧、演讲。

（3）"五卅"各区要举行群众示威大会，上午八时以前各乡赤卫军、模范少队（地方武装无任务的也要参加）就要到达区的检阅地点（首先由区苏通知各乡），其余照省委决议执行。

（三）新发展区域工作（长洛、大埠、大田、储谭、东郊区）

在我们赤化赣南、贯通赣江东西两岸造成有利条件来坚决夺取赣州任务之下，〈所以〉首先要巩固赣县边区。

（1）迅速〈的〉发动群众组织和发展游击战争，经常向赣城附近游击，威胁赣城白匪（县委将另有发展游击战争决议发下）。

（2）反对认为播种时期不好分田，实际帮助地主富农的路线，坚决执行阶级路线的土地分配（办法照中央政府所颁布的土地法令及省苏土地条例）。如没有分配土地或未执行阶级路线所分配的，党要发动群众（如贫农团）热烈地起来参加，不要重复过去由上而下的"派田""平田"的错误（县委将〈再〉另有给各工〔区〕委以分田工作指示）。对于没收【的】豪绅地主财产和富农多余耕牛耕具，应坚决分给当地群众。

（3）在执行分配土地斗争中要联系到加强和改造区革委会，并要迅速的把乡苏维埃代表制度建立起来（各区要划分好），以致〔至〕建立区苏维埃政权。

（4）在发动群众斗争中最高度的猛烈开展党与青年团的组织，尽量的介绍工人、雇农、苦力、学徒以及贫农、中农、劳动妇女的〔等〕积极分子入党与青年团，四月底要做到每乡都有党的支部〈的〉建立。

（5）在分配土地斗争中把贫农团、雇农工会、妇女代表会议等群众组织〈在〉立即组织起来，并建立工作与生活。

（6）赤卫军、少先队要在帮助游击队和红军作战中迅速建立起来，并要坚决执行赤色戒严放步哨，设哨棚，赤卫军、少先队都要有政治军事训练。

（7）加紧侦探工作，建立军事交通网，在边区各地应经常组织侦探队利用各种技术去白色〔区〕侦探敌情，详确的报告上级，并报告当地红军与地方武装。

（四）黄塘、山溪、白路三区工作的布置

（1）山溪、黄塘的土地问题应有特别的检查，加紧肃反工作，要坚决打击暗藏的豪绅地主及一切反革命分子，彻底执行阶级路线的土地分配，坚决没收豪绅地主的财产，没收富农多余的耕牛耕具，坚决的〔地〕洗刷党内、团内的一切异己分子出去，驱逐腐化及富农流氓及一切不良分子出政府，健全党团政府及群众组织。

（2）黄塘到武索应组织经常的〔地〕游击战争向河背开展，并要注意向万安方面开展来巩固黄塘区谢坊、黄竹等乡政权。

（3）白路区委要迅速的把党团员动员起来（从支部动员起），要在红五月工作中坚决执行一切工作的计划，并加紧反对一切反革命，打击 AB 团抬头的企图，特别要从思想斗争中反对一切不正确倾向，坚决执行肃反的正确路线。县委并责成县保卫分局在白路要立刻建立特派员来解决肃反问题，县委并以大的力量帮助县保卫分局建立全县的工作，加强各新展开区的肃反委员会工作。

（五）从赣州到万安河流的工作布置

（1）赣州、吉安的重要水上交通是赣江河流，我们要在大湖江、储谭、良口、武索一带沿岸，下大力来组织游击战争，截断反动派的赣州、吉安水上交通，而且要经常的〔地〕向对河游击，发展对河工作。

（2）在武装不够布置时，除原有坏枪（二四〔十〕余条）并〔修〕好外，并请省委转知军区总指挥部，将赣县原有之独立团（现编为独立第三团）暂为赣县县苏军事部管辖，在赣城附近赣江沿岸工作，但要尽量将该团党的工作建立起来。

（六）扩大红军

（1）茅店、白路、江口、山溪、田林、大湖江、良口、清溪、大田等区要百分之百的〔地〕完成县拥护红军委员会所规定的数目，茅店区50，白路60，江口区120，山溪区120，田林区100，大湖江80，良口区100，清溪区120，大田80，这里并加起黄塘区扩大60，党团员要占三分之一。在五月底各区×集中欢送到县苏，总欢送前方去。

（2）在红五月突击月中，储谭扩大20名，长洛扩大30名，亦五月底欢送到县苏，欢送到前方去。

（3）党团员礼拜六在红五月中〈全县的党团员〉要做到实际的（十天一次）〈要〉将红军家属的田及红军公田在四月廿五号以前完全做好。

（4）加紧扩大红军做宣传，照省委决定"五卅"欢送新战士，各级拥护红军委员会要动员广大群众热烈欢送。

（七）参战工作

（1）赣县独立团应立即尽可能最大限度的集中配合警卫连、游击队和赤卫队、少先队，常向赣城附近出扰之敌进攻，并在集中斗争中加强其组织和军事政治训练。

（2）各区应把赤卫军（男女23岁以上45岁以下）普遍编制，要有完善的组织（班、排、连级新旧武器的配备），加紧军事政治训练。参战队伍（如侦探队、担架队、输送队、交通队、洗衣队、慰劳队等）也要编入赤卫军，不过另编二连就是，平时为赤卫军指挥与训练，赤卫军和参战组织都要有紧急集会〔合〕演习。

（3）每区乡要实行在赤卫军中挑选身体强壮、积极勇敢的分子，不脱离生产的赤卫军模范营一营（三连到五连），找很好的同志任营长、政委，要比一般赤卫军的训练特别加紧，要把〔对〕模范赤卫军及模范少队定期训练（至少十天一操，每次时间2小时），要有紧急集合的演习，紧急时要能配合红军及游击队向外发展游击战争，特别在目前赣敌出扰我赤区时，应马上集中动员到前方去消灭敌人，保护春耕和实行群众的武装自卫。

（4）加紧赤色戒严，适当配备步哨和哨棚、哨号（即放土炮），经常建立侦探网及军事交通网，特别是边区要有坚壁清野的充分准备工作。

（5）要在各区找忠实勇敢的党团员调来县委，准备派到赣城及白军中去工作。

（6）以上参战工作计划的执行，除全党全团立即动员外，应要县苏军事部在县苏大会可〔或〕召集全县军事会议来具体讨论执行。

（7）节约粮食经济〔费〕，多制硝砂，多多收买子弹，帮助红军发展革命战争。

（八）发展党团组织

（1）党在红五月中，全县要发展党员比〔为〕原有数目的五分之一（各区以原有党员数目计）。新发展区要更加多，成分要工人占十分之二，雇农占十分之二，苦力占十分之一，妇女占十分之三。要照中央区对入党手续决议执行。

（2）团要比现有团员发展一倍来超过党团数目，成分要青工学徒占十分之三，青雇苦力占十分之二，妇女占十分之三。各区委在接到此工作计划后，即召集（本计划已规定日期）全区活动分子会来将中央局及省委【红】五月工作决议和县委工作计划传达并讨论，定出更具体的工作计划来进行这些工作，结束后要照省委决定延期做报告到县委来，希各区委、各支部暨全体同志们动员起来，紧急动员实行参加革命战争的精神来充分完成此一工作计划。特别是参战工作，全党要认为是纪念红五月工作的第一等任务，必须在四月十五日到四月后〔底〕党团员动员期内充分执行，要使得红五月开始的一日——"五一"，全县都能切实武装总示威，作为红五月中开始实行坚决向敌人进攻的日子，并要将整个红五月作为革命胜利的突击月，〈是〉打击敌人进攻的企图，一直到消灭敌人。从以革命势力包围赣州，到夺取赣州，同志们，努力吧，胜利总是我们的！完

中共赣【县】县委

1932 年 4 月 14 日印于田村

目前政治形势与赣县党的任务

——赣县全县第三次党代表大会决议案

大会听了省委代表步青同志关于目前政治形势与党的任务报告后，完全同意，并一致决议！

在目前全世界、全中国革命急剧发展形势之下，中央苏区党是犯了极严重的一贯右倾机会主义错误，大会完全同意和接受中央局、省委关于这一严重错误的自我批评精神所彻底揭发出来的一些实际问题上所表现的一贯右倾机会主义的实质。大会一致地在中央局、省委精神下，根据国际和中央的正确路线来检查赣县党过去几个月〈中〉的工作，由于对革命形势发展的估计不足，实际工作就离开了阶级任务，对巩固苏区向前发展没有深切了解，依赖红军，红军打天下，以及在苏区中心的太平享乐，边区的和平保守，失败悲观的情绪充满了党内。有许多年斗争历史的苏区群众对苏维埃政权的了解还异常薄弱，还时刻记着与地主阶级妥协和投降（准备自动交租和还债），一般的不但没有进攻敌人的勇敢和决心，即敌人

来了也缺乏与敌斗争的观念，只是消极的恐慌逃跑，依赖上级请兵救援。对敌人进攻的坚壁清野的工作，普遍的只了解是消极躲避。群众的旧式武装多毁弃了，新式武装只是摆着好看，还是当〈着〉敌人不断的进攻时，有近千的党团员、上万群众的苏区，发枪不到百条，还有无人拖的。一切在册簿上编列着的齐全参战组织，实际亦多是不能作用的。更从苏维埃区党的基本任务来说，土地法、劳动法的彻底执行还是充分表现了机会主义的消极。建立了政权有两三年的苏区，至今仍有雇农未分着田，中心区域的土地检查还迟不实行，新发展区域的土地斗争表现了无从发动的现象，八小时的工作制从未见有实行的发动，所有苏区的工人为实现劳动法而斗争亦是空话；工人参加苏维埃红军作领导工作的积极性仍然缺乏，一切群众□□□□□□□□□，扩大红军的成绩还是不够，党团员怕当红军的观念还很浓厚，党的组织表现异常散漫，党的生活尤其是政治生活极形〔其〕缺乏。所以〔有〕这些都是由于赣县党经过立三路线、调和主义的统治后，对于转变到正确的国际和中央的路线之时而又陷入一贯的右倾机会主义的泥坑中，这样就阻碍了工作的彻底转变。可是因为有了目前全世界、全中国革命强固的有力的发展形势之下，特别是有坚强的无产阶级领导的基础下（国际和中央），赣县苏维埃运动还和全中央苏区一样有〈他〉相当的进步和成绩的，最主要的表现在苏维埃强大的构成，二十余万的工农群众广泛的参加苏维埃政权□□□□解决了土地问题，帝国主义、地主、资产阶级统治根本摧毁，而成为中央苏区扩大民族革命战争根据地之一。特别是在红军赣州□□广东军进兵赣南后，赣县党逐渐脱离了和平保守、失望悲观的状况，相当的动员了武装了群众直接起来参战，并开始与敌人斗争和采取坚决进攻敌人发展游击战争的斗争路线，相当的懂得了并正开始执行夺取中心城市与打通苏区的联系的重要任务。不过这里又须说明的，这一动员群众的工作任务的实行还充分的表现出弱点来，主要是缺乏自觉性和积极性，而且是在敌人不断的进攻中直接危害着群众本身利益而形成的，所以失败的经验和教训不只〔止〕一次。党不能有所警觉的即时纠正,这当然也是由于总的右倾机会主义统治下的结果。

大会为了要坚决的反对一贯的右倾机会主义的错误,正确的执行国际和中央的路线,在苏区□□以扩大民族战争,反对帝国主义进攻苏联、瓜分中国,坚决执行进攻路线,首先要【在】争取江西革命胜利的总任务下,认为〔真〕积极充分的动员赣县苏区一切革命力量发展游击战争,开展群众斗争,配合红军行动,赤化赣南,夺取赣州与全江西苏区工农群众地方武装的力量,配合更顺利的争取沿赣江两岸的中心城市,完成江西革命首先胜利,是赣县党当前迫切的任务。

为着完成这一任务,必须实际的全部实现下列工作。

(一)参加革命战争的工作——赣县全县第三次党代表大会决议案

(1)广泛的发展群众的阶级斗争,经常有计划的有系统的进行在地方武装中、群众中的政治动员,打破过去和平保守、失败悲观的观念,加紧宣传教育工作,要使每个武装战士和群众都能明了目前革命发展形势,扩大民族革命战争的意义来实际的做到最广泛的动员。尤其是"五卅"〈的〉全县武装总检阅和誓师大会的意义与任务,要开〔在〕武装组织中详细解释。

(2)应立即有计划的动员中心区域的赤卫军、模范营和模范少队到各边区去,特别是良口、大湖江、大田,去配合各边区红军及地方武装游击队、警卫连、模范营、模范少队等,选择在边区外的适宜的几个斗争支撑点,坚决进攻敌人及与敌人顽强战斗,最高限度的发展游击战争、建立新苏区,特别是河西苏区,筹集斗争□□,在茅店、江口、大湖江、人田□□□□□□□□□□□□□□□□□□□□□□□□,坚决打击和消灭进扰的敌人。

(3)除把现在的独立团集中到六师外,立即□□各区编好警卫连,准备最近另成立一独立团,各边界区乡不能脱离生产的游击队已编好的加紧集中训练,并注意扩充,未编好的□迅速编好。

（4）各区赤卫军、模范营和模范少队已编制好的要注意扩大和加紧训练，严密组织，未编制好的要迅速编好。在模范少队中，可挑选一些干部在模范营中工作（当连排班长等），普遍的赤卫军、模范营和模范少队亦须依照四月十八日全县军事会议的决定进行编制和训练，必要时要能随时集中出发。一般的参战组织，如运输队、交通队、担架队、侦探队、洗衣队、慰劳队、救护队等，必须加紧组织和动员的工作，能随时调动。

（5）党应在全县党团组织中，调出积极勇敢的分子加强地方武装的领导，党并应注意他们的特殊军事政治训练，独立团与各区警卫连、游击队的干部，党更应调有力的干部去负责，党还要加紧有计划的进行党员军事化的工作。

（6）在群众中继续进行节省粮食经费，搜集子弹帮助战争，尤其是×米送米给模范营和红军与地方武装，要鼓动群众自愿的热烈的经常做到。

（7）县区军事部的组织和工作党要用大力去帮助建立，要真正做到成为全县地方军事组织动员机关。

（8）关于地方赤色戒严、坚壁清野及武装弹药的配备，必须严格依照军区及县军事会议决定执行。

（二）扩大红军——赣县全县第三次党代表大会决议案

（1）要使每一个党团员都了解在目前扩大民族革命战争时代，扩大红军到现有数量一倍，成为苏区党当前的战斗任务。坚决打破党团员怕去当红军的观念，反对对扩大红军的消极怠工。

（2）加紧在地方武装及群众组织中扩大红军的政治鼓动，造成工农群众自动踊跃加入红军的潮流，要做到在赤卫军、模范营、模范少队中经过宣传鼓动而能大批的加入到红军中去，要注意吸收工人到红军中去做领导工作。

（3）优待和帮助红军家属要充分执行，党团员礼拜六要完全做到，要动员群众每月替红军家属至少做两天工〈夫〉及耕种红军公田，各区合作社都要做到经过政府发给红军家属优待证而实行优待红军家属购买物品减价。

（4）各级拥护红军委员会的工作，要党和工会完全负责去建立，区乡拥护红军委员会的负责人最好都要办到自愿当红军而已报名的来主持。

（5）六月份〈中〉除要完成红五月突击月的扩大红军数目外，还要扩大二百五十名，以后每月要能经常扩大至少二百五十名到方面军去。

（三）白军白区工作——赣县全党第三次党代表大会决议案

（1）要坚决打破一般党团员怕去白军白区工作的挂念，特别是负责同志一谈到白军白区工作就头痛或者一些边区只派同志去买货不谈工作，这就是过去对这一工作充分表现了机会主义的消极，党目前坚决反对。

（2）切实执行中央局、省委屡次指示，各区□□□□□划在所有一切社会关系中去进行，并应经常负责调出党团员到县委，由县委去计划进行工作。

（3）县委必须有计划的征调勇敢活泼而能进行白区工作的，去建立赣州城内和河西的工作，六月份至少要五人。

（四）加强边区及新发展区的工作——赣县全县第三次党代表大会决议案

（1）良口区应成为向河西发展打通湘赣苏区联系的主要根据地。除了目前应加紧动员一切力量充分的启发所有的基本群众的阶级斗争外，应与大湖江、黄塘、大廖发生密切联系，要有力的配合向河西发展，特别是目前应正确估计到建立河西苏区的主客观条件的成熟，要有坚持建立河西苏区的基本观念，反对一贯的朝去暮归、只是向着河西游击的办法。

（2）大湖江、黄塘、大田、长洛、山溪、储谭各区的土地问题，应限在秋收前正确的彻底解决，要坚决反对过去对这一工作的消极怠工。大田、长洛、大埠、储谭要在发展游击战争中、发动基本群众的土地斗争中，尽量扩大和建立党及群众的组织，要建立起各乡苏维埃代表会议制以至成立区苏维埃。这几区工作同志一定要有坚持巩固这些区域的观念，反对过去只以为这些区域应作游击区实际就是放弃的错误观念。

（3）茅店区党应特别提出在群众中巩固党影响的问题，加强党内外宣传教育工作，反对群众中落后意识的增长，反对农民自动交租给地主、勾通和投降阶级敌人的现象，特别要党在游击队、警卫连□武装中的巩固工作认为是目前第一等任务，要加强东郊龙村工作发展的领导，建立赣州城郊的秘密工作。

（4）大廖区党的失败情绪和等待大队伍帮助工作的观念应严厉打破，必须充分的配合黄塘区地方武装，经常有计划的进攻和消灭敌人，发动群众自己的力量，恢复和巩固原有苏区，特别要发动和领导苏区内的广大群众保护秋收，反抗靖匪抢劫，反对豪绅地主收租逼债。

（5）一般的边区和新发展的区域，阶级群众斗争的发展，组织的扩大和加强工农政权的有力建立，肃反工作的加紧，特别是党及青年团的组织百倍的扩大，都成为目前巩固向前发展的前题〔提〕。

（五）建立乡苏维埃代表会议制度，建〔健〕全县区苏维埃的工作——赣县全县第三次党代表大会决议案

（1）支部要经常讨论领导乡苏维埃代表会的工作，代表会要定期开，每个代表都应参加支部工作，所有上级苏维埃的法令、决议和指示都要能正确的执行，特别是劳动法和土地法要百分之百的实施，要坚决反对奉行故事、敷衍塞责、消极怠工的现象。

（2）县区苏维埃的工作要经过党团去领导，经常培养苏维埃工作干部，加强党团工作，反对过去包办而现又不管的现象。反对贪污腐化、官僚化，应成为反对苏维埃工作中一贯右倾机会主义错误、彻底转变的〈重要〉关键。苏维埃的权力集中、财政统一及科学分工、密切上下级关系，有计划、有系统的经常进行工作，都是目前健全和发展苏维埃工作能力的必须前提。

（3）由于苏维埃过去对群众强迫命令，弄成现在群众不接受苏

维埃指挥现象，这需要在广泛的群众动员中，提高群众的责任心，使群众服从自己所应遵守的革命纪律。过去在选举运动中的成分（富农中农）问题，如有确系弄错了的，应随时纠正。

（4）文化教育与社会建设、发展苏区经济，党应领导苏维埃遵照临时中央政府及省苏维埃政府的训令和指示计划切实执行。

（六）建立和建〔健〕全群众团体的组织与工农——赣县全县第三次党代表大会决议案

（1）健全工会和贫农团的生活。党要动员党团员加强工人对雇主老板的斗争，贫农团及富农□□封建残余的斗争，要求工人斗争纲领的完全实现，劳动法、土地法的全部实施，□□的订立集体合同与劳动合同，争取各业工人〈的〉全体加入工会。健全与巩固工会的领导机关，吸引斗争中积极分子到工会中工作，一切贪污腐化、消极怠工的分子必须经过群众的发动淘汰出去，积极引起〔进〕工人干部到苏维埃与红军中担任领导工作，强健无产阶级的领导权。

（2）目前赣县工会工作应抓木船工会为中心：健全江口、茅店、东郊、良口的木船工会工作，特别是要由现有组织发展到赣州、吉安、南安去建立白区的工会组织。赣州、茅店、江口的苦力工人群众中过去党完全忽视，目前应注意建立这一苦力工人工作。

（3）新发展【区】如大田、长洛、大埠、大湖江、储潭、山溪，党更应发动贫农团坚决彻底清查和执行没收豪绅地主的财产，打击豪绅地主残余和富农的任何企图，应迅速的（至迟在秋收前）彻底解决土地问题。

（4）反帝大同盟组织的加强，拥护苏联大同盟的成立，成为目前党开展反帝斗争执行中心任务的重要工作之一。党过去一贯在右倾机会主义错误下完全忽视了反帝工作，故反帝大同盟的组织形成空的机关，群众对反帝的了解薄弱到极点。因此，党应根据目前革命形势的发展，加强反帝同盟的组织与工作，广泛吸收反帝群众到大同盟中来，深切的认识帝国主义进攻苏联和瓜分中国、压迫中国革命的一切明显事实，同时拥护苏联大同盟各区乡应立即组织起来，县筹备处要具体的开始工作，最大限度的吸收工农劳苦群众〈参〉加入组织中来，了解苏联的实际生活，和目前我们拥护苏联的实际任务。

（5）劳动妇女代表会的组织与工作，党应时刻的注意去建立。党对革命互济会的工作发展是不可忽视的。

（七）肃反工作——赣县全县第三次党代表大会决议案

（1）要坚决执行中央、中央局、省委的指示和决议，并要反对目前对肃反工作的右倾停顿现象。

（2）在边界区域加紧发动群众的斗争，加紧赤色戒严和侦探工作，采取屠杀逮捕的手段去镇压一切反革命分子的阴谋和活动，加紧动员群众肃清反革命 AB 团残余分子，反对最少数分子对反革命 AB 团的妥协和掩护。

（3）教育群众从思想上去认清一切反革命的真面目，利用广东军阀进扰苏区屠杀工农群众，掩护豪绅地主逼租逼债抢粮食的行为，以及过去现在改组派的罪恶，加紧反广东军阀改组派的扩大宣传。

（4）新发展区和边区的肃反组织与工作及中心区的政治保卫局的工作，党应用大的力量去建立，调选有力的干部去负责。

（八）党的组织和工作——赣县全县第三次党代表大会决议案

（1）党的发展成为目前扩大民族革命战争的迫切要求。赣党应在今年（八一）前照现有的数量发展一倍，党发展必须依照中央局关于党的发展及新党员入党手续的决议推行，纠正过去机会主义发展的路线，切实向工人雇农苦力开门。对党内异己分子及贪污腐化分子，必须经过支部对一般消极怠工不受纪律分子□□出去，发动猛烈的斗争，从教育中来纠正，或必要的洗刷出党，巩固党的组织，提高党员积极性。

（2）健全党的生活，建立支部的经常工作。这首先就要加紧支部的政治动员和宣传教育工作，要反对目前一些支部的政治动员和宣传教育工作，要反对目前一些支部干事会不起作用，没有分工、没有支部的组织与宣传的系统工作，只有支书一手包办的现象，要在全县造成建立模范支部的运动，动员党员自觉的来积极工作，要做到支部真成为群众的核心，充分的执行上级的决议和指示。在目前反对一贯的右倾机会主义严重错误的时候，实际工作的彻底转变，首先要从支部动员起，一般的支部工作必须根据党章和省委组织会议组织大纲草案中关于支部问题的规定去执行，在建立支部生活中要竖立党的铁的纪律，提高党的自觉性、积极性。

（3）干部问题，首先新的县委组织部，应对全县党干部有正确的统计、调查，特别是要注意分配（注意经常多供给省委的干部，准备调任新发展区域工作）。全党要随时注意耐心教育培养新的干部，要〈求〉反对留恋旧干部而对引进新的积极分子实际怠工的现象（只是形式上的引进而不能给以必须的教育和帮助其发展工作能力），目前一些干部中的消极现象，对工作无责任心，以及不肯调动工作和自由行动，都须给以严厉的打击。

（4）加强县区委的工作，切实做到具体领导。县区委本身应详细规定各部各委的工作，要有科学的分工，要定期开常委会执委会及其他有经常工作的委员会（如妇委），要随时能在党的任务下定出有时间性的工作计划，并要有始有终的负责去督促和检阅工作计划执行的程度和效果。革命竞赛的工作方式要适当的运用，主要是运用这一方式来提高党员的积极性。是〔在〕县区委下的巡视制度应正确的适当的建立起来，在全县或全区的范围内，党要实行组织和领导巡视团的工作制度，纠正现在党团、政权、群众团体工作不集中、不统一、抓不着中心的分歧现象，或者党认为政权、工会自有其上级指挥的系统，就可以不闻不问，把党团工作完全放弃不【开】展，这都是目前严重错误的现象，必须立即改正。加紧党团工作的领导，加紧地方工作的特殊任务的执行，一般的机关工作同志（脱离生产的）在过去学习精神是异常不够，这样干部的进步与指导机关工作能力的增长都有很大的关系。党要注意在健全指导机关的工作中，加紧机关工作同志的特殊教育，并坚决与一切不求进步的懒惰现象做斗争。

（5）关于党的宣传鼓动教育训练工作，也是极缺乏的。这首先就要从县区委到支部建立有系统的宣传工作，县委宣传部的工作要有系统有规模的建立起来，应想【办】法尽可能出版党报，创办党的训练班，举行各种党宣传教育会议，健全各种宣传队的组织和工作。各区委宣传部更应在各区实际情形下抓着中心问题，加紧党内外的宣传鼓动工作，边区党更应计划经常对白区白军的宣传鼓动工作，县委宣传部应经常供给下级〈的〉宣传大纲、讨论大纲、标语口号等。

（6）青年团工作党仍然缺乏有力的邦〔帮〕助，党与团关系要在实际工作中更加密切，要使团的工作迅速的彻底转变到青年化的道路。

（7）发展党内自我批评，加紧两条路线的斗争，集中火力坚决向一贯右倾机会主义开火，同时对掩饰右倾实质的落后农民意识的太平享乐的"右"倾，同样要作顽强的斗争，对于党内流行的自由主义倾向是目前党彻底转变，加紧思想斗争的最大障碍，在加紧两条战线斗争中给以严厉的打击。

1932 年 6 月印

中央苏区全省各县革命竞赛工作报告之八

——赣县七、八、九三个月工作（报表）

（1933 年 8 月 2 日到）

赣县地方武装表（1933 年 1 月 21 日到）

独立团	第二团	连数	3 连	武装	有新式武装 216 条				
		人数	362 人	党员	45 名	团员		95 名	
	第三团	连数	4 连	武装	有新式武装 196 条				
		人数	462 人	党员	35 名	团员		55 名	
游击队	各区队数	大湖江	1 队	人数	19	党员	6	团员	5	枪支	13
		茅塘区	1 队		12		1		1		12
		茅店区	1 队		18		5		1		18
		龙村特支	1 队		15		6		5		15
		长洛区	1 队		20						20
		大埠区	1 队		20						20
		储潭区	1 队		42						42
	共计		7 队		116[①]		18		12		116[②]

附注：游击队除上列各区已编制外，其余各区尚未编制。

---

① 原文如此，实际应为 146。
② 原文如此，实际应为 140。

三团于九月间才成立，而该团士兵现有请病假的 157 名之多，有在后方休养的病兵 50 名；二团现有请病假及休养的 50 名。

赣县地方武装表（1933 年 1 月 21 日到）

<table>
<tr><td rowspan="2">模范营</td><td>连数</td><td>21 连</td><td>武装</td><td colspan="4">有新式武装 717 支</td></tr>
<tr><td>人数</td><td>2520 人</td><td>党员</td><td colspan="2">505 名</td><td>团员</td><td>4 名</td></tr>
<tr><td rowspan="2">模范少队</td><td>连数</td><td>9.5 连</td><td>武装</td><td colspan="4">只五区有枪 121 支，其余概与模范营合用</td></tr>
<tr><td>人数</td><td>1140 人</td><td>团员</td><td colspan="4">268 名</td></tr>
<tr><td rowspan="2">赤卫军</td><td>连数</td><td>65 连 1 排 2 班</td><td>武装</td><td colspan="4">梭镖 5549 支　土枪 495 支　短刀 68 把　土炮 325 宗　马刀 24 把</td></tr>
<tr><td>人数</td><td>8005 人</td><td>党员</td><td colspan="4">479 名</td></tr>
<tr><td rowspan="2">少先队</td><td>队数</td><td>102 大队 42 小队</td><td>武装</td><td colspan="4">梭镖 3093 支　土枪 117 支　大刀 55 把　土炮　马刀 46 把</td></tr>
<tr><td>人数</td><td>9823 人</td><td>团员</td><td colspan="4">783 名</td></tr>
</table>

附注：上列的武装组织，只长洛区、大埠区、东郊区、西岸、龙村尚未编制。

中共江西省赣县县委

1932 年 10 月

赣县三个月扩大红军统计表（1933 年 1 月 21 日到）

<table>
<tr><td rowspan="3">七月份</td><td>到方面军</td><td>9 名</td><td rowspan="3">共计 83 名</td><td>成年 51 名</td><td>党员 24 名</td><td rowspan="3">成分</td><td rowspan="3">工人 7 名　贫农 56 名 雇农 14 名　苦力 1 名 雇工 3 名　中农 2 名</td></tr>
<tr><td>到补充团</td><td>68 名</td><td rowspan="2">青年 32 名</td><td rowspan="2">团员 24 名</td></tr>
<tr><td>到独立师</td><td>6 名</td></tr>
<tr><td rowspan="2">八月份</td><td>到方面军</td><td>2 名</td><td rowspan="2">共计 203 名</td><td rowspan="2">成年 93 名</td><td rowspan="2">党员 54 名</td><td rowspan="2">成分</td><td rowspan="2">工人 20 名 雇农 22 名 贫农 152 名 苦力 1 名 中农 7 名 学徒 1 名</td></tr>
<tr><td>到补充团</td><td>148 名（内送二十一军 54 名）</td></tr>
</table>

续表

	到省游击队	10名		青年 110名	团员 68名		
	到警卫连	5名					
	到中央政治学校	18名①					
九月份	到补充团	154名	共计 154名	成年 50名	党员 24名	成分	工人12名　中农13名　雇农23名　学徒1名　贫农100名　其他51名
				青年 104名	团员 51名		
统计	到方面军	11名	总计 440名	成年 194名	党员 102名	成分	工人39名　苦力2名　雇农5名　学徒2名　贫农308名　中农22名　雇工3名　其他5名
	到补充团	370名					
	到独立师	25名		青年 246名	团员 143名		
	其他	34名					

中共江西省赣县县委

1932 年 10 月

赣县发展游击战争情形表（1933 年 1 月 21 日到）

七月份	出击次数	全县分二道线出击敌人共计7次	结果情形	均胜利，计缴获枪24支，子弹五六百发，左轮1支，电话机1副，马刀1把，军用品甚多，捉获电话兵8名，靖匪13名，土豪约20名，船1只，击毙靖匪6名
八月份	出击次数	全县分二道线出击敌人共计10次	结果情形	茅店方面，5次全胜利。良口方面，4次胜利，一次失利，计缴获枪8支（内土造枪5支）。损失枪20余支，牺牲战士并捉去44名，内有7名被白匪捉去，生死未考，余无损

① 以上数据相加为 183 名，与下一栏 203 名不符。原文如此。

续表

九月份	出击次数	全县分二道线出击敌人共计5次	结果情形	均胜利，缴获枪1支，子弹12发，捉土豪10余名及土豪的水牛1头
独立团	出击次数	独立二团八、九二〔两〕月出击林×山×埠方面，共计6次；独立三团于九月出击良富方面共3次	结果情形	缴枪3条，子弹63排，捉土豪富农20余名，反派2名；一次失利，计失枪5条，子弹8排。以上是第二团出击情形。第三团出击，因未找见散匪，故只捉土豪数名
统计	出击次数	31次	结果情形	胜利29次，失利2次。其缴获【枪】36支，子弹八九十排，左轮1支，电话机1副，马刀8把，捉电话兵8名，靖匪13名，土豪富农50余名，船1只，水牛1头，反派2名。失利的计枪20余条，子弹数排，牺牲及捉去战士44名

中共江西省赣县县委

1932 年 10 月

赣县调送红军干部统计表（1933 年 1 月 21 日到）

到中央党校	2 名	党	2 名	成分	工人	1 名	雇农		苦力	
		团			贫农	1 名	中农			
到中央政治学校	9 名	党	9 名	成分	工人	5 名	雇农	4 名	苦力	
		团			贫农		中农			
到军区教导队	14 名 外有到军区党务训练班 1 名	党	15 名	成分	工人	3 名	雇农	1 名	苦力	
		团			贫农	10 名	中农	1 名		

续表

				成分①	工人	14名	中农	1名		
到省苏分配工作	56名（内贫妇4名）	党	56名		贫农	34名	雇农	5名	雇工	1名
	省肃反训练班4名	党	4名	成分②	工人	2名	中农	2名		
	省拥红会1名	党	4名		工人	1名	贫农	2名		

赣县县委

1932年10月

赣县参战组织统计表

运输队	共1850人	成年	1330人	交通队	共758人	成年	568人
		青年	520人			青年	190人
		男	1257人			男	
		女	593人			女	
担架队	共1897人	成年	1287人	侦探队	共661人	成年	531人
		青年	610人			青年	130人
		男	1514人			男	343人
		女	383人			女	318人
慰劳队	共1290人	成年	830人	破坏队	共486人	成年	
		青年	460人			青年	
		男	无			男	281人
		女	1290人			女	205人

---

① 按成分总数为55名，与前栏56名不符。原文如此。

② 按成分总数为3名，与前栏4名不符。原文如此。

续表

洗衣队	共 1709 人	成年	1039 人	向导队	共 233 人	成年	
		青年	670 人			青年	
		男	无			男	157 人
		女	1709 人			女	76 人
救护队	共 708 人	成年	468 人	统计	共计 9592 人		
		青年	240 人				
		男	348 人				
		女	360 人				

　　附注：此表是合黄塘、大湖江、清溪、田村、茅店、大田、储潭、良口、江口、白发①十〈一〉区统计的，其余长洛、大埠、西岸、龙村尚未统计，这些组织均于赤卫军中拣选精壮勇敢的，按每连 120 人足额编制，但仍不脱离生产。

中共江西省赣县县委

1932 年 10 月

赣县七、八、九三个月动员运输队情形表（1933 年 1 月 21 日到）

项目 时间	省苏决定人数和期间	已动员人数	达到地和帮助军队	动员中一般情形
七、八两月份	共两次，每次两个月，决定人数 800 名	670 人	到达南雄、乌迳、信丰一带；帮助一、三、五军团运输	动员时以清溪、白鹭、田村能如数送到，但动员结果只 20 余天便回来了，有大部分开小差的，甚至有半途逃跑的，内以山溪、江口两区为最多

---

①　原文标有问号，其地名应为"白鹭"。

续表

| 九月份 | 两次，每次三个月，决意人数共600名 | 430人 | 到桥头集中送去乐安、宜黄一带运输 | 这次动员以茅店、长洛、白鹭能如数收到，清溪、田村、山溪次之，最不好为江口（县苏规定该区80名，只到25名，并一到就开小差走了6名），但以后动员的都无开小差的 |

附注：七月份有20名运输队【员】自愿报名到军区政治部当长伕〔夫〕一个月，并由军区政治部奖给水牛10只给这些运输队（内以良口区得7只，黄塘区得2只，白鹭区得1只）。

中共江西省赣县县委

1932年10月

赣县七、八、九三个月慰劳红军情形表（1933年1月21日到）

时间＼项目	慰劳次数	动员慰劳人数	到何地慰劳	慰劳品
七月	2次	30人	韩坊医院	有蔬菜、粉丝、粉干、梨子、菜干、蛋、鸡、鸭等20余担
八月	1次	80人	兴国慰劳红一方面军	有布草鞋1800双，套鞋740双，麻草鞋576双及鸡鸭67只，猪1只，羊子1只，菜蔬45担，铜圆9.5吊
九月				已准备布草鞋1261双，果品21担，蛋172个，手巾37条，肥皂10块，大洋34元（已集中县苏）

附注：1.慰劳情绪，以清溪、储潭、良口、山溪等区为最热烈。2.各区除派送代表到前方慰劳红军外，并经常慰劳就地红军及来往红军。

中共江西省赣县县委

1932年10月

赣县推销公债票情形表（1933 年 1 月 21 日到）

省苏规定数 25000 元		要求增购数 11000 元	共计 36000 元
三个月推销数	七月份集中 10948 元 八月份集中 12187 元 九月份集中 9677 元	三个月共计 32812 元 （内干购买 4250.5 元）	
缴付省苏数 32310 元		存县苏数 502 元	各区未集中数 3690 元

推销情形：在推销时，大多数群众能深刻了解，尤其是江口区江口乡有一妇女兑首饰 15 元大洋，便买公债票 15 元；又该区峡山乡有两个群众自动订定竞赛购买公债，结果两人各人买公债票 30 元；又山溪区古溪乡妇【女】干事兑首饰 6 元，买公债 7 元，又妇女群众两人兑换首饰，各买公债卷〔券〕大洋 2 元。至如储谭区则在白区中推销公债票 40 余元，茅店区也曾在白区内推销 10 余元。

中共江西省赣县县委

1932 年 10 月

赣县筹措经济供给红军战费情形表（1933 年 1 月 21 日到）

土豪罚款		三个月共计 6973.3 元	
没收豪绅地主什×兑款		金器兑款 76.5 元	共计 110.15 元
		银器兑款 33.65 元	
节省	党内	七、八两【个】月未统计，只九月份节省 68.7 元	共 177.27 元
	政府	共节省大洋 108.57 元（八、九两【个】月份的，七月未统计）	
	群众	现已节省，但未统计	
累进税	土地税	未征收	
	商业税	只茅店营业税委会自八月十三至九月卅日收大洋 3661 元	
	店房租金	232.49 元	

续表

其他	1197 元	
统计	12331.22 元（除开支实存数）	缴付省苏 11792.499 元（内付兴国模范营火〔伙〕食大洋 511.59 元）

赣县县委

1932 年 10 月

赣县征调干部到省委分配工作表（1933 年 1 月 21 日到）

到省委分配工作的	人数	56 名（内贫妇 4 名）	成分	工人	14 名	雇工	1 名	雇农	5 名
				贫农	34 名	中农	2 名		
到省肃反训练班的	人数	4 名	成分	工人	2 名				
				贫农	2 名				
到省拥红委员会的	人数	1 名	成分	工人	1 名				
				贫农					
统计	人数	61 名	成分	工人	17 名	雇工	1 名	雇农	5 名
				贫农	36 名	中农	2 名		

中共江西省赣县县委

1932 年 10 月

赣县七、八、九三个月发展党员统计表（1933 年 1 月 21 日到）

六月份以前原有党员	4010（内兼团 52）	男 3614	成分	工人 339	雇农 401	苦力 98	店员 18
	正式 3861	女 396		贫农 2835	中农 190	独立生产 54	富农 2
	候补 149			小商 32	知识 26	自由职业 17	

续表

月份		人数	男/女	成分	成分明细		
七月份	人数	486（内兼团12）	男414	成分	工人52	雇农39	苦力
		正式91			贫农358	中农21	独立生产7
		候补395	女72		小商8	知识1	
八月份	人数	395（内兼团9）	男341	成分	工人49	雇农38	苦力6
		正式93			贫农280	中农15	独立生产3
		候补302	女54		小商4		
九月份	人数	564	男506	成分	工人104	雇农58	苦力4
		正式66			贫农385	中农4	独立生产
		候补398①	女58		小商2		
三个月统计	人数	1445（内兼团10）	男1261	成分	工人205	雇农135	苦力10
		正式1009			贫农1023	中农47	独立生产10
		候补436	女184		小商14	知识1	
九月底总计	人数	5455（内兼团62）	男4875	成分	工人544	店员18	苦力108
		正式5019			雇农536	中农237	独立生产64
		候补436	女580		贫农3856	知识27	自由职业17
					小商46	富农2	

中共赣县县委

1932 年 10 月

---

① "正式""候补"相加为 464 人。

赣县职工联合会三个月发展组织情形表（1933 年 1 月 21 日到）

六月以前	工人	1308 名	支部 74 名	成年 1734[①] 名	
				青年 517 名	童工学徒 57 名
	雇农	1571 名	支部 75 名	成年 1104 名	
				青年 416 名	牧童 51 名
七月份	工人	8 名	支部 0 名	成年 8 名	
				青年 0 名	
	雇农	21 名	支部 0 名	成年 12 名	
				青年 9 名	
八月份	工人	264 名	支部 16 名	成年 222 名	
				青年 38 名	【童工】学徒 4 名
	雇农	40 名	支部 0 名	成年 30 名	
				青年 10 名	
九月份	工人	140 名	支部 7 名	成年 105 名	
				青年 35 名	
	雇农	24 名	支部 0 名	成年 20 名	
				青年 4 名	
三个月统计	工人	412 名	支部 23 名	成年 335 名	青年 73 名
					童工学徒 4 名
	雇农	85 名	支部 0 名	成年 62 名	青年 23 名
总统计	工人	1720 名	支部 97 名	成年 1069 名	青年 590 名
					童工学徒 61 名
	雇农	1656 名	支部 75 名	成年 1166 名	青年 439 名
					牧童 51 名

中共江西省赣县县委

1932 年 10 月

---

① 此处数据疑为 734。

赣县反帝拥苏同盟会及互济会组织统计表（1933 年 1 月 21 日到）

					成年	11276
反帝大同盟	会员	17072 名	男	14300	青年	3025
			女	2772	成年	1934
					青年	838
拥苏同盟	会员	各区尚未统计				
互济会	会员	8469 名	男	7454		
			女	1015		

中共江西省赣县县委

1932 年 10 月

赣县妇女组织统计表（1933 年 1 月 21 日到）

妇女总数		52936 人	群众团体		参战组织		文化教育	
龄阶	成年	18444	职工会	8（白露①在外）	赤卫军	6042（白露在外）	列小学生人数	
	青年	7238	雇工会	71（白露在外）	少先队	3439（白露在外）	夜校学生人数	
	儿童	11751	贫农团	6411（白露在外）	运输队	593（白露在外）	半日班学生人数	
	老幼残弱	15503（储潭区在外）	反帝同盟	2296（白露在外）	担架队	383（白露在外）	识字小组人数	
党团	党员	43（白露各区在外）	拥苏同盟	8721（白露在外）	慰劳队	290（白露在外）	俱乐部人数	
	团员	115（白露各区在外）	互济会	1595（白露在外）	洗衣队	1709（白露在外）	识三十字的	

① 此表中的"白露"应为"白鹭"。

续表

各妇女代表	1452名（储谭、东郊、白露在外）	儿童团	872人（白露在外）	救护队	360（白露在外）	识五十字的
		统计	19953（白露在外）	破坏队	205（白露在外）	识一百字的
此表是合良口、大湖江、白露、田村、清溪、黄塘、山溪、江口、茅店、储谭十区统计的				侦探队	318（白露在外）	识二百字的
				交通队		识三百字的
				统计	14339人（白露在外）	能读报看书的

中共江西省赣县县委
1932年10月

中央苏区赣县两【个】月工作报告

（10月20日至12月20日止）
1932年1月10日写，3月22日到

（一）扩大红军

1. 在两个月中，县委组织了两次冲锋工作团（第一次10天，第二次15天）派斗〔到〕各区乡做扩大红军工作，在二次冲锋工作中，〈并〉把地方武装共扩大1600余名，以三溪区为最多及〔为〕425名，其次清溪322人，平均超过原定数40%，大湖江、储谭则完全扩大本区游击队，每区有七八十名，到方面军的一个都没有，共计两【个】月中到方面军的 920 名，内党 221 名，团 191 名，工人 138 名，雇农 123 名，贫农 109 名，中农 50 名，到军区时洗刷了 92 名。

2. 优待红军家属工作，各区都有少数地方执行很不实际（如要先把自己的工夫做好，然后才把〔给〕红军家属做及怠工等）。特别是边区，这执行得更不充分，甚至没有优待的，因是赤白交界处被敌人骚扰，政府被围，群众发展〔生〕动摇。自十一月间第一次冲锋工作才开始对优待红军工作特别注意，县区两级的工作同志全体到支部中、小组中，到群众中，每乡都召集一次或两次红军家属联欢会，深刻检阅过去这一工作忽视的错误，并及时的解决了红军家属的困难，现在各区比以前是有转变的。

3. 督促开小差回队的工作也是执行得不充分，红军开小差去回队的规定没有精确的统计，现并〔由〕地方武装去归了队的约50%。

（二）扩大地方武装广泛发展游击战争

1. 原来赣县有两个独立团，因人数不足（有些请病假的及开小差的）后来即合编一团，于十一月中即调到前方参加作战，现在又新成立一个独立团，人数加〔共〕有 320 名，枪只有 60 支，现还未行动（已计划将模范营的枪抽出一部分到独立团）。过去各区游击队已完全编入了独立团，现在良口、大湖江、大埠、储谭等边区每区已编入了八九十名〈的〉游击队【员】，长洛、大田、茅店也各有 50 余名，中心区各区也有二三十名的基础。统计全县的游击队【员】有 550 名，又西岸有 40 余名，龙村 15 名。游击队的党团员占全数百分之四十五，原已准备将这些游击队按各区情形编成三个大队，以便〈利〉指挥。

2. 在两个月中，各区模范营出击敌人大小共 40 余次，然而取得成绩很少讨【论】，三溪区〈的〉缴到步枪二条、土枪三条，白鹭区缴到步枪一条，捉土豪和富农只有十余名，总筹款 5000 余元。大埠的游击队模范营与粤敌接火两次，毙敌连长一，靖匪队长一，士兵伤十余人。但是我们的模范营军事政治训练班的确是更有过着大〔太〕平得过的观念。后从〔来〕敌人仍然不时的侵入大湖江、储谭、大埠等苏区，甚至深入苏区 20 里，但该敌退却时疲倦，我们捉反共团三名，游击队在白区也只能做点宣传工作，未能建立白区群众中的革命组织，不敢在白区久留，早去晏回。

3. 全数赤卫军已编好了的只有青溪、良口、田村、山溪等区，还有些赤卫队未编，其余的还未编好的也缺乏训练。在〔有〕些名册也未造好，武装不整齐，硝砂 6000 多千〔斤〕足，有生硝 3000 余斤（因缺乏硫磺〔黄〕，现已计划购买）。模范营全县各区都有组织，人数 2520 名。赤卫军的训练仍是缺乏的，只有各乡的自下操【练】，不按期。坚壁清野的工作以及战争时一切的准备，都做得不够。食盐除各乡合作社储藏了些外，群众自己储藏的极少。

（三）白区白军工作

1. 白区白军的干部各区都没有一个派来，以"麻烦""找人不到"来塞责，故县委没法派来省委。

2. 过去已建立了白区工作的地方，现在已发展了两个同志，并在反共团内有一个同志，但也只是送送消息，不能组织白区群众的斗争，县委已建立了白区工作委员会，并〈单〉派去〈第〉一负〔人〕专任此一工作作面告。

3. 两个月中央共调省委分配工作的干部 11 名。

4. 动员群众以一切力量帮助红军作战。

（1）全县在十一月调了脱离生产模范营两营到边区参加作战，现在才有一营在茅店警戒了，这营还未完全筹备整齐，十月底又调了一连模范少队去前参战，现未回。在两月中，动员了五百名输送队到前方，动员了 85 名妇女少队去茶岭医院。

（2）节省经济，广种杂粮，在群众中没有造成很热烈的运动，所以成绩是很少（有几区节省了的现还未集中，而只是区二级机关对节省经济颇能注意，伙食方面各地物价不同，有吃八分、九分或一角的区）。

（3）土地税已收到了 95%，目前可收齐。第二期公债票的现款收了 36% 后，完〔定〕在二十五日前收齐。

（4）各地道路只县区两干线修补了些，但仍未按规定的尺寸，边区未修到中心区程度。

（四）深入群众斗争的工作

1. 全县土地分配有清溪、山溪、田村、良口、江口都已分好了，同时〈查〉检查过，群众没有什么意见，山岭亦分配好了，但白鹭区的在检查中而有解决的土地〈的土地〉未分好。现在分区村乡的土地因留存红军公田，在一只〔个〕村有点意见，已派人去〈了〉解决。其余各乡都检查没有意见，还开了庆祝分田胜利大会。大田、大埠、长洛、茅店等的土地，县苏派了人去帮助分配，现根据报已分好了。茅店区大阳坪乡还有一村未分好（因在白色〔区〕接〔附〕近），大田区有下口乡的田未分好，储谭区的土地有三乡分好了，其余的乡未恢复原地尚未分好，同时该几区的山岭尚在〈进行〉分，未彻底分好。

2. 调了三个干部到省苏分配别县〈分配〉土地。

3. 县委职工运动委员会在十二月份才成立，工作上是没有进行。全县工人订立了 5 个集体合同，33 个劳动合同，增加工资部分已实行了，但八小时工作制足〔还〕未实行，在两月中发展工会会员 438 名，雇农会员 120 名。

（五）党的组织工作

1. 建立支部工作。过去支部在群众中的领导大部分是非常薄弱，十一月起是有相当转变，因县区委第一次冲锋工作全部到支部小组中帮助支部的工作，改进〔选〕了消极怠工的支部负责人，提拔新的积极分子在支部中负责，〈是〉区委现已注意模范支部与中心支部工作的加强，开始提高党员的积极性。这几次扩大红军工作中表现了党的领导力量是增加了，然而支部能在群众中起核心作用还是极少，仍有发生不好的坏现象（如党员欺骗群众去当红军，自己报了名又不去）。

2. 两个月中发展党员 278 名，内工人 22 名，雇农 54 名，苦力 1 名，小商 3 名，贫农 171 名，中农 1 名，妇女 19 名。

3. 对新党【员】的训练与干部的培养是做得不充分的，支部中的政治讨论没有发展，许多同志调工作不动，有的虽经过数次批评警告与他思想上的残酷斗争，仍不能纠正，已开除党籍。

4. 对青年团的【领导】除县区委稍有注意外，支部中对于团的领导则有多数是没有参加会议就算了，也不实际的指导团的工作（有的区委亦有同有〔样〕的现象），甚至有开会都不去参加的（如白鹭区委书记，已改造〔选〕）。

5. 党的秘密组织。茅店、大埠、江口、清溪等区已进行，建立了十余个秘密支部，然而对于这些支部的领导是不充分的，边区的只能送送消息。大湖江溪〔区〕是忽视了这一工作，同时一般负责同志抱着悲观动摇，所以被敌人扰一下就把机关撤到后方去。

6. 党内的一般表现是充满了大〔太〕平享乐与边区的悲观失望情绪，不积极【主】动，由于对目前革命形势估计不足，对敌人大举进攻的严重性认识不够，但现在对这现象已相当的克服了。同时党内的两条路线斗争与思想斗争，在县区委以及支部有了初步发动，开始对工作方式的转变，县一级工作同志实行了面向支部、面向群众亲〔倾〕听〈的〉意见，在工作上已有相当的转变。

7. 征调百分之十的党团员到红军中的工作做得非常不好，这是由于党内政治动员的不充分及呆板的命令强迫，结果已被征调了大部分不肯去换，这次征调去当红军的还不上 100 人（因各区没有确报）。

（六）苏维埃的工作

1. 现在中心区域清溪、白鹭、山溪、江口、良门、茅店等区乡两级都改选了，亦按照选举细则及省县两级的指示去进行，比较第一次改选稍微好点，但亦未很深入斗争来改选。还有区乡和平的（茅店区）改选，大埠、长洛、大田、储谭、大湖江等区还未改选好，因该几区的群众未深入阶级斗争，同时边区经常有敌人骚扰，以致到现在还未改选，县苏已派人去〈了〉帮助，本月底可以改造完毕。中心区对改造苏维埃的运动号召了广大的贫苦群众热烈参加，相当的发动了群众的〈的〉斗争，如在选举时选了不好的分子当代表，群众立即反对（清溪古村区）。但是田村乡的选举不严密，以致流氓混入了来开选举会（当时已出去），边区的有些乡（如长洛）在选举时群众怕来开选举会，怕会当代表。已改选了的区乡根据〈告〉这些负责人成分比较，例如工人、雇农 3/10，妇女占 1/10，中农占 1/10，贫农占半数，执行了洗刷非阶级分子及消极贪污的分子，但仍不充分。

2. 各区苏的工作，经这次战争动员工作中考查，而有清溪、山溪、江口更好一点，田村、白鹭、良口次一点。两次冲锋工作中亦有相当的转变，比较一次冲锋工作所得的成绩颇可观（如扩大红军与地方武装，以及经济动员、肃反工作较有成绩），但对大湖江、茅店、储谭、大田、平〔大〕埠、长洛、东郊等区的工作还很沉寂的，在冲锋工作中没有□到了很大的【转变】，不过工作方式上能颇有面向群众□的战【争】动员，所以扩大地方武装、推销二期公债票、缴纳土地税（已缴齐了）比较有成绩，但乡县苏主席包办的现象在边区还存留着，中心区没有多数乡能够在代表会议中解决一切问题。

3. 县苏各部的工作在两月当中相当的进行了日常工作（如财政部、税委会、军事部、裁判部），其余各部更差一点（如文化部、劳动部还未建立日常工作），特别是工农检查部、内务部还没有建立好，因为未组织各科来进行，目前日常工作才有部长一个人去做，所以没有得到相当的成绩。下半年的商业税在进行征收，现约有 3000 余元。土地部的工作，本党在十月□开办了土地训练班，计划派去各区查田，有相当成绩。

4. 肃反工作在中心区建立了特派员制度，边区已经成立肃反委员会，对工作上是转变了过去消沉现象，开始提高肃反的积【极】性。十一月卅日全县实行了检查清乡，由县区两级工作人员全部派到各乡，派定各乡赤卫军负担戒严，把豪绅地主及反水富农家属逮捕起来，将其财产物件全部没收，没有反水的富农按〔但〕有反革命证据者亦已逮捕，将其屋没收，无反革命嫌疑的只没收了他多余的农具，他捐了款有劳动力编了劳动队。这次□务的行动迅速，没有逃脱者要〔走掉〕的反革命分子，只边区逃走两三个反水富农，同时田村乡逃走了一个富农妇女。

这次清乡逮捕了豪绅地主、反水富农家属，中心区田区××派去的同志在各乡分别处理，有嫌疑的即送区，由区审问，按他的事实或释放，或送县保卫分局（但豪绅地主即已大部送保卫分局）。边区则以区为单位集中清乡，有反革命嫌疑的即已送保卫分局。

这次清乡的结果是打击了一切反革命在苏区的活动，并缴〔查〕获了长洛区革委会中心的反革命的恋爱委员的组织，区革命委员会主席（富农）都是反革命分子，今已逮捕了。各区都有大大小小的破获反革命的侦探，反革命的造谣活动，有几区在群众赞助之下就地处决五六个地主及反水富农，在两月中清理了人犯 146 名，处庇〔死〕刑的 21 名，一【共】关了各【类】政治犯 18 名，刑事犯成分地主 4 名，富农 7 名，贫农 8 名，流氓 1 名，中农 1 名，其余的分别释放及处罚苦工。

5. 政治动员的工作做得不充分，缺乏群众中广泛的政治宣传，有的还是强迫命令或欺骗，太平享乐是很浓厚的，没有注意党内的政治教育工作，有的党【员】还落在群众积极性之后。

团的发展是很迟缓的，现在还不能超过党数目，根据最近团的统计是 4136，党有 5311 名。

在这几次的扩大红军中，妇女对群众的动员工作比以前是有进步的，各区乡都有鼓动儿子、丈夫当红军，带儿子、丈夫到政府报名，连夜赶做布草鞋、套鞋，欢送新战士时许多妇女替丈夫折包袱（如清溪、田村、白鹭、山溪等区都有三四十个），对于反封建迷信压迫的斗争已由消沉中转自逐渐提高的状态，如反对敬神问仙、做香火等，对封建遗迹的买卖婚姻在十月间到处发现，现在已少有闻。

妇女对推销第二期公债票也颇踊跃，有的把自己的首饰卖了来买公债票，在这次清乡发动〈了〉劳动妇女参加了检查，特别是茅店、山溪、大埠、长洛等【区】妇女最热烈，但是这些转变是不够的，还发现压迫妇女牵制儿子、丈夫去当红军的现象。

青年团的领导在青年群众中是有信仰的，领导了广大青年群众去当红军及加入地方武装、参加清乡等组织，但团的一切日常工作还待〈有〉真正建立，一般的表现同样是太平享乐及怕调工作。

十月革命节的动员，各区以区为单位，示威大会有相当的动员，各区到会者有三四千人，边区也有成千人到会，在会中报名当红军的有 59 名，特别是清溪区最多（42 名）。中心区的模范营集中大田村，以乡为单位检阅，各边区派代表参加，并举行抢山、瞄准的演习，各区也举行了赤卫军少先队检阅〈的〉，结果大多数是和平享乐的观念，武装不整齐。

广东与宁都兵暴动员非常不充分，各区以乡为单位，在十二月十一日开了个示威大会，多数乡没有过半人数到会，因为各区乡首先即动员工作不充分，武装【不】整齐（良口区的好些），许多不带武装的，当会报名当红军的只 20 余名（还有几区未报名）。

此致

布礼!

赣县县委
1933 年 1 月 10 日

赣县长洛区的"五卅"

当场自动报名加入红军五十七名。

继续动员三百余模范赤少队员全体加入红军。

"五卅"这一天长洛全区有 2500 余人，很热烈的很整齐的到了示威大会，大会场设有扩大红军报名处、退还公债接洽处。

会议虽开得很久，群众毫无倦容，并在扩大百万铁的红军的号召之下，当场自动报名加入红军的有 57 名。

热烈的空气，兴奋了模范赤少队排长以上的干部的革命热情，齐声响应加入红军去！在他们的英勇领导之下，下午召集了全区模范赤少队的军人大会，党团员和干部以身作则。结果，全体队员 300 余人一致通过整团加入红军，还有未到会的亦正在继续动员中。

其次大会中自动响应党的号召报名入党的亦有 48 名，入团的 17 名，工人占 3/10，妇女占 2/10。

退还公债，由于区委一般工作人员的领导，亦甚热烈，区苏工作人员都做了可耻的落后！

看！赣县长洛区的经验□□及转变□□表现□□，群众积极性〈的〉提高了，又给了总结会议以布尔什维克的回答，其他各地呢？快赶上前去吧！

同时，我们希望赣县县委和长洛区委，不要以为模范赤少队通过加入红军就算满意了，以为没有问题了，还要学习兴国继续动员的经验，还需要毫不放松的，更充分的群众工作，才能扩大与巩固这一动员的伟大胜利呵！（完了）

（本文原载于 1933 年《省委通讯》第二期）

（三）永丰县

永丰公略万泰新干龙岗五县代表大会政治决议

一、大会听了省委代表陈毅同志报告中央关于帝国主义、国民党五次"围剿"和党的任务的决议，完全同意。

二、由于国内外革命形势的尖锐紧张化，造成绝对有利于争取全中国苏维埃大革命爆发的一切优越条件，中国革命的高涨已经到了一个历史的急剧的转变的关头。中国变成帝国主义的完全殖民地，或变成自由独立的苏维埃新中国，这两条道路的决定，即在目前最短促的历史时期之中。帝国主义国民党采取五次"围剿"的重要步骤，企图使自己从革命危机中逃脱。中国广大工农群众要解除民族危机和经济浩劫的痛苦，只有团结在苏维埃运动的旗帜下，以民族革命战争冲破帝国主义国民党的五次"围剿"，争取苏维埃新中国的实现。大会号召五县党与群众一致起来，为实现中央决议，冲破五次"围剿"，实现苏维埃新中国的胜利而斗争。

三、胜利的捷报飞来。我常胜〈利〉工农红军已在东北战线上，开始了初步的大的胜利，予以敌人新的进攻〈的〉以最有力的打击，特别是中央军在永吉的胜利更给予五县苏区开展以极大的便利和推动。五县处在赣江中□围绕着吉安中心城市，根据五县白区群众受敌人食盐专卖、强迫带路、抽丁、派夫、压迫、反帝运动、惨〔残〕杀革命分子等痛苦，激动了需要革命、盼望红军的热情。五县苏区〈在〉广大群众经过一、二、三、四次战争的锻炼，五县党有了这些优越条件,【在】中央、省委的进攻路线的指导下,努力起来赤化赣江,夺取吉安,贯通东西河三大苏区,冲破敌人五次"围剿",实现江西首先胜利,成为此时期中的历史的伟大的任务。

四、永（丰）、公（略）、（万）泰工作在红五月后开始了大的转变和长足的进步,表现在配合红军行动开辟了新干、永丰苏区,扩大方面军超过六千余人,成立新的独立团营,繁殖了将近二十个新游击队（永丰为首）。在经济战线上筹款退回还公债,在红五月中超过了省委给予的任务,借谷运动永（丰）、公（略）两县不仅超过总数,而且发动群众直送前方,给红军粮食在青黄不接时〈的〉最有力的帮助〔公（略）、永（丰）两县成绩最优〕。发展农业生产方面,整个计算超过20%的收获,粮食合作社在公（略）、万（泰）两县已建立200余只〔个〕,党与群众的积极性的发扬达到相当的程度。这些成绩和进步,证明了党的进攻路线的绝对正确,三县党执行进攻路线初步的新的胜利,从事实上最有力的宣告了以毛泽覃同志为首的罗明路线的破产,但站在解决三县所担负的革命战争的复杂而主要的任务上,则这些成绩和进步,便表现不够,在某些方面存在着极落后的现象,在边区工作领导上没有放在最主要方面,因此造成边区工作一般的落后,部分的区乡仅仅有了微弱的转变（如万泰毛坪、公略水东）,甚至发生以前较有起色的边区现在反而落后的（如公略的折桂、万太〔泰〕的寺下区）不容许的现象。边区党依赖红军,敌人进攻一次即认为全盘工作无办法而实行退却逃跑。在永丰以古县、七都为首,在公略以冠山、折桂为首,在万太〔泰〕则有元坑、塘上两区。对新区工作（如新干及永丰鹿岗、江口等区）没有抓住群众开始暴〔爆〕发革命的热情来深入土地和职工的基本工作,来深入阶级斗争,来趁机建立白区的发展,竟至又来重复后一次开辟苏区时代的一些旧的错误,如向邻区执行非阶级路线的游击,造成白区一部分群众对苏区恐惧,给豪绅以利用的机会,一切均分的平产主义的发生。对抗债抗到工人农民身上,没有善于运用阶级路线的土地革命来消灭地方械斗,甚至重复过去犁耕为主、抽多补少、抽肥补瘦的错误，实际代表了地主富农的利益。对白区工作均未积极进行，旧有基础却未去扩大，放松新干可以建立白区工作的良好机会，白区工作三县均完全忽视了应扩大红军，三县均曲解义务军制在边区部分的实行，强迫动员，以至发生群众〈的〉逃入白区和登山的现象，因而不能在三县开始扩大红军的□□□地方武装方面是以一分区为首的右倾机会主义的错误，停顿边区不向外发展，部分武装虽然起了配合红军争取新区进攻敌军大的作用（如永丰、新干及独立团），然而表现依赖红军，行动迟钝，无坚决争取新区的胜利信心，三县党均一般忽视了群众的切身问题的解决，尤其职工运动中的右倾机会主义一贯的到现在未开始克复的斗争，不善于把政治的主要任务与群众切身利益联系起来，进行动员工作，对查田运动最基本的工作，永丰在前一时期是忽视了，最近进行查田有了显著成绩，又发生对阶级异己分子进攻□□自由主义（表现在扣留地主富农不迅速解决，等待调查暂定时日，实际是阻止斗争的开展），公略则在老苏区土地向已经解决的机会主义观点下而放松了，万太〔泰〕则在开始了部分查田成绩而自满，不能抓住去开始成为全县的运动。苏维埃工作最严重是〈在〉政府党团工作未建立，部分县苏工作同志对县委领导的不尊重，形成不能容许的对立现象。经济建设方面，忽视赤白流通和对外贸易，对秋收秋耕未抓紧。党的领导方式一般转变不够，不能正确了解党与群众的关系，继续运用官僚主义的领导，向群众进行命令强迫的动员，各级党部关系同样如此，尤其缺乏个别的具体的实际领导，一般布置工作的平均主义相当浓厚的存在着。在发展党的组织方面，发生不了解党是阶级的先锋队作用，未能即〔及〕时纠正"不让一个工人雇农站在党外"的错误口号，发展的分〔方〕式集中在开大会的公开征收，个别的介绍，从群众斗争的介绍，差不多停顿起来，对"个人介绍是秘密拉夫""从斗争中介绍是公开拉夫""群众怕当党员"等机会主义计划未能严重打击，这就让最标本的关门主义流行，自然影响我党的发展，不能够成为经常的任务，不能具体完成自己所定的计划。所以这些错误的来源，均由于各县党未能抓住红五月全省反罗明路线斗争，深刻的运用在永（丰）、公（略）、（万）太〔泰〕、新（干）四地的实际环境，抓住配合红军行动向外发展的工作中心来实际的克服罗明路线，一般的倾向是把罗明路线认为是毛泽东同志个人的缺乏从实际工作中彻底深入揭发各县区执行罗明路线的错误，不能把永（丰）、公（略）、万（太）〔泰〕罗明路线的实质具体描写出来，发动各区乡反退却逃跑的斗争，因此到现在仍然发生（一）以新干县委为首的退却逃跑的罗明路线，八月一日到五日敌人的进攻〈的〉工作中，完全表现了县委罗明路线的懦弱无能，因而使恐慌动摇的敌军，冒险进入苏区得安全走出，不能在英勇的地方武装和群众的威力下完全溃败；（二）永（丰）、公（略）、（万）太〔泰〕三县一部分同志对毛泽东〔覃〕、谢唯俊、余泽鸿这些罗明路线的领导者的偶像崇拜和留恋，否认了三县党反罗明路线以来的重大的转变，继续对罗明路线的拥护；（三）在边区工作中继续发生不相信党和群众的力量言论，当敌人进攻即闻风退却逃跑的严重现象（如折桂、文塘、冠山、七都、古县等区）。这就障〔妨〕碍着三县党工作的全部的转变，尤其成为七、八月最近时期更落后放松的主要原因。

五、由于党的进攻路线的正确，我党中央的正确有力的领导，常胜的英勇红军已开始在东北战线上给予敌人新的"围剿"以首先胜利的回答，五县党代表大会号召全党认清五县在争取江西首先胜利赤化干江的重要地位，抓住红军开初的伟大胜利，以最大速度进行下列工作：

甲、首先永（丰）、公（略）、万（泰）、新干四县应抓住县区新区和白区的工作，特别要认识新干在目前战争中的重要地位，积极配合红军行动，争【取】内外发展，开辟苏区的胜利。首先要打击新干县委所领导的罗明路线，在公略、永丰、万太〔泰〕各县征调最好干部前往工作，发动反罗明路线的斗争，抓住查田分田运动来消灭邻区白色抵抗，争取白区群众，转变地方械斗，为土地革命斗争，建立樟树、丰城、清江、南昌一带的白区工作。对永丰、公略、万太〔泰〕落后的区，必须立即进行改组，撤换罗明路线的领导分子，提拔新的领导分子。集中力量抓住边区群众的要求，解决群众的切身困难，深入土地革命，实行苏维埃一切法令，巩固边区苏维埃政权，更要以群众的暴力来镇压反革命的活动，摧毁封建势力任何的反抗。更要建立强大的地方武装，挺进白区，实行过河，开展河西群众斗争，贯通河东西两大苏区的联系，打断粤赣敌人的联系，破坏敌人筑垒政策，号召被敌人压迫反水的群众回到苏区享受革命利益，参加革命战争。在河西组织群众暴动来答复敌人的压迫、反水，特别要打击认为群众是反水的这一错误方针，纠正反水群众这一名词所代表的根本错误观念，以及认为白区群众不好，怕革命的错误观念。公（略）、万（泰）党更要积极布置吉安城市工作和沿河的白区工作。

乙、继续运用红五月动员赤少队及六七月动员工人师、少共国际师的经验来猛烈扩大红军，争取五县在江西全省的扩大红军模范，五县十一月前要达到动员一万新战士到前方。八月份扩大红军的停顿现象必须立即纠正，党必须有计划从党内外组织上动员，以充分的政治宣传，加紧与扩大赤少队的组织与军事政治训练，反对曲解义务军役的错误，分别采用各〔个〕别扩大红军与动员赤少队整团整连〈的〉两种方式来进行扩大红军，甚至转变到能随时动员赤少队听调前线作战。对优待红军家属和归队运动要同时不放松，公略中洞乡的优待红军家属工作应成为五县的模范。要抓住东方军与中央军最近的胜利来动员此一工作，在大会中万太〔泰〕代表沙村区委宣传王修顺以身作则报名当红军，更应该成为党的干部中动员扩大红军的模范。对地方武装加强其〈中〉政治领导，按照省委计划在九、十月份扩大独立第三团，并在万太〔泰〕建立独立团，新干建立独立团及各边区游击队，由各县委分派最得力的干部协同分区去地方武装中加强党的领导和进行冲破敌人五次"围剿"的充分的政治动员。实行检举阶级异己分子，发展广泛的游击战争，创立河西及永吉以北游击区域,去执行明确阶级路线,纠正〈建〉违反党与苏维埃的政策的错误,积极的筹款来充实红军战费,纠正经费自给为原则的机会主义的错误,在重要边区应择定地点〈把要来〉建筑工事,以回答敌人的袭击,来配合挺进队的出击。

丙、深入查田查阶级的意义。到群众中去开展残酷的阶级斗争,迅速配合有力的查田委员会,正确的分析阶级成分,按照中央政府颁发出来的查田运动指南,加强贫农团的领导,积极的进行查阶级运动,不让豪绅地主分得一寸土地,不让富农窃取好田,限在九月份五县要彻底完成查田运动,不准再延日期。在查田运动中要加紧肃反工作,镇压和打击反革命的一切破坏查田运动的任何企图,要积极筹款,除现金为苏维埃政府外,其余应普遍散发群众,首先发给红军家属。党更要领导工会发展工人经济斗争,改善工人生活,反对工会工作中不注意工人利益的右倾机会主义的主要危险,对右倾的错误,要同时纠正,更要扩大工会组织和发扬工人在革命战争中的积极性和一切运动中起领导作用。

丁、经济动员工作是党在经济战线上必须以布尔什维克的精神和□□来领导广大的工农群众在地方武装的掩护之下努力秋收秋耕,特别是边区,要不让敌人抢去一粒谷,多种杂粮,提高苏区生产,发展苏区经济,充裕红军给养。迅速组织粮食合作社,防止反革命造谣,建立消费合作社,以供群众的需要,加紧筹款工作,三个月内五县筹足经费十万元。加紧推销经济建设公债券的宣传,五县委要推销十〈十〉万元,必须要使每一个党团员、每一个群众都能懂得经济建设公债的意义,自动带款来买。严格的提拿破坏与造谣的反革命分子,对赤白贸易流通与运输必需品入境(如食盐、洋油、布、电料、□□),要督促苏维埃党团有计划去进行。对发展五县的特长〔产〕,如米、油、木排、樟脑、纸料,要开办生产合作社去努力进行。

戊、改善和健全苏维埃工作。各级党部应当用大力去充分准备和进行苏维埃改选运动的领导,建立本身集体领导与乡代表会议,团结广大的劳苦工农群众参加苏维埃工作，不准一个阶级异己分子混在苏维埃政府中。要向不服从党的领导【的】错误作最坚决的斗争，从健全党团工作入手。对第二次全苏大会运动，不仅要在苏区作深入的动员，而且要广泛在白区进行此一运动，吸引白区群众派代表来参加，最好要动员吉安城市群众选举代表赴会。五县苏区□连对行政区域划分，要割〔根〕据中央政府确定的原则，按照当地实际情形举行□化。在苏维埃工作中，要实行最大限度的工农民主，严厉打击苏维埃工作人员对群众施行强迫命令的手段，在改选苏维埃运动中要使群众了解使用自己的权力（撤回代表权和选派代表权），群众直接参加打击官僚主义的斗争。

己、对群众工作首先是反帝拥苏工作，应特别加强。要认识反帝拥苏同盟不仅只是一个宣传机关，而是一个广泛组织群众参加革命战争的最有力的组织。要运用反帝拥苏的组织，揭破帝国主义在五次"围剿"中的领导作用，发动苏区及邻近白区群众反帝热情，抓住和发扬这一热情来组织群众积极参加冲破敌人五次"围剿"的伟大斗争。在长期艰苦的斗争中，必须收集苏联社会主义建设伟大胜利及工农生活提高改善的材料，以及苏联在国内战争中的经验，向群众作广大的宣传，使群众学习苏联的经验，认识中国革命前途，这才能更有力巩固和提高群众斗争的热情和决心。反帝拥苏同盟工作更要与查田、扩大红军、工会工作密切联系起来。对五县妇女工作，要首先纠正对女工农妇群众力量估计不足的机会主义错误，在日益开展的国内战争中，后方工作及一般生产战线上，妇女群众日益占着重要地位，党要从检查中央政府婚姻条例的执行中及查田运动中保障妇女群众的利益，建立女工农妇代表会，广泛动员妇女参加各种工作，发展妇女党员，提拔妇女干部参加各级领导机关，不限于作妇女工作。在公略要特别纠正男女代表会议合并取消政权错误，实际是取消妇女代表会的作用，实际是取消了妇女自己的团结，阻碍妇女群众积极性的提高。

庚、必须扩大党的组织，努力发展党员。五县在□个月中照原有数目中心区发展一倍，边区一倍半，保证30%工人雇农的成分。要加强支部会议的领导方式，改善支部与小组生活，（依照斗争党报十三、十四两期所指示）开展党内思想斗争，打击一切不正确的倾向。加强党的领导骨干，必须加强党的工农干部的培养与提拔，供给上级党部的需要，办理新区边区工作训练班，□期不断征调到新区边区工作，并轮流调一部到边区新区工作人员回来，训练后再行派出。坚决转变工作方式，特别加强边区和落后区域的工作讨论和指示，组织最有力的突击，分别深入讨论个别□□作成具体指示，督促全党执行，五县特别督促转变边区工作，发展新区工作的中心，争取逃过河西群众回到苏区。每一个工作决定要用通俗文字发表小册子，集中力量在工作方法上解释，不限于旧的方法的采用，多创造新的工作方法。

辛、为了上列任务的执行，必须加紧党内两条战线的斗争。首先，要在冲破五次"围剿"的动员中用力克服对战争的恐惧和疲劳的右倾机会主义的主要危险，同时不放松轻视的"左"倾机会主义的表现，打击和克服以新干县委及元坑、塘上、折桂、冠山、古县、七都、鹿冈等区为首的罗明路线，对拥护和留恋罗明路线的分子，必须作最坚决的斗争，对顽强不愿意转变的分子，必须坚决驱逐出党。五县党主要依靠千千万工农群众的力量，采取坚决执行共产国际与党中央的正确指示，克服一切我们在发展中与胜利中的困难。（中央决议）大会相信五县两万党团员和百万群众一定能完成夺取吉安、赤化赣江、争取江西首先胜利、彻底击破帝国主义国民党的五次"围剿"的历史的伟大任务。

中共永丰中心县委

1933年9月10日

（四）博生县

博生县儿童局六、七两月革命竞赛条约

竞赛的时间：1933 年 6 月 7 日起至 7 月 31 日止

竞赛项目：

A. 动员少共国际师

1. 以大队为单位组织宣传队，人数五人至七人，要把动员少共国际师的意〈要〉传到每个小弟妹们都知道，是为着要粉碎敌人大举进攻打倒南昌、九江、吉安，尤其要鼓动自己的哥哥弟弟到少共国际师去，数目不规定，多者为优胜。

2. 要以府〔村〕为单位，普遍组织扇子队、儿童团，经常把扇子带到，看见模范少队、少先队，就与他打扇子，同他个别谈话，鼓动模范少队的勇气到少共国际师，并每个儿童实行礼拜六，大的儿童帮助红军家属拾肥料、放牛、砍柴、担水、铲草皮×田里，维持模范少队家里的困难，使他踊跃的加入少共国际师去。

3. 要发动普遍的男女儿童，要求母亲姐姐做一双布草鞋，买毛巾子香皂，少共国际师集中时送给他，以便作战消灭敌人，做得好又多为优胜，各区自己承认数目如下：

数目＼区别	城市	湛田	梅江	黄陂	大布	青塘	总计二千五百双
	三百双	三百双	二百双	三百双	二百双	二百双	
数目＼区别	马头	安福	固原	东山坝	固村	竹笮嵊	
	二百双	二百双	一百双	二百双	二百双	一百双	

B. 巩固与发展儿童〈的〉组织

在六、七两月中，把儿童里面阶级异己分子洗刷出去，把劳苦工农的儿童吸收到儿童组织里面来，每个儿童应发展一个口号，各区自认数目如下：

数目＼区别	城市	湛田	梅江	黄陂	大布	马头	总计五百八十〔三百五十〕名
	廿名	廿名	廿名	卅名	卅名	五十名	
数目＼区别	安福	固厚	东山坝	竹笮嵊	固村	青塘	
	四十名	卅名	卅名	卅名	卅名	廿名	

全县的儿童小弟弟小妹妹们，以上竞赛条约是江西省儿童局领导之下〈的〉进行的，在各区书记联席会议上通过的。因此，我们每个儿童团必须拿出共产儿童团的精神及我们竞赛条约，每〔与〕我们整个的工作联系起来去进行，如拥护红军和拥护苏维埃，争取儿童本身利益，要【编】成游戏娱乐话〔画〕报去转变各种工作。以上各项〈的〉工作，要快的〔点〕来完成，小弟弟小妹妹们努力呀，冲锋呀！争取奖品来争优胜。

竞赛代表各区儿童局书记

公证人：

谢志邦同志、梅俊勋同志

肖峰云同志、谢民芸同志

赖福金同志

博生县儿童局
1933 年 6 月 7 日

博生县的"五卅"工作

"五卅"示威大会在枚〔梅〕江、城市两区合开，枚〔梅〕江区群众到得特别多，并且按时到，虽然被敌人的飞机轰炸，大会未开成功，但是枚〔梅〕江区群众一到会场未廿分钟，自愿报名当红军的有 38 名，入党的 13 名，入团的 20 名。

青塘区在"五卅"动员中，有四连模范营共 400 余名加入红军，于六月二日已集中来县城，在全区党团员活动分子上自动报名并领导模范营加入红军的有 77 名，这是博生县从来未有之事。

湛田区在"五卅"动员中，扩大红军有 180 余名，特别是会同乡扩大红军有 110 余名，该乡发展党员也有 60 名。

竹窄〔笮〕嵊区妇女党团员，对扩大红军起了积极的领导作用，特别是赖坊乡曾月英、黄九秀两女同志及东乡张新秀、李玉英、杨玉秀三女同志，宣传他的老公当红军，做布草鞋，替老公背包袱送到区苏报名，并安慰老公不要挂念家中，谁说小脚妇女一定要阻难〔拦〕老公当红军，这全靠党对妇女工作的深入。

（原载 1933 年《省委通讯》第一期）

博生县买谷运动的初步成绩

博生县买谷运动经过六月五日活动分子会议以后，现在知道枚〔梅〕江、固村、东山坝、马头四区运用了新的动员方法，发扬革命竞赛，已得到初步的成绩！

看！他们是怎样动员的？

在全县活动分子会议后，区委立即根据大会决议召集了党团支书联席会、苏维埃主席联席会，区一级挑选了工作能力较强的同志组织了突击队，对各乡到会的同志谈话解释，在开会时发动了革命竞赛。会议结束后，区一级组织突击队到各乡去动员，特别是东山坝区在区一级工作人员会上一个动员，便你一担我一担的买到四十一担谷子，这真是买谷运动的模范。

现在，再看这四区买谷运动的初步成绩：

枚〔梅〕江区——500担；

固村区——182担；

东山坝——150担；

马头区——56担。

但是我们要知道〈的〉这些初步成绩还不够，现在必须将这四区动员方法更深入到下层去，更开展到全县各区去，加紧迅速完成甚至超过全县买15000担的数目，时间不多了，博生党应为迅速完成这一战斗任务而斗争！

各县也应当根据这些经验来解决本地的粮食问题！

（原载1933年《省委通讯》第五期）

"自我批评"：转变官僚主义的领导方式在那〔哪〕里？

博生县委口上高呼转变领导方式，反对官僚主义的作风，实际的表现咧？

县委组织的健强和各部工作的建立，还很迟钝，巡视员还只两人，各部干事还只各一人，说找不到干部，但是在红五月中有几个区的工作很有转变，县委的同志都没有面向支部，去了解这些区工作的转变是由于有大批党的积极分子能领导的成功的，因此，就不能去引进和培养在工作转变中而涌现出来的新干部。

在六月份工作来说，完成买谷运动的工作，应该是博生党一个最迫切中心的工作，中央局专为这一运动采取了非常的紧急的动员方式，但是博生县委对这运动却是以官僚主义态度应付的，省委督促县委检查这一工作，县委写了一份"万分注意"的通知就完事，而没有任何组织上的动员，使县委这一"万分注意"的通知能收得效果。县苏部分〈的〉同志完全站在地方观念上反抗省苏的决定，而对集中〈的〉谷子千担运到粮食调济局的工作怠工，县委在省委省苏没有发觉以前，却没有任何的处置，在黄陂、安福的群众已将谷子集中到乡苏区苏，有些乡苏甚至区苏发生要现钱来才运谷的严重现象，县委和县苏也没有任何的处置，没有在组织上有任何的决定。

全县党最高的领导机关，如果不迅速在开展无情的思想斗争中来肃清这种实际是对革命工作怠工的官僚主义，又怎能彻底转变全县的工作！

我们要求全省各级党部，拿博生县的例子来细心的实际的经常的检查自己的工作，检阅工作方式转变的程度，随时向全党提出，发展党内的讨论，随时警觉全党，教育全党，为真正转变党的领导方式而斗争！

不要把"反官僚主义的领导方式"变为和尚唸〔念〕的"阿弥陀佛"一样的无意义，而在空喊转变领导方式！

（原载 1933 年《省委通讯》第八期）

博生县戴坊区为创造模范团而斗争

戴坊区委召集全区活动分子会，全体一致决议在七月半前动员1000人到红军成立一团，现在经过了党员的积极领导已得到了初步成绩：

丘方〔坊〕乡〈在〉一天的动员，自动报名当红军的有75名，并且说要扩大两连人去当红军。

里迳乡已有整个的一连自动报名加入红军。

其余各乡也在积极的动员，相信可以完成这一计划。

博生党应〈在〉抓住红五月扩大红军的经验与教训，加紧模范团的训练，加紧新的模范团的组织，克复〔服〕党员中强迫命令的方式，肃清开小差的现象，不但要完成三个师，而且要开展"八一"以便猛烈扩大红军的动员。

（原载1933年《省委通讯》第十一期）

加紧"八一"宣传工作

博生县委根据中央局省委指示决定"八一"宣传计划后，召集城市、枚〔梅〕江两区宣传会议，但今天宣传的结果，城市宣传科长忘记了宣传会议，城市宣传队虽然组织了，但是宣传科长还不晓得是否出了发，竹窄炭〔筀嵊〕区组织了宣传队准备在七月卅号出发一次，这完全是以官僚主义的态度来回答中央局及省委"八一"

宣传工作的决定。

现在经过三区宣传联席会议，以自我批评的精神指出这一错误，再为了在最后 12 天，加紧进行宣传鼓动工作，完成中央局及省委"八一"宣传工作指示，特订立革命竞赛：

	画壁	木板	晚会	到会群众	扩大红军
城市	二百条	二百条	二次	六千	三连
枚〔梅〕江	三百条	八十条	二次	一万	三连
竹窄炭〔笋嵊〕	二百条	【一】百六十条	一次	六千	三连

竞赛条约已订立，要以布尔什维克的工作速度来完成，而且超过这些数目，并要严厉的粉碎官僚主义。

（原载 1933 年《省委通讯》第十五期）

博生县委关于赤少队突击运动给各级党部的指示

赤少队突击运动在中央及省委决定之下进行以来，迄今突击时间已经过了三分之二多了，除城市、梅江、志墅比较达到了原定的数目 90% 强，其他各区一般的进行得异常迟缓，普通说来赤少队整理和发展与突击计划相差尤远，其中（赤）少队比较赤卫军还更为落后。

1. 近调查一个月来突击运动的主要弱点确实是对赤少队扩大的宣传解释工作做得非常薄弱，一般的说来没有将赤少队突击紧密着战争动员，这种情形在边区如湛田、会同等则尤防害，县委认为中央组织局及省委四月一日指示非常正确，有些党部以为赤少队突击仅属军事机关，少队部的工作如安福区委以潘报明为首领导，把赤少队与粮食突击分离开来，甚至放松这一工作的领导与执行，江口区竟到三月十五日才进行赤少队工作，同时有些军事部依赖党来做，而不能紧张迅速建立军事部本身工作，而且还有个别的更不容许的采取旁看，"如流南区苏军事部长，县苏有同志问他赤少队如何，他说，我不晓得，你问区委军事部"。这是有严重错误，有些个别的苏维埃对赤少队整理表现着不理而忽视的态度，流南、湖背区苏主席团会议上有一次讨论过扩大和整理赤少队的工作，安福区军事部召集各机关开强大赤少队动员会，农业工会主任说，"我不参加你的会，难当〔道〕你军事部受理指示，□我的工作吧"！这充分证明他不了解强大与整理赤少队□□必要意义，相反的采取不理甚至忽视。其次还有个别区、个别阶级异己分子对赤少队扩大和整理非但不负责任而且破坏，如青塘区苏检查委员会委员吴崇林同志公开说，你等人加入赤少队赶快把家里东西吃了〈来把〉不用去当红军，会同大坝乡龙屋的富农女子说加入赤少队就要去当红军领导，其他青年群众快同他到山上去，流南发展赤少队内有中农队，靖卫团城市东效模范营有国民党员和地主富农加入，同时青塘工农检查部的付〔副〕部长包庇五个开小差在家，并且还有这种轻视妇女的机会主义，说妇女少、小脚，加入赤卫军没作用（即江口、流南、军事部的同志）。以上这些对强大赤少队表现的不注意，破坏造谣，而忽视这些障碍物，使我们对赤少队突击运动不能得到应有的成绩，所以我们了解了上面的几个标本例子，必须无情的开展思想斗争，发动群众给以阶级异己分子必要的法令制裁，严厉开展群众反逃兵的斗争，督促开小差的分子归队，使突击运动真正成为广泛群众运动。

2. 为使突击运动，真正成为广泛群众运动，县委责成各区宣传部严格检查以前宣传工作的弱点，来配合当前实际情形定出具体宣传材料，采用各种方法向群众进行宣传解释工作，如过去安福、湛田、固口〔厚〕等区对赤少队整理与发展，并没有讨论与布置一次，甚至不了解，及其宣传队没有一个〈的〉组织与宣传科，本身组织同样没有，只宣传部长在区委做一次巡视员就算了，而自己本身工作不严的状态，特责成各区宣传部用自我批评的精神，速度的来纠正过去对宣传工作放松现象，〈严厉打击〉对这一工作怠工与忽视的应给以严厉处置，各区委宣传部必须领导各机关各团体的宣传部门，按照当地实际情形定出具体宣传材料，采用各种方法向群众进行广泛的宣传工作。

3. 县委责成各区委首先在我们党团内对这一工作没有严厉检查和督促，发动所有党团员全体按年龄分别加入到赤少队去，各区委经过党团在苏维埃工会、女工农妇代表会及其他群众团体系统中动员各团体〈的〉来加入到赤少队去，特别注意发展大批女队员克服过去忽视妇女状态，在四月十五号以前有保障的来完成这任务。

各区委切实的去检查军事部少队部和突击队工作，具体的开展思想斗争，来反对标本的机会主义分子，开展阶级斗争，镇压反革命分子的造谣破坏，对那些开小差专家与造谣分子发动广大群众来严厉制裁，并开展归队运动，在四月半前做到没有一个开小差的不归队，使突击运动真正开展成为广泛的群众运动。

4. 各区委必须抓紧中心乡完成，集中力量加紧落后乡工作，已整理好的地方，必须计划按照省动员武装部省支队部，根据总动员武装部少队部的训练及勤务的指示〈和〉执行，县委严格向各区委支部和动员机关指示目前加强模范赤少队军事和政治训练的工作，特别是党支分部的建立要以五人组织之，正付〔副〕书记组织宣传青年干事要有日常的工作建立，造成赤少队真正能〔成〕为红军的后备军。另一方面各区委支部对赤少队干部提拔问题，今后应负责检查赤少队内〔里〕面有些不负责对工作消极分子，须发动队员开展思想斗争，把他撤职，提拔坚决积极的工农〈积极〉干部充当，来健全和巩固赤少队组织，特别是模范赤少队干部配支〔置〕和党团员配支〔置〕是造成今年红五月动员胜【利】的必要前提。

5. 各区要对赤少队内的积极分子、报〈告〉了名的干部区委，应有计划的随时去集合起来加紧训练，使他去做动员突击工作。另

【一】方面报了名的家属应发动群众解决他的家属问题，使这一工作得到大的成功，为在四、五两月扩大两千个新战士而斗争。

6.各区委支部须对这一突击运动完全负责，认为有动员机关去直接负责而放松或忽视领导的倾向，须受严厉的指斥，应随时加紧检查工作，给动员机关与下级组织以及时的具体指示和帮助，应采取一切最有力的办法和步骤保证突击运动的成功。

关于突击运动中〔赤〕少队比赤卫军更落后，各区委支部应督促全团，特别加强少队部的领导，并加强党代表的工作。

最后，望各级党支部在赤少队突击运动中三天须作书面工作报告，万一不可惧〔误〕为要。

中共博生县委

1934 年 4 月 5 日

（五）公略县

公略县模范师全师加入红军

公略党坚决执行中央局及省委指示，在〔有〕计划的在党内外加紧模范师的动员，现在全师 1900 余人继续着兴国模范师等的光荣，于六月七、八【日】两天完全集中加入红军了！

公略县委是这（样）动员的：

在红五月廿四号召集全县模范师排长以上的干部会议，党的代表在大会上报告动员模范师加入红军以后，每个干部都很热烈的发言，自动的领导整排整连整营加入红军，特别是东古、罗家两区更为热烈。

各区模范师干部回去以后，各区便召集班长以上的干部会，各乡召集支部大会，具体讨论模范师加入红军，接着就召集模范师军人大会，女工农妇代表会讨论许多动员的办法，具体到支部都组织了突击队到各乡村去动员。

在七、八【日】两天模范师 1900 余人全部集中县苏所在地，党团员占半数以上，各连都有支部组织，九号〔日〕县委召集各连支书及政委指导员的干部会，报告了目前政治形势与红军胜利及兴国模范师加入红军的光荣，并提出反对开小差，这些干部都很积极发表意见，散会后，县委分配同志去各连召集支委会小组会讨论整理和检举运动，发动思想斗争，实际的解决战斗员的各种困难。并于十号〔日〕召集全师党团员大会，全体党团员均很热烈的勇敢的来领导保障全师加入红军，在下午全师军人大会上，有兴国模范师代表及万泰群众代表的慰劳，全师战斗员勇气百倍的准备到前方，并决定十一号〔日〕开兴国师与公略师的联欢大会。

公略县最初将动员模范师看得太容易，而缺乏更充分的动员，在下级党部中更误解了义务兵制，发生以实行义务兵制强迫命令的办法，所以陂头等地发生部分群众不了解而跑得〔到〕白区去的现象！这是值得公略的党认识和纠正的！

（原载1933年《省委通讯》第五期）

公略县陂头区改选支部情形

陂头区委根据省委改选运动的决定，计划该区改选支部的工作，现已完毕，该区在这次改选支部运动中一般的已打破了形式改选的错误，在大部分支部的改选中发动了斗争，而得到了成绩。

他们是这样去准备改选支部的：

区委首先是抓住几个工作最落后的支部先行改选，他们定出了改选支部的日程，区委首先召集个别支部书记参加区委常委会，根据各支实际情形定出各个支部改选的工作任务及进行方法，各支部根据区委的决定召集干事会检查全支及干事会工作，准备提交支部大会上去讨论，并开展思想斗争。

区委在改选支部的时候，分别派得力同志去参加，回来后检阅工作。

因此，各支部的改选得着下面的成绩：

一、发动了党内思想斗争，严格的打击了过去支部工作只由个人包办，没有抓住实际情形决定日常工作，不耐心教育党员，培养干部，开口满〔漫〕骂下层同志的官僚主义的工作方式，并严格检查了过去对扩大三个师、查田〈工作〉、组织粮食合作等主要工作，对于支部干事会个别同志的消极怠工，对战争的动摇，贪污腐化等现象予以无情的斗争，在平原乡撤换了阻碍丈夫当红军的妇女干事，及消极怠工的副书记、贫农团干事等，还开除了贪污腐化破坏婚姻自由，阻碍老婆入党的组织干事，发动了党员积极的斗争热情，改选了新的干事会，提高了党员的积极性，加强了干事会的领导力量。

二、改选支部后，对支部的建设有了进一步的转变，如支部干事会常委的建立，及支委会工作讨论会，有系统的建立支部生活，建立支部干事会的集体领导。

三、在这次改选支部运动中，不仅是提高了大部分支部的工作积极性，而且在斗争中锻炼和教育了党员，使党员的积极性也大大提高了，粉碎了不相信党的力量的罗明路线的情绪！

四、在大部分支部大会，有十分之九的党员到会（如平原、培元等乡），这就可以看见党员的积极性。但是我们从工作进步中，严格以自我批评精神检阅陂头区在这次改选支部工作中的缺点与弱点：

（一）在部分的支部（如江头、陈家、直市等支部）的改选运动，没有深切了解整个支部的实际情形，在支部大会上只简单提出几个消极怠工分子来斗争，对于过去工作没有严格的检查，没有找出过去工作错误缺点及困难的来源及实际的抓住党的中心任务来确定今后具体工作，只简单改选几个干事，甚至直市支部有整个的一个小组不到会，到会的精神散漫，发言的很少。

（二）在这次改选支部中普遍的缺点，对区代表大会只简单选举出席代表，没有在支部中征求对区代表大会的提案与意见，发动党员积极来讨论。

（三）这次改选支部运动中，还有部分的消极怠工分子未撤换，这证明了在部分的支部提拔在斗争中表现积极勇敢的工农干部来担任支部领导工作，在有些支部还异常不充分，区委在该区支部改选总结报告中没有一个字提及提拔新的工农干部的问题。

这些经验与教训，不仅是希望公略党，而且希望各县党详细检阅支部改选的情形，有些改造工作做得不好的，必须重新改造！

（原载 1933 年《省委通讯》第十七期）

公略县经济动员的模范乡——陂头乡

陂头区陂头乡在七月九号〔日〕晚上，召集四村群众大会，首先由乡政府参加人作了一个在目前政治形势下经济动员的意义报告后，群众听了异常兴奋，并且了解了经济动员工作是每个劳苦群众应尽的任务，即就热烈地争先恐后的当大会上，自动退还借谷票几百斤的几十斤的。结果，退还谷票共有 9588 斤，现还〈正〉在继续进行准备全数退还，陂头乡真是经济动员的模范，其他各区各乡赶上前来呵！

（原载 1933 年《省委通讯》第十七期）

公略县七月份扩大红军、慰劳红军的总结

公略县在七月份对扩大工人师、少共国际师，曾召集全县组织会议，具体决定了十五天冲锋工作计划，结果动员加入工人师的二连，计 283 名（内工人 19 名、青工 23 名、农业工人 47 名、苦力 6 名、贫农 130 名、中农 11 名、党员 114 名、团员 15 名）。加入少共国际师的二连，计 185 名（工人 7 名、贫农 164 名、中农 12 名）。这次动员采取了组织上政治上的动员，县委巡视员经过了相当训

练，抓住了红五月扩大红军的经验与教训，深入到各乡去进行 15 天的突击工作，但这次动员成绩最好的是东古区，他们动员了一个支部全体加入工人师，中鹄区虽有全支加入红军的，但动员工作不充分，结果发生开小差的，陂头区动员了 58 名当红军，有半数到游击队，冠山区是一个边区，但这次动员有大的转变，在很短的期〔时〕间动了卅六名到工人师，罗明路线认为该区不能扩大红【军】的机会主义观点，又给了他一个又干又脆的嘴巴！最落后的要算是水南区了，这些新战士经各区群众热烈欢送已集中到县，县一级机关开了盛大的欢迎会，县委还在各连组织了临时支部，经过短期训练后，已在全县工农群众欢送的热闹声中到博生、瑞金集中了。

在慰劳红军的工作上，县委原决定全县集中草鞋 8000 双，结果集中送前方的，计布草鞋 3080 双，蔴〔麻〕草鞋 362 双，布鞋 135 双，套鞋 556 双，洋巾 60 条，尚有一部因缺伕〔夫〕子未送去，留着慰劳地方武装，各区对慰劳工作俱相当的发动了群众的热情，县委工作人员亦募捐了四吊多钱买草鞋慰劳红军。

公略党在七月份扩大红军战线上是没有完成任务的，在慰劳红军工作上不仅数量上没有完成原定数目，而且到前方的慰劳团，只做到了送慰劳品的伕〔夫〕子，没有在前方红色战士中去进行宣传鼓动的慰劳工作（除永丰外其余各县都差不多），公略党必须抓住这些教训来完成在敌人五次"围剿"面前党的中心任务。

（原载 1933 年《省委通讯》第二二期）

公略东古区委两个月扩大红军动员的总结

在为着加速粉碎敌人五次"围剿"，准备与帝国主义直接作战，阻止危机中间帝国主义的出路，争取苏维埃新中国的紧急的伟大历史任务之下，东古区的党在省、县委正确领导之下，对于扩大红军工作，已用了布尔什维克的动员来回答省、县委。在十一月四号〔日〕全区集中一连（人数115名）新战士加入红军，继续又进行动员，到十二月七号〔日〕又集中了新战士一连（人数118名）。在这〈一〉次动员中，区委经过了常委会详细讨论，定出了具体计划，组织扩大红军突击队（区一级机关合并）到各乡各村去帮助和指导工作，各乡召集党团员大会，党外召集了苏代表会、女工农妇代表会、职雇会员大会、赤少队干部会以及会员大会等去作充分的宣传鼓动，同时区乡又联合组织突击队，由先进的乡村去帮助落后的乡村，并组织了红军女家属的宣传慰劳队，抓住红五月动员加入红军的光荣经验，以〈致〉最近安乐、东古、桥市三乡扩大红军的模范例子，去作充分政治动员，在这一动员中，最好是东古乡，他真能运用组织上、政治上从各方面去充分动员，并且开始就在赤少队中进行检举和加强干部领导与教育，结果干部能领导队员整班整排的一致加入红军，特别表现妇女与工人的积极性，东古乡同灶村一个成年女同志，是一个候补党员，在广暴扩大红军运动中，带领他〔她〕丈夫到乡苏报名，还领导群众15名在乡群众大会上报名当红军。桥市乡大㕔村一个王文盛同志（工人），有56岁，领导群【众】22名加入红军，到区集中时检举他回家，他坚决不回家，要求到前方当三年红军伙夫也好，这更造成扩大红军的热烈空气。同时，各乡发动了群众举行热烈的慰劳与欢送，显示了广大群众武装保护苏联，为苏维埃而奋斗到底的热情，并且一般的新战士兴奋异常，而个个都说我们要迅速上前线去彻底粉碎敌人五次"围剿"。

东古区开始革命以来，到现在经过七年的残酷战争期间，一共扩大红军到前方2400余人，在调查户口，居民统计现还有7000人左右，其中妇女占4000余，老年男子1000余，儿童600余，在家的精壮勇敢男子不满400，东古区委准备在明年一月"列李卢"纪念中动员全区的壮丁到前方去。

（原载1933年《省委通讯》第五五期）

（六）万泰县

在扩大红军战线上扩大三个师的巨浪开始翻动了！

——万泰第一期又集中了 600 余模范师加入红军

从最近各方面动员的消息，我们可以看见扩大少共国际师和两个工人师的巨浪开始翻动了！

永丰有五百余模范营加入少共国际师，九百人加入工人师，赣县有二百余模范少队已集中加入少共国际师，还有足足一连〈人〉工人师已经开去瑞金！

博生、固口〔厚〕、马头、黄陂、竹笙嵊、青塘、安福等区又发动了，有七连能动员加入少共国际师，有三连能动员加入工人师。

万泰十八号〔日〕第一次动员集中了 600 余名模范师，经过热烈的欢送到公略，与公略模范师合编了！

红五月扩大红军的巨浪，在六月是继续翻腾着，整营整团加入红军浪潮又波动到永丰、万太〔泰〕了。

为七月半完成三个师而斗争！

红五月扩大红军落后的县赶快上来！

（原载 1933 年《省委通讯》第七期）

万太〔泰〕模范师也动员了总共 700 余人分两期集中

万太〔泰〕县委在六月初即开始动员模范师，十三日第一次集中到县的有 552 名，内党员 106 名，团员 54 名，已经开赴公略去了！

现在继续动员，根据各区报告已有 200 余人，县委决定廿五日作第二次集中。

这是万太〔泰〕六月七日扩大会【上】总结红五月工作后第一个伟大的成绩！

希望万太〔泰〕县委将这次动员的经验和教训，详细的检阅，运用到其他的工作方面去，争取万太〔泰〕全部工作的转变。

（原载 1933 年《省委通讯》第八期）

官僚主义的标本　突击队工作的模范

万泰沙村区东风两洞有四个乡（即合江口乡、铁穿桥乡、龙溪乡、□岑乡），过去的工作是最落后的，各种组织都不健全，富农当乡主席（龙溪乡），地主加入贫农团（铁龙〔穿〕桥乡），对互济会、女工农妇代表会不知道是一个什么东西（合江口乡），有不少的地主富农分了田（铁穿桥乡）。因此，群众的阶级斗争不能开展，甚至有部分〈的〉看见区一级代表来了就上山，为什么会这样呢？

当然，土地斗争不深入，富农地主混入了领导机关，是要大大的影响群众斗争积极性的发扬，同样的沙村区委一贯来忽视这两洞的工作，有时候派人去巡视工作是十足的标本的官僚主义，这里举两个例子在下面：

第一，六月上半月动员模范师时，沙树区委宣传科长到这两洞去用绳捆群众，结果引起了部分群众反水（这几乡模范赤少队没有组织好）。

第二，沙村区妇运〔委〕书记跑进该几乡巡视工作，要妇女剪头发，不剪的就大骂特骂，骂妇女群众，骂不剪发的是想准备当反动派，爱漂亮好恋爱，吓得妇女不敢见她的面，还有听见妇委书记来了，就躲起来了。

万泰县检阅了沙村工作，配合沙村区委组织突击队到东风两洞去，运用了新的工作方式，深入群众中的工作，结果，得了不少的成绩，他们是这样去工作的：

突击队两队，每队担任两乡，首先召集了乡一级负责人员会议、支干会议、乡苏代表会等等，揭发了过去的错误，讨论与布置工作，突击队都分散到各村各屋去进行宣传，告诉群众要组织贫农团工会，起来进行查田工作，及各种组织的作用与工作，为什么要查田？为什么要打地主反富农？为什么要扩大红军，扩大三个师？结果，有群众这样说："假使是这样就会去当红军呵！我们就不怕呵！"经过了这样的几天群众工作，不但没有跑山的了，而且以前上山去不敢回来的，这次都逐渐回来了，突击队天天回乡苏，天天晚上进行检查工作，布置第二天工作，进行召集支部大会，健全各种组织，进行热烈的查田查阶级斗争，群众多数参加，查出的地主的田完全没收，富农好的田没收，开贫农团工人大会，进行分配没收的东西，斗争精神非常活跃，这样在十天内就得到下列的成绩：

各种组织都组织了，自动有会开去了，查出了地主富农六家，混入各机关的地主富农一齐洗刷出去了，捉到了坐探一名，哨步开始建立，□□加入少共国际师有五名，筹款200多元，西药几十元，群众自动来突击队报告地主富农，粮食合作社每乡都自动成立一个。

从这次突击队的经验与教训告诉我们，只有深入的群众的政治的动员，细心去了解群众的要求，解决群众一切切身问题，深入到群众的阶级斗争，任何脱离群众、不相信群众的官僚主义机会主义者都要破产。

（原载 1933 年《省委通讯》第十七期）

武装保护秋收　万太〔泰〕地方武装光荣例子

现在是正当秋收忙迫的时候，在敌人积极准备五次"围剿"中拼命企图骚扰边区，掩护豪绅地主到苏区割禾，省委曾一再号召各地党特别是边县边区的党积极的发动群众配合地方武装游击队发展游击战争，实行武装保护秋收。

万太〔泰〕地方武装在党的领导之下，最近曾积极向河西游击，两次渡河打击靖匪均获得胜利，捉获匪首"毛老爷"，烧毁最坚固的反动堡垒，断绝吉、干〔赣〕交通，万安白匪恐慌万状，最近河西团匪，复企图渡河割禾，又被我军击退，匪死伤甚众，使敌人进扰苏区的企图遭受了一个迎头痛击。

这是万太〔泰〕地方武装保护秋收的光荣例子，其他边县边区的党只有积极的来加强地方武装游击队的领导，发展游击战争，武装保护秋收，配合主力红军的行动粉碎敌人五次"围剿"。

（原载 1933 年《省委通讯》第二二期）

（七）石城县

关于石城县两次失枪问题的通令 ①

六月十三日

兹有×××区 X 函云：前天由石城运枪八担经大塘来军区，但至今军区并未收到，该项枪支是否被匪劫去，不得而知，亦未得石城县任何来信，以鲜血换来的武装而武装敌人，这是对革命的罪过！

石城县军事部两次失枪，亦无报告给军区，实属万分疏忽大意，对敌轻视所致，究是否属实希石城军事部即作报告前来。

今后各县与军区或省一级机关之交通联络通信，须绝对执行军区六月十一日 X 字第四号训令，如系运送枪械则须执行以下指示：

（一）如运枪械等重要军用品及机要文件，必须酌派武装，绝对保其安全。

（二）估计途中危险，而又无武装保其安全时，可暂停不送。

（三）行至中途，新得敌情，随武装不足时，可暂住政府，另函受领机关派队来接。

（四）如送来重要军械、文件或人犯时除附与押解人员以介绍信以外，另须写特别快信同时发出，以便察考。

---

① 标题为江西省档案馆所拟。

在斗争紧张环境下，须要各机关、各干部以及每个战斗员都应时刻的去思想计划督促我们的伟大革命事业，一丝一毫也不能大意的！

代司令员、政治委员　彭雪枫

石城买谷运动〈的〉热烈　捐钱捐谷子帮助红军

中央政府决定在石（城）、博（生）、会（昌）、瑞（金）买谷五万担供给红军，石城党于六月七日召集活动分子会，由中央局及县委代表报告后，到会的均积极发表意见，都认为"红军在前线艰苦斗争，消灭敌人，我们在后方应牺牲一切帮助红军，争取战争全部胜利，所以拿谷子卖给红军是应该的"。当会场上都很热烈的，有谷的自动捐谷，没有谷的自动捐钱，不到两个钟头，共捐到谷子20余担，大洋150余元。大家还说："这样还不够，回去一定要动员和领导群众迅速如期完成中央政府给我们石城一万【担】谷子的任务"。特别是石城古樟区的活动分子回去后，立即动员群众，在会议中经过热烈讨论之后，群众自愿捐钱给红军买米吃，当场共捐大洋33元5角，又小洋34毛。

石城党必须抓住这些光荣的例子，在全县开展起来，现在时间不多了，还要加倍努力去完成买谷10000担的任务，而且做到超过！

（原载 1933 年《省委通讯》第 24 期）

（八）崇义县

中、少共崇义县委公函

五月十七日到

各级党团转全体同志：

关于河西道委"五卅"工作决议，上【犹】崇【义】两县已经共同订定实际工作的比赛条约来彻底转变党的工作路线和完满实现"五卅"工作的决议，这种条约的订定，是非常之正确和必要的。同志们！这种比赛条约，并不是空闲话的，莫似过去一般工作不实际的马糊〔虎〕了事，限"五卅"以前定要完全实现的，现在已经有数天了，到"五卅"只有十余天，根据各方面的报告，执行一切工作还未有半点喜色与成绩。同志们！像这样执行来比赛那就会要糟糕啊！究竟你们愿落人后面么？我想是真正布尔什维克的同志谅没有这样无耻吧？为获得〈着〉竞赛的"总锦标"，首先在党内必定有严格的斗争，如是惧工作麻烦，不吃苦耐劳而消极怠工，不坚决努力执行竞赛条约中的实际工作，党团应严格的同他作无情的斗争，才能动员全党全团的同志，领导一切革命群众一致的坚决执行。

各级党团接此公函后，不分昼夜去执行比赛条约的实际工作，要求一切工作很快实现，必定要身先士卒，如扩大红军、帮助红军粮食等等！！数量比×应自己来做模范，同志们！坚决执行努力冲锋，限卅一号要将比赛条约的一切工作完满实现，不得丝毫放松与疏忽，千及〔万〕勿误，至要至要。

再者：限六月二号召集各区比赛，奖品"锦标"由县委制好。

中、少共崇义县委印

1932 年 5 月 17 日于蛇形岗

（九）寻乌县

寻乌县第一次工农兵代表大会会场正刊（第二期）

论述

毋忘此日

今日为一九一五年日本帝国主义利用袁世凯想做皇帝保持封建势力的心理提出"二十一条"强迫中国承认的日子，到现在十五年了，中国有无数的袁世凯继起，"我们看看国民党蒋介石、汪精卫等哪个不比老袁还厉害"，欺骗强奸民众的手段还进步？中美航空合同，中英海军协定，中德陆军协定，私和济南惨案，新式卖国手段还要比"二十一条"时代的老袁更来得精密而且名堂好听些！

中国第一次大革命我们工人农民兵士打倒的天下国民党要享幸福，蒋该杀〔介石〕朕即是党，党即是国，便继承了老袁衣钵，大发其皇帝梦，学老袁欺骗强迫民众之不已，加之以屠杀焚烧，三四年来数百万工农贫民兵士颅在国民党屠刀起落之下，血肉横飞，秦始皇无此惨剧，张献忠、李闯无此残忍！

现在国民党汪蒋冯阎张都一样的比老袁更凶，都更会卖国，而且帝国主义加紧瓜分中国，企图××帮助中国革命的苏联，因而积极进攻苏联，使中国比老袁时代更加殖民地化。

上述所述，事实是如此，不同〔容〕得我们不惩前毖后，因为从前止〔只〕有一个老袁，现在却有国民党汪蒋冯阎张数十个老袁了！蒋该杀〔介石〕是美帝国主义走狗，汪大帽与新旧桂系是英帝国主义走狗，冯阎张是日本帝国主义走狗，帝国主义在中国大逐其鹿，造成军阀大混战，都比老袁时代南北战争有过之无不及！

"毋忘此日"！我们要打倒国民党各系各派军阀的袁世凯化身！

打倒英日美法……多角逐鹿的国际帝国主义！

武装保护帮助中国革命的苏维埃俄罗斯！

建立中国苏维埃政权！

讯事

第一大会议经过

上午：八时开会，出席代表一百九十三人，主席团钟步仁主席〔持〕，易敬通、曾灼如记录议案。会议程序，先唱少年先锋歌，次通过大会致各处革命团体报告开幕的××代电，又次进行讨论事项：（1）土地问题；（2）军事问题；（3）政权问题；（4）债务问题。各种议决案及文电将来会汇前〔全〕另刊单行本，议至此主席团提出昨日接到一纵队政治部一封公开信会〔经〕大会讨论，结果完全接受该三点指示，并通过具体议决案如下：（一）分田限三日内分完；（二）严格执行优先红军条例，送回五十团逃兵，派陈深、古土鉴、陈雄三人代表大会往澄江慰问该处工农贫民，会场秩序异常整齐，各代表亦能发挥意见详细讨论各重要提案云。

下午：一时半继续开会，出席代表190人，讨论：（5）劳动问题；（6）城市政策；（7）妇女问题；（8）婚姻问题；（9）文化教育问题；（10）财政问题，但此问题讨论到"今后财政统一及解决经济的方法"，已到散会时间，便由主席团宣布停会，俟明日再行讨论。

拆城墙

城墙系封建遗物，同时作了反动派的顽抗革命势力的工具，政府与红军攻克寻城之后，有见于此，便立即号召全县广大群众拆毁城墙，根本废除反动派之屏障，大会为领导群众积极拆毁城墙，乃于开幕之日即通过全体代表，每日于下午散会后五时至六时执行拆毁城墙工作一小时。昨日总细雨霏霏，而各代表拆城×是照常做去，直至大雨来时才止，今日因天气较晴，各代表更加努力前往拆城，归来即入席晚餐。据现在寻城处女墙通通已拆毁，镇山南门、小东门、北门等城墙亦已拆毁，东门及×山则〔侧〕有两个地方已完全拆到城基云。

本晚第一纵队政治部欢宴与游艺会记盛

红军第四军第一纵队政治部设筵欢宴各代表，同时开〈游〉游艺会以资欢误〔娱〕，是晚全体代表列席，因该部派出招待员廿余人殷勤招待，一种亲密状况得未曾有。七时半开会，由政治【部】主任谢唯俊〈主席〉宣布欢宴意义与表示欢迎的热忱（欢迎词见后），旋介绍第一纵队政治委员彭祜，士兵会代表钱兆鹏致词及政治部秘书长邱光庭等（词见后），代表卢赐古答词表示感谢意思，后有梅间娥、钟步仁、陈深、古柏及五十团士兵某相继演讲，均能发挥尽致。欢宴毕甫×游艺，游艺场虽临时布置，尚属可观。头场京调有钱兆鹏、王杰、邱光庭等表演，以钱兆鹏之反军阀混战及团丁出路曲尤为特色；二场为山歌，寻乌民歌由邝世淑夫妇及英娥特英互相斗唱；三场为小调，有王植庭、曾碧漪二人合唱十二杯酒，继之×钱兆鹏之二杯酒甚为滑稽；四场为歌诗，亦由王、曾两女同志合唱数首；五场为变把戏，由邝荣×表演，请酒手段尚灵敏。游艺中最滑稽者尚有古柏之三脚板，手足软滑活泼，摇头摆腰，发言滑稽，全场无不发噱。此晚工农亦欢聚一堂，庄谐并进，直至十一时半才尽欢而散云。

演讲词

红军第四军第一纵队政治委员彭祜同志演讲

各到会代表同志们：

今天是寻乌县全县工农兵代表会议的第二天，红军第四军第一纵队政治部代表第一纵队全体官兵伕〔夫〕以今晚谨以微薄的茶点欢宴于各位到会代表，不过我们今晚欢宴于各位的，不是在形式上的茶点，而主要的是在精神上的表现。换句话说，就是要在实际斗争上去奋斗，完成我们目前最迫切而主要的重大任务，这才不辜负我们过去同志所流的血，同时更不辜负以鲜血造成的此次的空前未有的全县工农兵代表会议的盛会。因此，兄弟代表红军第一纵队全体官兵伏〔夫〕有三件重大事向各位说，希望各位代表号召全县工农兵一致的努力去完成。

A. 武装拥护苏联：苏联是全世界无产阶级革命胜利的国家，他是保护全世界弱小民族与被压迫民族利益的，他是促进全世界无产阶级革命胜利的营垒，万恶的英、美、日、法……各帝国主义眼见得对他们有所不利，于是野心勃勃企图一致联合进攻苏联以遂他们更残酷的野心，而想镇压全世界无产阶级的整个革命，不过他们在联合进攻中因为各个人的利害关系，×不×冲突且会更日趋尖锐化，但是我们切不要因此放松我们武装拥护苏联的工作，而一致的要反对各帝国主义进攻苏联。

B. 彻底分配土地：我们受封建地主阶级的剥削，已有数千年，他们不劳而食，穿好的，住好的，以种种惨无人道的方法×精吸髓剥削我们，我们×每年劳苦到底，反得不到衣食住而终久是一个穷光蛋，现在好了，我们穷人苦人拿到了政权来管理寻乌全县的一切事宜，所以我们对豪绅地主阶级的土地要彻底而且很迅速的分配，不要丝毫犹豫而怀疑这才是真正办法，这才能保障我们的赤色区域，巩固我们的苏维埃政权。

C. 收缴反动武装：寻乌县已有十分之九是赤色区域了，所差的只一小块返〔还〕是白色势力，如澄江、项山等仍然是反动豪绅地主把持，我们为使赤色区域扩大，为使全县工农都得到解放且影响邻县邻哨，所以应将豪绅地主所把持的武装，一概收缴起来以武装工农自己，而更能保障我们的政权。不过要知道〈的〉所谓收缴反动武装，不是说将那一块白色势力所有的工农都一概消灭，而是消灭〈的是〉那一个反动首领，如澄江之谢嘉猷，这才是保护我们工农自己，不然又是我们从前所犯的一种"盲动主义"。

上面三件事是兄弟代表红四军第一纵队全体官兵伕〔夫〕贡献于各位的，亦是本晚欢宴会中主要的意义。（完）

红军第四军第一纵队政治部主任谢唯俊演讲

各位代表暨来宾、诸位同志：

数年来我们用不断的革命的头颅与鲜血向豪绅地主阶级拼命，这种结晶便根本推翻了反动派的统治之塔，将寻乌十余万的工农贫苦群众从塔底下解放出来，这朵鲜红之花是在有历史以来的寻乌未曾开过的，尤其是在这赤色的五月更增长了我们的强烈的感觉。

蒋阎大战愈加尖锐，革命高澎〔涨〕，早具雏形，而寻乌之代表大会其意义不〈止〉限于寻乌一县者〈在〉。

四军目前任务在打通闽粤赣的三省赤色联系，寻乌地居三省交叉，寻乌全县赤色之完成，则三省联系工作已成功了一半。四军同志非常欣〔钦〕佩各位同志的英勇的奋斗精神，同时更认清了红军的武力只有与群众力量相配合，则其功效才更为伟大。并且我们以后更要很好的运用这一法则，替革命创造一个更大的前途，以应付目前〈的〉开展的政治局面。

四军同志在万分的热忱中无以表示，谨具一点小小的礼物，略备茶点，以为慰劳。不过准备既不充分，招待复欠周到，偏僻寻乌城吃的东西亦不能应发尽买，睹此情形深以为歉，不过我们是无产阶【级】者，我们的一切都是政治的结合，当然不〈止〉限于区区的物质表现上，请各同志原谅！

消息

△总工会：寻乌全县总工会已筹备就绪，定期明日成立，计现在已成立之工会分会，有店员、理发、小商、泥木、缝衣五个工会云。

△群众大会：全县群众对建立全县政权，分配全县田地无不喜形于色，决于九日开群众大会，拥护全县苏维埃成立分田胜利，同时，纪念红五月已由各革命团体指定筹备员负责筹备此事云。

△吉潭军讯：红军与吉潭附近群众攻克吉潭，解除该处反动武装，现已向项山推进，发动该处工农、贫民起来向豪绅地主统治与剥削斗争，与其他赤色区域群众同享建立工农政权分配田地之〈享〉福，本日已派出一大队到达项山内地游击云。

1930 年 5 月 6 日

中国共产青年团寻邬第一次代表大会决议案

甲、政治决议案

（一）斗争总结

1.领导了广大的群众参加暴动，促成了全县革命高潮，建立了工农兵代表会议政权——苏维埃。

2.〈在〉数年来斗争的收效已推翻了反动统治，根本动摇了封建势力，成千百万的青年群众日常生活上的痛苦已得到了相当的解放。

3.寻邬的革命高潮推动了邻县革命斗争，且充实了斗争的基础。

4.在继续不断的斗争中，团已得到了相当的发展，且建立了相当的基础。

5.斗争的总结虽有以上几个优点，但亦有不少的缺点存在，如：

6.在这革命高潮当中，团的主观力量菏〔薄〕弱，一切不深入群众中去使斗争没有坚强的领导。

7.机会主义盲动主义的残余和失败情绪还很普遍的存留在团内，如五十团打澄江布置暴动时，打仲石、八尺都是不顾敌人和自己力量的乱性和打败敌人第一次会攻后便不更进一步去消灭敌人而主张保守，结果失败，失败后便表示没有办法和依赖红军等，都是盲动主义失败情绪的表演〔现〕。

8.取消主义倾向。党不但不积极帮助团的工作，过去而且取消【团的工作】，C.Y.团的同志也因受了反映而失其独立的精神，致青年群众的斗争没有健〔坚〕强的领导。

9.没有广大的宣传，致一般群众对团没有相当的认识，不能取得广大青年群众的拥护。

10.忽视青年群众的特殊利益的要求，不能引起群众急剧的斗争精神。

11.忽视青年妇女运动，没有领导广大青年妇女参加政治经【济】文化斗争。

（二）目前政治形势和党的策略

1.帝国主义相互间的矛盾日益发展，世界大战就有要爆发的可能，可是他们间的矛盾，虽怎〔这〕么的剧烈，而也不忘记革命势力是他们的劲敌，而且俄国又是领导世界无产阶级的国家革命，向世界帝国主义者冲锋的强国，所以他们便一致积极的布置进攻世界无产阶级的祖国——苏联。

2.全国军阀混战，只有日益扩大统治阶级，只有一天天的崩溃，革命势力正迅速的向上发展，一省或数省的政权有很快要夺取过来的可能。

3.全县政权已经夺取过来，县苏维埃已得到大多数群众的信仰，将来只有日益巩固，寻邬之反动群众很快的可以消灭。

4.根据以上的政治环境，党的策略必然的是武装拥护苏联，武装消灭军阀混战，扩大赤色区域，加强无产阶级的领导权。

（三）团的任务

1.接受党的政治策略。

2.夺取广大青年群众。

3.纠正过去一切不正确的倾向。

（四）今后工作方针

1.健全指导机关。

2. 严密团的组织。

3. 加强支部组织。

4. 加紧宣传教育。

5. 加紧妇运工作。

6. 加紧少先队儿童团的组织。

7. 普遍文化运动。

8. 执行铁的纪律。

9. 加强无产阶级的领导权。

10. 肃清不良分子。

11. 加紧发展组织。

乙、组织问题决议案

（一）组织现状

1. 组织路线的发展不平衡，忽视了北半县和邻县的工作。

2. 没有计划的发展团的组织，充分的犯了关门主义。

3. 指导机关没有经常工作之建立。

4. 指导机关工作迟钝。

5. 工作指示不切实。

6. 非无产阶级的工作路线。

7. 不注意集体领导。

8. 巡视工作不健全。

9. 犯了取消主义，依赖党的观念，失了团的独立精神。

10. 上下级的关系不密切，下级对上级无经常工作报告，上级对下级工作情形不了解，很少有工作指示，成立〔为〕两不相关的状态。

11. 没有注意调查统计工作，一切工作无法科学化。

12. 支部生活缺乏。

13. 没有按期开会，就有也是没有计划去分配同志的实际工作。

14. 执行纪律松懈，一般同志犯了错误或不积极工作者，指导机关不设法去纠正，就有注意，亦是缺乏教育精神。

15. 团员成分不好，阶级基础薄弱。

16. 团与群众组织关系不好。

17. 没有组织区委和创造模范支部。

18. 不注意秘密技术。

19. 没有按期征收团员。

20. 同志表现。

A. 盲动主义残余。

B. 机会主义残余。

C. 地方主义。

D. 关门主义。

E. 风头主义。

F. 流氓意识。

G. 失败情绪。

H. 保守主义。

I. 小资产阶级意识。

J. 技术批评。

K. 农民意识——尾巴主义。

L. 封建思想残余。

M. 享乐主张。

N. 家庭观念。

O. 怕劳苦。

（二）纠正的方法

1. 上面同志的表现，要以教育去纠正，经过教育以后，仍然存在这些现象者，即厉行洗除，不论干部或非干部一律清洗到团外去。

2. 改造指导机关，提拔有阶级认识，工作积极，稍有斗争经验的分子进指导机关工作，加强指导机关的力量。

3. 布尔什维克团的条件：

A. 政治观念正确。

B. 有牺牲精神，能积极工作。

C. 忠实活泼。

D. 没有嗜好。

以上四个条件具备的人，才能介绍他入团。

（三）团的组织路线

1. 团员发展的路线以雇农、贫农、牧童、学徒为主要对象。

2. 团员发展方式要在斗争中吸收英勇的分子入团。

3. 凡有群众组织的地方，即须建立团的组织。

4. 建立区委，创造模范支部。

5. 注意县城、澄江、吉潭等中心区域工作。

6. 注意交通要道运输工作，纺织工人、土木工人等工作。

7. 组织雇农工会，划分青工小组加紧青年教育。

（四）指导机关工作

1. 建立经常工作。

2. 经常派人做巡视工作。

3. 考察和纠正同志的错误。

4. 培养工农干部。

5. 应付工作要敏捷。

6. 改造支部生活。

（五）建立支部工作

1. 按时召集支部小组会议。

2. 按时征收团费。

3. 经常召集支书组长联席会议，互相交换实际工作经验。

4. 支部会议应有的工作。

A. 简要的政治报告，尤其是用于当地的情形，应多报告。

B. 讨论上级报告。

C. 讨论发动领导群众斗争问题。

D. 讨论怎样介绍同志。

E. 讨论怎样做宣传工作。

F. 讨论扩大红军少先队之组织。

G. 讨论怎样去组织群众。

H. 讨论怎样领导群众斗争。

I. 讨论分配工作问题。

J. 研究。

K. 批评。

（六）团与群众团体的关系

1. 团不能直接指挥群众，以思想去领导。

2. 青年群众组织中应建立团组织，直接受团之指挥起领导作用。

3. 团组应绝对接受团委之指示一切，重要问题经团组决定后应交该级团委批准执行。

4. 团对政党，团之意见，要经过党去指示。

5. 团对团组工作，要经常切实审查和指示，团组对团须经常报告一切工作。

丙、教育宣传工作决议案

Ⅰ.宣传工作问题

（一）宣传工作的意义

团的宣传工作任务，就是接受党的政治任务，扩大政治影响，根据青年实际要求争取广大青年群众，由这个任务之实现，才可以达到组织群众、武装群众、建立政权，扩大团在群众中的影响，取得广大青年群众的拥护，消灭反动残余势力，促成全国革命高潮。

（二）宣传工作的现状

宣传工作各级都有一点，每逢纪念日及政治环境转变的时候，都能召集群众大会，引导群众示威，在群众里面作广大【泛】的宣传鼓动。关于文字工作，画报、壁报、周报、传单，皆稍有点成绩，但是这些宣传工作，仍然包含有不少的缺点，大部分没有计划〈的〉，不切实，不按期，没有鼓动性，一切方法不技术，没有找〔抓〕住青年特殊要求的中心口号去发动群众、训练群众。

（三）纠正宣传工作的实际方法

1. 经常出版团报、画报等刊物，内容要丰富，要实际，要简瞭〔了〕。

2. 编印各种歌谣。

3. 开办贫民学校，及举行识字运动。

4. 用群众机关名义，组织艺术团宣传队。

5. 召集群众大会。

6. 作个别谈话的口头宣传。

7. 散传单，贴标语。

8. 一切宣传工作要研究，要求艺术化，及行讲演实习。

Ⅱ. 团内教育问题

（一）意义

团内最迫切的问题，要算是教育问题，为了健全与扩大团的组【织】，为了斗争任务之能负荷，都要从团内做起，不提高团内政治水平，不肃清团内各种偏向，便决然不能健全并扩大团的组织，更不能负担重大的斗争任务。因此，有计划的进行团内教育，纠正过去之无计划的听其自然的状态，是团的重要任务之一，大会规定用下列的材料和方法去教育团员，团的指导机关更要详细的讨论，去执行这一重大任务。

（二）材料

1. 政治形势与党的策略。

2. 上级指导机关的通告讨论。

3. 组织常识。

4. 支部工作。

5. 实际工作的缺点与各错误偏向的纠正。

6. 马克斯〔思〕列宁主义的研究。

7. 革命的目前阶段及其前途。

8. 反机会主义及托洛斯【茨】基主义反对派问题的讨论。

9. 做青年群众工作的方法。

（三）方法

1. 经常提出中心口号。

2. 小组会。

3. 支部会。

4. 活动分子大会。

5. 支书联席会。

6.【以】区委为单位【的】团员大会。

7. 批评。

8. 个别谈话。

9. 办训练班。

10. 对新同志解释入学通知。

11. 有计划的分配同志看书报通告。

12. 出版画报。

13. 分配同志参加实际工作。

14. 编辑各种教育同志的册子。

丁、群众工作决议案

Ⅰ. 群众工作现状

1. 青年学徒运动：青年学徒运动本来是团的很重要【的】工作，但是团过去对这工作确〔却〕很忽略，加之城市工人，在反动经常镇压和欺骗之下，很难组织起来，乡下的一些零星工人多隶属于农会工会，因此，很难拨动他们的日常斗争。

2. 青农运动：一般青年农民多系加入农协及少队，青农部、雇农工会等都未建【立】，对青农的政治训练也没有充分注意及白色乡村的农民亦从未有过计划去拨动和组织起来，对青年的特殊要求口号，亦未普遍的散布。

3. 少队工作：多数地方的团部，对少队的性质和任务不了解，认为已今〔经〕有乡政府，又有赤卫队，又何【必有】少先队的组织呢，所以各处对少先队的组织问题都不注意，至于日常的训练，各种娱乐游戏等，则毫未进行。

4. 儿童运动：儿童团的组织有一部分较为可观，如徐溪、大同等地，各种娱乐游戏、示威运动等等，均能很积极去举行，儿童革命情绪已达相当高度，但仍缺乏训练工作和儿童之特殊要求口号，没有计划的去提出 ××。

5. 青年妇女运动：寻邬的女子尚很封建，尤其是青年妇女不相信自己的力量，和畏羞心理很浓厚，故各地虽有妇女运动委员会之组织，但总是形式的，一般学到两句客话的女子，那里包而不办，至于广大青年妇女群众还没有起来参加革命战线，能实在负责〈人〉工作的人，尚寥寥无几，返〔犯〕有些严重的错误，就是团不切实去进行妇女运动。

Ⅱ.今后工作方针

甲、青年学徒工作问题

1. 青年学徒须有单独的组织，并须纠正过去团忽略这一工作的错误观念。

2. 普遍散发青年学徒的要求口号，拨动其日常斗争，以取得其特殊利益。

3. 加紧城市工人及中心区域的青年组织，建立青年指导机关，以健全其斗争领导。

4. 加紧工人的政治训练，以提高其政治认识，增加无产阶级领导人材〔才〕的基础。

乙、青农运动问题

1. 须建青农部与雇农工会，并坚决的纠正团【过】去忽视此种工作的错误。

2. 须普遍的提出青农特殊要求口号，深入到广大青年群众中去，拨动其日常斗争，以取得特殊利益。

3. 加紧白色乡村及中心区域的青农组织。

4. 加紧青年农民的训练，以提高其政治水平，增加其无产阶级的意识，强固其革命基础。

丙、少先队工作

1. 健全或建立中心区域的少先队。

2. 加紧白色乡村的少先队组织。

3. 加紧少先队的政治训练，以提高其政治水平，增加其无产阶级的意识，强固其革命基础。

4. 加紧军事训练，并经常分配其工作，以拨动其日常斗争。

5. 健全少先队指挥部。

丁、儿童运动问题

1. 须经常训练，给予革命的印象。

2. 须提出儿童特殊口号，深入广大儿童中去。

3. 举办儿童游艺部。

4. 经常召集儿童领袖训练。

5. 加紧中心区域的组织。

戊、青年妇女问题

1. 健全各处妇女委员会，并发展党与团的组织。

2. 尽可能开女子学校，或女子训练班，由此提高其政治水平，削弱其封建思想，并养成女子领袖。

3. 加紧中心区域及黄色乡村的组织。

4. 须规划小组，督促其经常开会，与指示及分配其工作。

5. 提出青年妇女特殊口号，深入青年妇女中去。

戊、军事决议案

Ⅰ. 扩大红军赤卫队

1. 团在青年群众中时时要做宣传工作，使一般青年群众自动投身到红军队伍中去。

2. 团应坚决督促××机关努力施行优待条例，并号召青年妇女群众组织洗衣队、慰劳队等，使去当红军赤卫队的同志做到安心在军队中工作。

3. 去当红军的时候，最××××队的人去，在他去当红军的那日，团应号召广大群众来开欢送大会，以荡起去当红军赤卫队同志的热沈〔忱〕。

4. 凡在赤色区域内要实行征兵制度，在未实行以前，每个团员同志须要作广大〔泛〕的普遍宣传征兵制度的意义，使青年群众踊跃参加红军赤卫队之组织。

5. 每个团员同志在不妨碍当地条件之下，都要去当红军赤卫队。

Ⅱ. 加紧团丁运动工作

1. 团丁运动之重要

靖卫团原是豪绅地主自己组织的武装，他收买一般无饭吃的贫苦工农，去当他的压迫工农的工具，那般〔帮〕人是【一】时受豪绅地主的濛〔蒙〕蔽宣传，所以才会做了他的走狗，假如我们用单纯的军事力量去消灭他，是很不容易做到的，我们要彻底消灭豪绅地主，解除他的武装，只有加紧团丁运动，使他自动打土豪，拖枪到红色区域来，这样才可彻底肃清豪绅地主。

2. 工作路线

第一区应向上四甲、吉潭推进，第二区向龙川、定南方面推进，第三区向罗浮、石正、中坑推进，第四区向八尺、大坝推进，第五区向分水坳、吉潭、项山推进，第七区〈向〉应向澄江、筠门岭等地推进。

3. 团丁运动方法

Ⅰ. 如该地有团丁，即用各种宣传品张贴附近大路能显目可见的壁上去，如团丁所住地有自己的同志，即可用〔把〕宣传品给他，叫他在夜间时张贴该处壁上，待团丁早晨起来看见了，即使他猛省觉悟。

Ⅱ. 某处有团丁，如我们有亲戚或朋友，即可用亲戚朋友关系〈到〉去运动，从一人起，而二三人，而至全数团丁都被运动，但这种工作，须要技术做得好，才不致失败。

Ⅲ. 如果在战壕上打仗时，双方都已停火，即用口头鼓动宣传，使他们觉悟。

Ⅳ. 实行农村军事化

在赤色区域内的群众，不是散漫的，是要有团结力的，有团结才能应付敌人，要应付敌人就要有军事训练，所以无论党或团都要积极的去推行农村军事化。

A.各乡暴动队，应经常给与军事政治上的训练，使他有军事常识，遇敌来时，才可与红军赤卫【队】配合作战。

B.少先队是青年群众的一种组织，所以每【个】青年男女都要加入，他有时也可参加作战，他也免不了作战的任务，也只有加紧军事训练，才能和红军赤卫队一同参加作战。

C.各级政府应尽可能设立军事训练班，以造就农村军事干部人材〔才〕。

D.每乡须准备大批火药子弹粉枪大炮等一齐弄好，待敌来时以随其便。

E.在敌人来的要路上，政府应督促群众去挖战壕，在岭上滚木石等，使敌人不敢深入。

F.少先队除〈开〉准备武装参加作战外，（有可能的）仍须编成特种队。

（十）蕉平寻县

蕉平寻党团代表大会主席团通告（第一号）
——关于目前斗争工作布置

蕉平寻各级党部：

蒋阎军阀战争暂时告一段落，而蒋张战争急要爆发当中。蒋派军阀为要与张学良作残酷的战争，所以派大批军【队】到西南来解决西南反蒋小军阀。我们知道，蒋派大批军【队】到西南来，是可以暂时把小军阀镇压下去，取得暂时一致。但是我们更知道，蒋派大批军【队】到西南来，在此一形势底下，只有加重了党在西南的任务。同时又知道，蒋介石的破坏消灭西南革命势力的企图必不能成功，只有使群众在其摧残压迫底下更加痛苦，而更增加群众的反抗和摧废〔毁〕国民党军阀反动统治的决心。所以党更需要积极坚决布置斗争，争取千百万的广大群众在党的领导之下，与敌人作剧烈的斗争，消灭敌人。蕉平寻党在西南这一形势底下，切实布置蕉平寻的斗争工作：

Ⅰ.加紧严密和发展群众组织

1.加紧城市工作，积极派忠实勇敢坚决的同志深入城市去组织发动与领导工人斗争，从斗争中去发展组织，加强无产阶级领导，组织工人政治总同盟罢工！蕉平寻的工人运动的中心工作是市政、矿工、运挑、汽车、篷船、纸工，同时应积极去争取城市贫民小商学生的反苛捐什〔杂〕税，争取自由的斗争的领导。

2. 苏维埃应即召集广大的雇农贫农群众，组织雇农工会贫农团，马上成立乡区雇农工会贫农团（一乡数量太少时可以区为单位），同时应积极领导中农参加贫农团的组织，并要把广大的妇女青年群众团结在贫农团雇农工会。

3. 积极争取反动统治下的群众的领导，争取公开路线的号召组织雇农工会，组织贫农协会，党对此一工作要派出忠实勇敢积极的同志深入反动统治下的乡村群众中去建立工作。

Ⅱ. 扩大党的政治宣传鼓动工作

积极督促区委、支部及全党同志，加紧扩大党的宣传鼓动工作。运用党的策略配合实际情形，即〈是〉要提出党的政治口号联系群众迫切要求【的】口号，深入广大群众中去提高群众斗争情绪，并需经常不断的刊发党壁报、传单、标语、歌谣及大批的宣传品，及颁布苏维埃的政纲法令。

Ⅲ. 扩大红军工作

主席团第二次会议决定，原寻乌县赤卫总队及平远赤卫特务营归编红军第六军第一师独立营，加强独立营的力量。这一决定是值得我们积极的注意，打破农民意识和纠正同志和群众及扩大红军的错误观念，使同志和群众明白扩大红军与武装工农是相生相长的密切关系，特别是要打破群众的地方界限和党的尾巴现象，同时应积极去集中群众的武装组织及编制大刀队、尖串队等。

各级党部接此通知后，马上召集会议切实讨论坚决执行，并需将执行的情形报告前来。至要！

并致

布礼！

蕉平寻党团代表大会主席团

赵冠鹏　赵尚杰　赖兴邦　李大南　廖裕德

林汉倜　陈传标　曾加棉　罗月福

1931 年 1 月 16 日印于黄田

蕉平寻县委通告（第一号）①

全体同志：

　　自中央三全会议接受国际指示以后，已有新的决议与精神，对于整个党策略路线与组织有了大的转变。总的策略是巩固苏维埃区向外发展，南方以广州为中心，长江以武汉为中心，争取附近一省或数省首先胜利，以争取全国总胜利。划全国苏维埃区为七苏区，闽粤赣苏维埃区域成立党的特委，依据各种地域交通关系，集中人才便以〔于〕指挥起见，设立东江西北分委指挥西北各县工作，在分委指示之下，组织蕉平寻县委，指挥原有三县斗争。蕉平寻县委已在五县党团代表大会正式成立，这个大会经过六天的时间，很安全的闭幕，有很圆满的结果。过去和妥发展的路线及右倾的观念纠正过来，蕉平寻党在西北分委巡视员直接指示之下，亦有新的决议与精神。当【会】选定赵冠鹏、曾加棉、林汗〔汉〕倜、易敬永、李大南、赖兴邦、邝三妹为委员，廖裕德、刘癸〔葵〕五、温焕清为候补，以冠鹏为书记，兰芬②为秘书长，现在已开始建立工作。今后蕉平寻各区工作可直接与蕉平寻县委发生关系，县委以极热诚号召全党同志起来拥护此次蕉平寻代表大会的决议和精神，特此通告。

　　此致！
布尔什维克党礼！

蕉平寻县委
1 月 22 日

----

① 原件未署时间，依据蕉平寻县苏维埃政府成立时间与文件内容判断，文件发布时间应为 1931 年 1 月 22 日。

② 即刘兰芬。

蕉平寻县委通告（第二号）

——关于成立区委问题

各区委转全体同志：

目前，发动同志加速崩溃，革命的形势向前发展，一天一天的高涨当儿，闽粤赣苏区党为要便利指挥，集中人才起见，蕉平寻县于十五号〔日〕召集三县党团代表大会，现已结束。在此三县代【表】大会讨论，因各种地域关系，将三县划分为五区，三圳、蕉岭、新铺为三焦铺区，新圩、平远、八尺为新平尺区，石正、坝头、东石、长田为石坝东长区，留车、牛斗光、篁乡为光留篁区（石牌下划为光留篁区），吉潭、澄江、三标、寻乌为吉澄寻区（原有各区辖地除石牌下乡划为光留篁区外，其余仍属各区辖）。县委为要布置三县工作，完成三县政权，各区应马上召集原有各区成立筹备会。同时，每区支区与党团需派代表一名，代表成分以雇农、贫农及进步的工人分子为原则，产生区委，不〈要〉日建立工作，进行一切事宜。这是刻不容缓的一件事。但是在这前后，工作不能丝毫放〈的〉松，应〈以〉继续不断的做去，积极向前猛进。至要！

此致！

布礼！

蕉平寻县委

1月23日

蕉平寻县委通告（第四号）

——关于集中武装编成县赤卫问题

各区支县苏党团转全体同志们：

目前蒋冯阎战争已告段落，蒋张战争有如箭在弦上一触即发之势。我们打下长沙、吉安，现在我们行动，北上以武汉为目标，南方以广州为目标，因此动摇了军阀的后尾，更加促军阀早日死亡。故老蒋为要巩固其后方，将军阀混战的重新〔心〕移于西南，一方面消灭西南小部的军阀，另【一】方面企图镇压我们的革命。在这形势之下，党〈的任务〉加重了扩大群众、领导群众、扩大红军、组织兵暴的任务。县委接受蕉平寻代表大会的决议和精神，将寻乌县赤卫队、平远特务营充实于第六军第五师独立营，现已编好，不日配合各地革命力量向总的目标前进，完成我们大的任务。

我们在这种严重任务底下，集中力量，打击敌人，巩固苏维埃区向外发展。因此，县委决定将以前敌在各区的或各区的公枪全数集中编为县赤卫队（篁乡因与龙川敌人接近，而且属〔数〕少，故调十支）。

对此次调动枪支集中力量，我们应动员全体同志根据此种原则，深入广大群众里头去扩大宣传，打破群众保守观、不肯调动的不良偏向、狭隘思想。这是全体同志应有的责任，绝不该跟着群众尾巴去走。

各级党部接此通知后，马上召集会议详细讨论，同时限五天内（自本月廿五至廿九日至〔止〕）实现之，希各级党部积极执行之为要！

蕉平寻县委

1月25日

蕉平寻县委通告（第□号）

各级党部转全体同志：

老历的新年很快的就会到来了，在县委正在布置当中就接到分委通告第二号关于加紧年关斗争、反对进攻苏维埃及红军，因此即行充分的讨论，认为分委所指示的一切都是十二分的正确，县委诚恳接受。

县委动员全体同志深入广大劳苦工农群众里头去，号召广大群众坚决的执行，尽量扩大宣传，使整千整万群众围绕〈着〉在党四周作坚决的斗争。

同时应拉住中心区域，如寻城、车头、牛斗光、留车、严城、东石、石正、坝头、蕉城、新南、三圳及各大乡村的日常斗争，配上年关斗争，朝着梅县、兴宁方面去造成闽粤赣苏区第二个中心向总目标的前进。

同志们，只有坚决发动广大群众的斗争，才可消灭敌人，才可实现反对进攻苏维埃及红军的任务，才可消灭赤区内的白点，才可解决一切困难问题。

各级党部接此通知后，切实讨论具体办法，配合当地实际情形去执行，谁忽视这种工作，谁就直接的间接的帮助了敌人，也就要由党里滚到右倾泥坑里头去，特此通知。

蕉平寻 C.P. 县委

2 月 1 日

蕉平寻县委紧急通知（第□号）
——加紧侦探和警戒

大同、车头、上礤、鹅子湖、雁洋、大同山、石排、篁乡、横迳各边境党同志：

在旧历年关，土地革命得了胜利的寻邬赤区群众们，正是酣醉婾越〔愉悦〕的时候，我们在这一享乐时期，县委特别的警惕同志们，不要太过抱太平观点，不要忘记了敌人正在我们的四周时刻的企图来镇压和骚扰我们。我们应该特别注意防备他，尤其是在上列的各边境党，更应在群众中起核心作用，加紧各关隘放哨监查来往行人，切实戒严，以免〔防〕敌奸〔奸〕〈的〉活动。

同时，我们更应抓住这一时机，趁封建的反动派酒肉熏天正在享乐的时候，给他一个冷不及防【的】打击来消灭敌人，所以各边境党更应加派忠实可靠同志，打听确实敌情。党接到通知后，立即切实执行飞报县委，以便决定奸〔奸〕敌的计划。各区委应切实笃〔督〕促去执行。

同志们！时刻的不要忘记了敌人！打破太平观点！

蕉平寻县委
2 月 25 日

蕉平寻县委通告（第十四号）

——关于发动广大群众举行反帝国主义唆使军阀国民党进攻苏维埃区及红军大会并成立反帝大同盟

各级党部转全体同志：

帝国主义者，以政治、经济、武力各种方式，侵略半殖民地的中国，自满清到今订了许多不平等的条约，继续不断的爆发许许多多屠杀弱小民族的惨案，如五卅、沙基、苏县……并且为了要巩固其在华一切特权与扩充其在华货场，更制造连年不断的军阀混战……他们的罪恶实在是不胜枚举。

在目前中国革命浪潮高涨当中，工农斗争的剧烈，更引起了帝国主义的仇视，联合中国的压迫阶级镇压革命，唆使军阀、国民党派遣二十师兵力来进攻西南各苏区及红军，虽然他这样【的】企图决不能损伤革命，只有〔会〕使革命一天天的向前发展。

在广州、长沙暴动胜利后及红军围攻武汉时，帝国主义者更直接的用飞机炮舰……来摧残革命。

因此，中共中央很正确的指出在中国革命高涨到来时，必然要和帝国主义者直接武装冲突，作残酷的战争，中央更要号召全党同志准备这一残酷战争的到来，与我们最后决斗的胜利，必须要加紧反帝运动，使广大群众深识帝国主义的罪恶和反帝的决心。

县委第十四次常会，为了这一重大问题，特决定动员蕉平寻全体同志一致到群众中去作深入的宣传和鼓动这一工作，不但要在赤区内去做，并且要扩大到白色区去，并决定二月廿八日开反帝国主义进攻苏区及红军群众大会，附近留车廿里的群众要到留车举行，其余各区可由各区委择定该区政治中心区域分别举行，白区亦应该尽可能的举行，或举行飞行集会。各级党部应该准备充分的宣传材料在这一群众大会中，并要运用群众路线产生反帝大同盟筹备员——五人或七人——。

各级党部接到这一通告后，应即切实讨论执行，并将执行结果报告县委，万勿忽视。至要！

致以

布礼！

蕉平寻县委　2月28日

蕉平寻县委通告（第十八号）[①]
——关于妇女工作问题

各区委、支部、特支及县苏党团：

A. 妇女在革命上的地位

妇女群众在封建制度底下已有两千多年的压迫，她们的自由平等和一切的欲望根本地消失了。虽然受了数年来的革命的推荡，封建残余未肃清，仍有封建的环链锁住她们。再加上国际帝国主义经济政治支配压迫和国民党军阀混战剥削之下，她们的痛苦已到了登峰造极。她们要在〔求〕解放已近〔经〕到了【万】二分的迫切，这在过去事实上参加革命的成绩已经告诉我们了。同时，她在全人

---

① 中央档案馆、江西省档案馆所编《江西革命历史文件汇集：一九三三年——一九三四年及补遗部分》（1992年）判定本通告发布时间为1933年，但据中共蕉平寻县委的起止时间和蕉平寻县劳动妇女委员会的成立时间判断，其时间应为1931年。

类是占二分之一呵！她的力量在革命【上】已占一大部分，假如我们忽视了她们的工作，在革命上已丧失了大部分的力量。由此，我们可以明白了，她在革命上占什么地位了。

B. 过去妇女工作的缺点和错误

1. 过去对妇女工作有些地方虽有注意，【但】也注意不够，以为妇运是女同志的事，男同志则不管，任妇女同志自生自灭状态去干。若有些男同志去做，都是"醉翁之意不在酒"野心妇运的企图。同志们，还〔这〕是不得【了】的事情呵！

2. 虽然过去在寻邬方面也将妇女群众编为运输队、粮食队、暴动队、洗衣队等，然在事实上组织了便使〔是〕，她【们】从未见去开过会、训练过、教育过。她〔他〕们绝不去提拔妇女干部，即提拔起任她的态度，这样一来，有也若无，结果反增妇女的讨厌。工作即多【洗】几件衣服（红军的），则索性的谩骂，口里叽咕不绝，这又有什么用处。

3. 同时过去做妇运工作的同志，没有执行党的正确路线（或者不明了）去做。

（一）开口合口就说离婚结婚绝对自由，不把妇女什么的革命、怎样去解放、应如何去实现结婚离婚绝对自由（为什么要绝对呢？），使着一般稳健的妇女和封建思想浓厚的妇女男子讨厌，因此无形中加紧了妇女的压迫钳制（在食饭睡觉的时候指东骂西），这种影响之下无形中加深了封建残余的束缚（弄巧反拙）。

（二）不群众化——我们普遍的可以看出工作的女同志剪其发，短其衣，翩翩然奶奶小姐气味，妇女群众见之而避。而且，工作女同志也不接近妇女，即接近也口如悬河，讲几句悬天大特高腔，唱什么革命山歌，不去从妇女日常痛苦〈中〉生活中去说起，联系到革命路上去，甚至只去与漂亮的妇女谈话（也不是革命理论），找出那漂亮的妇女群众来，其余的妇女唤她来都不到。

（三）许多妇女工作同志在思想上行动上非常浪漫，甚至无原则，连工作都浪漫了，影响到群众讨厌，甚至反感唉〔叹〕"其身不正，虽命不从"。

4. 自然过去有以上三种的缺点和错误，但各级领导机关也事实上忽视了妇运，这点我们应该负责的。

C. 今后妇运方针

1. 积极的向过去的错误去奋斗，从思想上行动上去纠正过来，尤其是要在□□中去纠正过来，这样才是正确的办法。

2. 运用党的正确路线去发动群众、组织群众、教育群众，提拔正确的妇女群众。同时，要培养妇女干部，开办妇女训练班，发动妇女自动的去学校念书，【参加】学习革命识字班。

3. 蕉平寻妇女组织，她应在苏维埃底下独立的组织起来，到苏维埃政府立案，不要如过去一样的去缩小了她们的组织及其力量。她的组织如下：

蕉平寻县劳动妇女委员会的组织系统

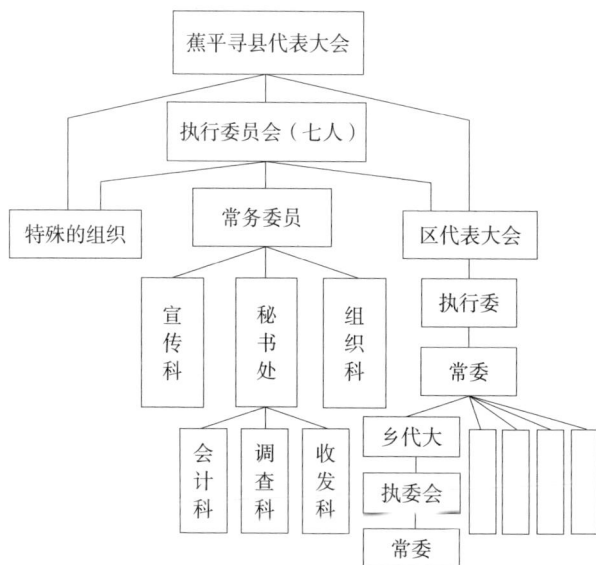

附注：县执行委员会七至九人，区执行委员会五至七人，乡执行委员会三人组织。

同时，她已由上而下的去组织，注意劳动妇女的组织，不要丝毫的忽视，县区乡都组织，即行分别组织之洗衣队、运输队、侦探队、粮食队、暴动队。青年方面可组织少儿队……在每队成立小组织，由 20 人组织之（未满 20 人者亦组织小组），直属乡劳动委员会，指挥之机关可附设乡苏。

4. 扩大宣传鼓动工作——每一个宣传鼓动工作都要联系到党的中心口号，去发动她们的日常斗争。同样的就组织她们，不要先宣传去组织，而后才去发动斗争参加革命，应拉〔把〕宣传、组织、斗争联在一块同时并进，这才是党的正确策略。

5. 口号

（1）彻底肃清封建残余；（2）妇女群众要自由就要革命；（3）劳动妇女起来参加革命战线；（4）纠正不正确的妇女工作路线；（5）反对野心男女；（6）反对禁止女子革命者；（7）反对禁止妇女去开会；（8）妇女群众们来去读书认字、来去学习等；（9）在革命上去恋爱去结婚去自由。

各级党部接此通告后，对妇女工作切实的去做，切不要〈把〉将过去一样特□是决议无执行、虚应故事的右倾工作路线为要！

蕉平寻 C.P. 县委

3 月 1 日

蕉平寻县委通知（第□号）

各区委、特支、县苏党团：

我们为要准备红军走后，巩固苏维埃政权，保障分田的胜利，消灭反动残余，现县苏还有很多余枪没有人拖，经此间讨论，限三天各区须号召广大群众前来拖枪，补充县赤卫队，并决定光留篁区须送60人，吉澄寻区须20人，石坝东长区10人，新平尺区10人。同志们！事关重要，每个同志应动员到群众中去，号召广大群众热烈来当县赤卫，以便保障革命胜利，各区支幸勿有丝毫忽视，切要！切要！特此通知。

　　致以
扩大红军敬礼！

蕉平寻县委
3月5日

蕉平寻县委紧急通告（第五号）

各级党部转全体同志：

　　在这两天，敌人大举进攻我们赤区，他与其他各次进攻是有不同的地方，他是有计划的组织的，企图恢复他的剥削地位的，故他们〈的〉围寨猛攻，自备伙食，寻找我们主力来打，这些都是很明显的事实。不过这也是因为我们各处红军大举活动，在龙岗等处五天三次大胜仗，复又三师之投诚我们红军（可参考政治通讯），各地土地革命的深入和我们肃右倾小团体的成功。另一方面，反动统治阶级为要很快的暴发〈期〉其暗潮——军阀混战，巩固其后方，积极的企图镇压革命，免有后顾之忧，殊知【这】恰恰就是可以证明反动统治阶级日益崩溃死亡。另【一】方面是反动统治阶级临死挣扎，残酷的手段，因此〈我们〉在这政治严重环境（局部的，不要犯整个观）底下，我们应：

　　（一）死命抓住群众，不要给敌人一个一个拉过去，反要因敌人之大烧大杀大抢（疯子狂子都要杀一码）之下，更加的去鼓动群众起来斗争暴动，认识反动统治阶级的真面目，更加仇视反动统治阶级，不然的话，这是断送群众，断送革命，直接的已帮助反动统治阶级了。

（二）加紧揭破反动统治阶级的改良欺骗策略，敌人在猛烈的大烧大杀大抢剃刀策略底下，又施行其改良欺骗政策，什么自首、"联保招安"、"只杀匪首"、"不杀崇〔蒙〕昧不知之群众"等等，都是敌人一贯的欺骗策略。我们不要以为这些话，群众是完全不见影响，假如我们不注意教育宣传工作，揭破敌人的真面目，一定〈的〉有局部的群众在〈其〉这种欺骗策略底下，为其夺取过去，这是危险之极的事情。我们要【以】全部的精神去纠正过【来】，反之××扩大这种欺骗策略的宣传，而夺取发动统治阶级下的群众过来！

（三）〈在〉整个军事布置，县委当能看敌情而决定，但各区支在此一时期，必须要〈在〉采取袭击、截击、突击，特别的采取夜战的战术，去打破敌人之进攻赤区的阴谋。同时在夜间，各区支必须领导广大群众去作大举骚动工作（自然不是这样×极的，如×敌情不许×人时，则可选精干队去，就每一动作，也必需开动广大群众），使敌"日疲夜劳"，以便一鼓荡平之。

（四）积极的注意侦探交通工作，在上面已经说了要注意侦探工作，我们不是注意之就便了事，要积极的去训练他们，在斗争中去教育他们，组织严审他，交通工作我们特别要注意去寻好，以便传达消息，应付敌人。

（五）加紧戒备，过去虽然设有盘查所，都是有名无实的，我们对此要加紧去严审他的组织，加紧他的工作，无论何人没有正式放行证的，必需扣留，就有放行证的都要再行检查，免有敌人的奸细传达消息，敌探之发动。

（六）此时我们要不断的去断绝敌人的交通，断绝敌人的消息，使敌人消息不灵通，有如敌人有子弹或粮食，我们必需发动群众去抢过来，动摇敌人的计划，以寒敌兵之胆，这种工作，我们在军事上都不可忽视的。

　　各级党部接此通告后，马上开会讨论坚决执行，不得玩视之为要。至要。
　　致以
杀敌的敬礼！

蕉平寻 C.P. 县委

4 月 1 日于黄沙

蕉平寻县委通告（第廿七号）

——关于举行"四—二"四周年纪念〈的〉

各级党部转全体同志〈的〉：

　　（一）"四—二"经过情形

　　在 1927 年 4 月 12 日的时候，代表资本豪绅地主阶级的国民党军阀——蒋介石，他为要做将来的一个鼎鼎有名的军阀和保全其反革命的领导权，便于是日显头露角，放出狰狞的面目背叛革命，举行什么"清党"，在上海地方实行大屠杀，造成极严厉的白色恐怖。从这天起直到 15 日止，便屠杀到广州全面范围来了，杀了左倾分子及共产党员，不计其数，弄得全国鲜血淋漓，形成凄惨愁哀的世界了。

　　（二）"四—二"揭破了国民党假面具

　　这么一来，显露出军阀国民党卑鄙无耻的投降了资本帝国主义，出卖民族利益，背叛民权革命，挂的招牌虽然非常好看，呼的口号非常响亮，都是欺骗我们工农的，和缓工农革命的，所以军阀、国民党任何一派都是屠杀工农的刽子手，土地革命中的严重敌人。

（三）"四一二"流血给予我们的教训

这一血的事变，指出与资产阶级妥洽及合作是与虎谋皮，终〈以〉不能达到目的，反〈为〉被虎所伤。所以他们教训我们，要坚决站在无产阶级谋利益、谋解放，英勇的与资产阶级国民党奋斗，才能完成全国苏维埃政权，达到共产社会前途。

（四）"四一二"流血的价值

"四一二"当中，我多共产党员和共产青年团员为着为工人、农人〔民〕争自由、争平等而牺牲，流了许多热水般的红血，其牺牲何等的值得，纪念何等有意义。

（五）我们纪念"四一二"的几点具体办法

县委对此"四一二"纪念，〈用〉极诚挚的号召广大群众来作一热烈纪念，其办法如下：

A. 在纪念会未到前，动员全党同志到群众中去作一宣传鼓动工作，使每个都明了这个纪念的意义，同时个个群众能够有参加大会的热情，自带武装来示威。

B. 这个纪念大会与反 AB 团大会同时进行，12 日为进行时期。

C. 芳田留车黄同乡均到留车中心地点举行纪念，其余各区乡由各区乡择定适宜地点为举行会场。

D. 在大会当中，须按照宣传大纲去宣传，同时联系到反 AB 团。

E. 各区支应准备化装演讲、演唱白话剧及制造谣言、宣传标语。

F. 开大会时，在会场附近，须事前放步哨去，使群众不至发惊。

G. 各乡哨线到纪念大会时，须特别戒严。

各级党部同志——这个"四一二"纪念是我们共产党在中国开始流血的第一天，巩固我们的营垒，是十分重要的纪念呵！接到举行纪念的通告后，须详细讨论积极的坚决的去执行，切勿有丝毫忽视为要!
　此致
布礼!

蕉平寻县委

4月7日

蕉平寻县委通告（第廿八号）
——关于职工运动工作问题

各级党部特支县苏党团转全体同志：

（一）工人在革命上的地位

工人他是最接近政治经济中心的，他的痛苦也是最厉害而且最深的，他直接的受资本家厂主国民党军阀压迫的剥削的。因此他的革命性也是最强最高最热烈的，特别是产业工人。因此，他成为革命上的主力军，领导一切劳苦群众积极的推倒统治阶级，建立无产阶级的独裁政权。故此，党对工人的工作是顶重要的，过去在一般事实上已经告诉了我们，这是不容我们丝毫疑义的。

（二）最近工人斗争的尖锐

自前来"八一"以后，中国工人斗争的形势随着世界革命斗争的形势，由低沉的形势进到了发〔活〕跃的形势，赤色工会的组织一天扩大过一天，反黄色工会及国民党改组派的组织一天一天的剧烈起来和日见深刻的认识一天一天的脱离了他们，到去年"二七""三一八""四一二""五一""五四""五卅"各运动以后，的确到了非常剧烈的形势。上海的工人推驱黄色工人和改组派，他们不止如此去反对，而且更加严密他们的组织，每一个工厂都有工厂委员会的组织，每一斗争都有罢工的准备，武装的准备，每一罢工的爆发都由经济斗争走上政治斗争的道路（反改组派国民党资本家），或者走上武装冲突，厦门人力车夫包围公安局，码头工人的斗争同样的剧烈，东江方面庵埠工人、汕头工人打警察围公安局……的确工人的斗争日见尖锐化、剧烈化，他们的斗争已经确定了中国革命的进程目标。

不过他们的斗争仍尚有缺点，尚没有绝大决心进一步去推翻反动统治阶级，建立自己的政权，但我们要进一步去认识工人斗争，配合农民的斗争，夺取政权。

（三）蕉平寻党过去对职工运动的错误

过去一般同志认为工运都是不关重要的，也就忽视去干，而且缩小他的组织力量，在苏维埃政府下是〔没〕有什么工人部的组织，或者不能抓住中心工人的工作去做阐明些〔细〕说，形成取消了职工运动的工作，这点是值得我们万〈二〉分注意的。

（四）今后蕉平寻职工运动工作方针

1. 目前领导工人斗争要针对着革命形势来决定组织政治总同盟罢工

这是我们党最中心策略和最中心的工作。看呀！过去香港八个月长期的罢工，弄成香港变为臭港，上海的暴动（1924 年），数万战斗兵，孙传芳惊慌退走，这些都证明政治总同盟罢工是我们的唯一的武装，也只有政治总同盟罢工，才可根本地动摇敌人，根本地消灭敌人，不过要针对着革命形势去决定，不要空洞的虚浮的决定，而要在主观客观条件底下去决定，这才是正确的策略办法。

2. 要抓住工人日常经济的政治的要求去发动工人的日常斗争

在此帝国主义生产合理化，结果货物堆积如邱〔丘〕如山，中国的民族工商业日见倒闭，工人也日见失业，他们的迫切要求是要饭食、要工做、要衣穿，在业的工人更加受其钳制剥削之下，我们要捉住他们日常的经济要求去发动和领导他们日常斗争，进而发动去领导他们【的】政治斗争，同时，我们不要领导他们政治斗争而脱离他们的日常斗争，这是我们要留意的地方。

3. 用公开路线去号召工人组织赤色工会

赤色工会的组织是表明革命的工会真是能为工人阶级谋彻底解放的工会，因此，我们绝对的要用公开路线去号召工人争取工人群众在我们党的四周，同时要反黄色工会法西斯蒂〔化〕（即是屠杀工人剥削工人为资产阶级压迫工人的工具），改良欺骗的宣传麻醉工人而有碍工人的利益。

4. 蕉平寻工运最中心的工作

（1）平远之东西路汽车工人。

（2）市政工人。

（3）挑担工人。

（4）篷船工人。

（5）苏维埃区域圩市中应加紧工人的组织。

苏维埃应站在劳动保护法令以争取工人的利益，同时，党要坚决的去注意这一工作。

（6）建立工人武装组织问题

工人的武装有两种，第一是纠察队，他是临时组织，他是广大工人群众武装的组织，大半用以罢工时，罢工结束后，即行解放〔散〕。第二是赤色先锋队，他的组织是由纠察干部择而编着的，他是直接受党军委指挥的。

我们对这两种武装不是组织着就算了事，还要加诸政治军事的训练，不然的话，有若无，何济于事。

（7）在工会里要有女工和青工委员会组织

国民党军阀重重剥削之下，女工和青工的痛苦特深。他们在目前革命这样的剧烈当中占很重要的地位，过去在每一斗争中都已表示出他们的力量，因此在县总工会组织之下，应组织女工和青工委员会，来做女工和青工运动的工作。

同时要在妇女劳动保护法令和〈保护〉青年工人劳动保护条條〔例〕【下】积极去执行实现之，尤要的【是】我们要注意训练教育的工作。

（8）口号要切实合于工会及工人群众的需要和口气

我们提出的口号不要空洞鼓天，要切切实实的在群众日常生活迫切要求痛苦中找出来，在工会方面也不要背诵党提出的口号，要在群众中巧妙的应用，使每一个口号都是工人日常生活中自然而然的喊出，同时要将每一个口号〈向群众〉解释给群众听，假如以为以上说的不是的话，对工会争取广大工人群众的工作是有害无益的。

（9）工农联合要在实际的组织上联系起来

蕉平寻赤色总工会要与贫农团及一切农民发生密切联系，要使农民拥芦〔护〕工人行动，也要使工人积极的拥芦〔护〕工人的行动，县乡区工会要变为全县的中心，要将各种工人分别组织起来，要与贫农团及一切农民有密切的关系。

特别的〔是〕农村中的雇农，（农村经济工人）把他组织雇农工会。

（10）县区乡总工会要与别地的工人运动发生训练

蕉平寻赤色总工会必须与邻县的工会发生密切关系，互通声势及报告工作情形。

（11）要注意教育宣传工作

工人在革命中的地位〈占〉重要，我们已知道党对工人的工作必须的要在积极上去加以教育工作，积极的〔在〕工人日常斗争中生活中去教育他们，而且要扩大宣传，不是组织好了就算了事的，要造成他们成为真正在党指导之下领导农民去革命。

（12）蕉平寻全县工会组织系统

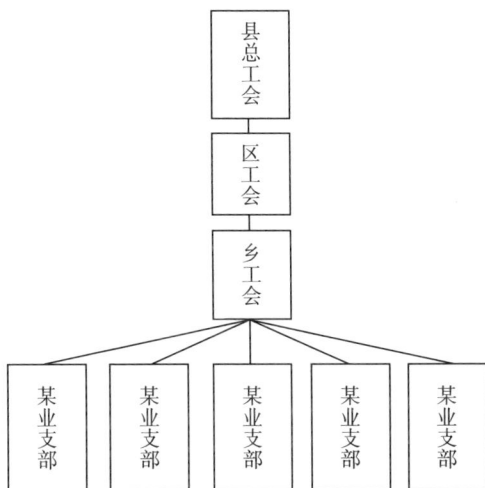

蕉平寻工会组织系统

```
          ┌─────┐
          │县总工会│
          └─────┘
             │
          ┌─────┐
          │区工会│
          └─────┘
             │
          ┌─────┐
          │乡工会│
          └─────┘
    ┌────┬────┼────┬────┐
 ┌──┐ ┌──┐ ┌──┐ ┌──┐ ┌──┐
 │某│ │某│ │某│ │某│ │某│
 │业│ │业│ │业│ │业│ │业│
 │支│ │支│ │支│ │支│ │支│
 │部│ │部│ │部│ │部│ │部│
 └──┘ └──┘ └──┘ └──┘ └──┘
```

（13）蕉平寻工人斗争纲领

A. 关于政治方面

①积极组织政治总同盟罢工，实行武装暴动。

②猛烈扩大红军，工人群众到红军中去。

③彻底消灭反动武装，如团丁警卫队后备队及赤区内的白点，完成地方暴动巩固政权。

④扩大赤色工会，巩固无产阶级的领导。

⑤推翻军阀国民党统治，建立全国苏维埃政权。

⑥反对国民党及资本家禁止工人看报、谈时事、接见外人。

⑦反对社会民主党及其左派和中国的改组派第三党。

⑧打倒托落〔洛〕斯基反对派、陈独秀取消派。

⑨消灭 AB 团。

⑩消灭黄色工会，争取其群众到赤色工会来。

⑪拥护第三国际赤色职【工】国际及无产阶级的祖国苏联。

⑫武装反对世界第二次大战。

⑬严拿防害工人利益的、破坏赤色工会、屠杀工人的一切反动分子交苏维埃处理，其没收或罚款归工会。

⑭工人有建立保障本身利益的武装（如纠察队等）组织的绝对自由。

⑮扩大工人的力量与威风，必须与全国革命工会与农民一致联合奋斗。

⑯开除老板及独立劳动者会籍。

⑰反对豪绅资产阶级以及白军压迫工人去当团丁士兵及挖壕筑池守城放哨。

B. 对于资本家方面

①实行没收资本家和企业银行交工人管理，组织各种合作社。

②反对资本家对市面造成工人失业恐慌。

③在工厂作坊中组织监督资本委员会，实行监督资本防止厂主移开资本停止营业以致工人失业。

④监督利润，不〈要〉使厂主独占，工人须分配红利。

C. 关于雇农方面

①实行没收地主富农土地及剩余房屋、牛、粮、种子、生产工具等。

②雇农组织雇工工会，建立农村苏维埃中的领导权。

③反对富农操纵农村经济，打倒富农在苏维埃中的领导地【位】。

④在饥荒时没收富农的剩余粮食交雇农工会。

D. 关于经济方面

工作时间和工资等依照劳动保护法执行。

E. 关于待遇方面

除劳动保芦〔护〕法，即规定以外，另有以下几条：

①工厂作坊应有最完备的卫生设备，保持工人健康，减少伤害不幸事件。

②反对帝国主义进攻苏联和中国军阀混战，而延长工作时间加

重工作改恶待遇，增加工人痛苦开除工人等。

③资本家应拨款给工会举办工人补习教育、工人子弟义务教育及娱乐文化等设施。

④资本家应即举办工人社会保险，如失业、疾病、养老等保险。

⑤工厂作坊应建立工人宿舍浴房，又要建设换衣洗濯室给工人应〔使〕用。

⑥反对打骂搜身滥发工钱调戏女工。

⑦作工器具归店主备办。

⑧雇农每【年】冬天要发棉衣一套，夏天要发单衣两套，每逢初一、十五要给猪肉一斤，除工作外不准做私人服役。

F. 关于失业方面

①组织失业工人，领导失业工人与资本家坚决斗争。

②在白区须强迫反革命的政府与资本家恢复失业工人的工作，使失业工人得到经济的接济。

③失业工人应在赤色工会领导之下组织失业工人机关。

④失业工人应与在业工人的革命工会发生联系并帮助在业工人的经济斗争。

⑤在业工人亦须帮助失业工人恢复工作，及发展组织并给失业工人以物质上经济上的援助。

⑥领导失业工人作政治斗争，争取革命胜利以救济失业危机。

⑦坚决执行中华全国苏维埃区域代表会议通过的劳动保护法。

此致

布礼！

蕉平寻 C.P. 县委

4月9日

蕉平寻县苏维埃政府目前文化工作总计划①

引言

在巩固苏维埃区向外发展的策略中，尤其在土地革命深入，无产阶级基础日【益】加强的当儿，应更进一步与封建残余和一切不正确观念作意识的斗争，使群众对无产阶级革命和目前政治有深刻的认识，加强执行斗争的决心，并应将苏维埃的政治影响扩大来，因此，遂于五月十七日召集全县第一次文化教育会议检阅〈出〉过去工作的错误与缺点，确定目前文化教育的总方针做成决议，印成小册子，希各级文化教育机关切实执行。

目前文化工作方针

一、提高群众共产主义教育。

二、提高群众的国际政治常识中心口号是：

1.反对第二次世界大战。

2.武装拥护苏联。

3.援助殖民地半殖民（地）革命运动。

三、加紧反军阀战争与拥护全国苏维埃的宣传中心口号是：

1.组织政治总同盟罢工。

2.组织地方暴动。

3.组织白军兵变兵暴。

4.猛烈扩大红军。

四、巩固闽粤赣苏维埃区向第二中心（丰梅）争取广州附近一

---

① 原件未署时间，依据蕉平寻县苏维埃政府成立时间与文件内容判断，文件颁发时间应为 1931 年。

□□□□□□利以争取全国革命胜利中心口号是：

1. 加紧组织雇农工会，发动雇农的斗争。

2. 反对富农流氓意识。

3. 扩大红军。

4. 用群众力量消灭苏区白点及肃清残余团匪。

5. 加紧城市工作，发动城市工人斗争。

6. 打倒改组派第三党取消派。

7. 反对帝国主义军阀国民党进攻苏区及红军。

8. 扩大革命战争消灭军阀混战。

9. 准备国内国外残酷战争。

10. 彻底肃清 AB 团。

五、建立巡视工作

1. 县苏文委会要每月派人巡视所属文委会及文化工作团体，密切上下级【关】系。

2. 各区文化科于每月卅日以前将一月工作报告文化部。

3. 文委巡视员五人。

（Ⅰ）

1. 关于指导各级文委会的宣传工作的机关发生密切关系，各区文化科每月要作一个月的宣传工作计划和前月的宣传工作经过均要报告县苏文化部，县苏政府要根据其报告加以特殊的一般的矫正和指导。

2. 每月发政治通讯一期，有系统地分析当前的政局，指出当前的策略并定宣传的口号以为各区文化科宣传的标准。

3. 遇有纪念日及运动事件要在半个月以前发宣传大纲给各级文化科，各级文委会事前应召集各级政府和革命团体的宣传员开联席会议讨论宣传的原则和方法，事后并要开宣传委员会检阅工作找取经验分析影响，作报告到县苏文化部。

4. 统一全县的宣传，此后各级政府的宣传务要根据县苏政府所颁布宣传大纲为主意〔要〕目标（固然也要参酌当地实际情形，要适合当地的特殊宣传），红军的宣传也要与当地政府一致。

5.刷新标新〔语〕，现在各区乡有许多正确的已失时间性的标语，现在要发动各级文委会把各处写有的标语来一翻〔番〕总检阅，洗刷重写过当前的适合口号，并要写得有秩序，各处茶亭改为各种纪念亭。

6.各级政府要组织经常宣传队两队以上（每队三人），区一队，〈以上〉乡可临时成立一队。

7.各区应择一政治中心地点建筑一演讲枱〔台〕。

（Ⅱ）关于直接执行的宣传〈的〉工作

一、经常的宣传工作

1.经常出版报纸（画报、周刊）。

2.县苏政府组织宣传队六名，经常落乡宣传。

二、临时的宣传工作

1.遇有周年纪念日和运动事件先期召集宣传工作人员开〈会〉宣传会议讨论宣传的原则和方法，事后也要开宣传会议检阅工作，找取宣传的影响及经验。

2.搜索各地斗争历史和革命歌谣。

3.设一阅书报处。

4.尽可组织新剧团、文艺团体、政治研究会等。

（Ⅲ）关于指导各级文委会的教育工作，目前的教育工作

1.养成革命环境中所需要的革命工作的干部人才。

2.社会教育普遍而深入的提高群众阶级觉悟、政治水平、文化程度。

3.采取强迫性质的教育，凡六岁至十一岁的儿童，有必须经受小学教育的权利和义务（采取四二制的修业年限）。

4.施教的方针以养成知〔智〕力、劳力作均衡发展为原则，并与劳动统一的教育之前途。

5.各地小学名称，概称列宁小学。

6.学校经费，每年政府收入土地税抽百分之一【十】五为教育

经费。

7. 关于编审教材问题。

（一）编审的教材

a. 高级：国语课本、政治课本、社会进化史、地理、共产主义、浅说、军事、算术。

b. 初级：国语、革命常识、算术。

（二）产生编审委员会

裕德、淑士、李郁、世淑、自兴。

8. 减少文盲运动：各区乡应厉行减少文盲运动，学校中应定一周为减少文盲运动周，在此周中应张贴标语演讲，组织十人识字团及其他一切办法，足以减少文盲者。

（一）问字所：县区乡政府及各革命团体列宁学校所在地方附近均设一所问〈题〉字处，在各圩市至少须设一所，以上各乡村如有可能建立者，尽〔可〕能建立之，经常指定负责人，以期减少文盲运动能普遍而深入〈的〉到民众中间。

（二）看图识字：编富有阶级性而适合工农用的识字课本发给儿童观阅。

（三）劳动夜学：各乡村、各市街要普遍夜学，男女同校。

（四）编辑：关于社会教育的小册子，富有鼓动性并且浅白〔显〕而有趣味的小册子，尽量地印发而普遍到群众中去。

（五）编印各种社会科学丛书，如马克斯〔思〕主义浅说、政治学、社会学、社会进化史、教育……凡关于社会科学的书籍，要多多地印刷，分送各区乡苏文委会。

（Ⅳ）列宁学校问题

1. 办理列宁小学校的总原则

学生、先生须绝对的共同生活，不要形成两个对立阶级似的。比如训导学生，须照定出的标准，先生则〔不〕超越范围。比【如】定出训导标准不准吃酒，而先生大喝特喝，学生要劳动，而先生则事事叫公差，弄成训育标准变为支配学生行为。训导的标准是应当师、生、公差共同订立，无论谁都要遵守。先生作息时间应和学生一样，吃饭也要混合起来，〈坐〉睡觉也要和学生一起，一切要和学生无异，减削〔少〕师生界限，〈要〉这样才能密切师生联系，才能受〔收〕教育的真正效果。

2.列宁小学组织系统

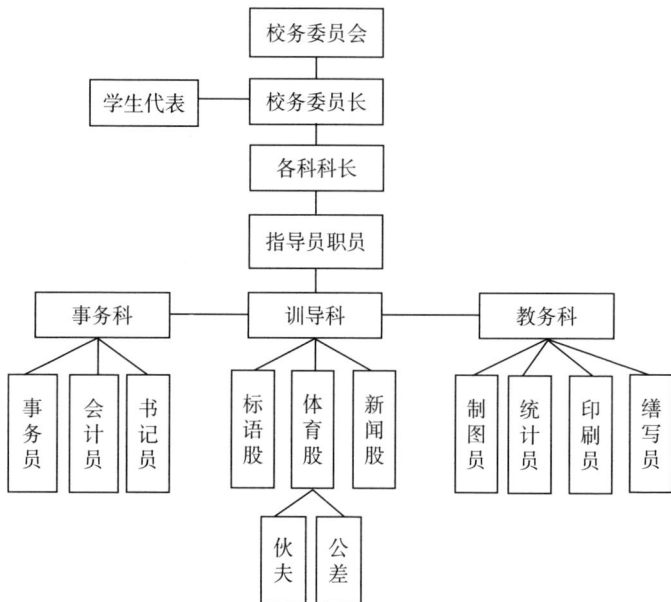

3.列宁小学组织系统说明

校务委员会由指导员职员、职员及学生代表组织之，校务分三科。

甲、教务科主任一人，教务员至少两人，至多五人，分任缮写、印刷、统计、制图及其他一切主任所吩咐关于教务上的工作。

乙、训导科指导员皆为训导员，科之下设体育股，专管〈学生〉关于学生体育事宜。

1.指导员之解释：过去，先生多称为教员。但（一）根据教学做主张而言，先生不但要教，而且同时也要学，因为尽管有些先生不知道而学生知道的，此时先生就可以向学生请教，故先生可教学生，【学生】亦可教先生，此即所谓教学相长，如此，师生关系就不是纵的而是横的，如此师生关系才能密切，所以我们要改去教员的认识。（二）做学问全靠学生自动，过去的注入式教法是完全有碍于儿童心理之发展，故现时我们要先生只立从旁指导的地位，而不是要他把他的智识灌猪肠式的灌进儿童的耳中，所以此处不称教员而称指导员。

2. 训导员训育：过去训导是名训育，是含有先生的话都是对的，学生要绝对服从，而且只有自上而下的教训的意义，我们对于学生也只能引导他们到正确的路上，绝对不能摆出"惟我独是，你必遵从"的态度，故需把训育改为训导。

3. 凡指导员须为训导之理由：过去训导的事情全诿〔委〕于一个训导主任和一个或两个训育员，这有几层弊病。

（一）学生顾不周到——学生多的学校，一个训育主任，一两个训导员不能顾得周到，而且在实际上，训育员在学生眼中，是只司晚上点名、统计、请假等机械工作的，所以实际上做训育工作的只有训育主任一人，因而不能每个学生都得到他的训练。

（二）容易引起学生不正确的思想，即学校训育事宜只训育主任可管，其余先生要不能过问，苟有过问，则或讥你不自量或嫌你多管闲事，而引起师生间之隔膜。

（三）训导工作不能实际，因为：

1. 担任训导工作的人，自然要负纠正学生言行之责，但〈在〉小学生理智未充者，每有顺我者好、逆我者歹的不正确思想，所以你要去纠正他，常招致他的误会怨恨，因而每对训导主任有捣乱的行为。

2. 训导主任对于训育工作每慑于学生之威而不敢切实执行，于是学生工作不能实际，从而学生生活无法改进，而学校也不堪问矣。

丙、凡指【导】员皆为训导员

不但以上种种弊病均能免除，而且因为有大家负责任的原〔缘〕

故，学生生活之缺点与应宜养成之点均更能观察得到，从而施以训导，学生也由此更得进步，所以凡指导员皆须【为】训导员。

丁、训导之实施

1. 训导员开会决定训导方针。

2. 以训导员数除学生数得每个指导员应负责训导学生数。

3. 指导员根据训导标准而实行训导。

（训导员与学生须发生密切的关系，藉以察知学生之思想行为而加以训导，最好每天晚饭后同他们去散步，每日特别开一谈话会。）

戊、训导生团。训导生宜常常更换，最好是每月一次。

己、事务科设主任一人，书记、会计、事务【各】一人，以上各科除主任外，应多量提用学生。

1. 专练学生办事能力。

2. 训练学生的责任心，对什么事都抱求知的态度，负责的心思。

3. 密切师生间的联系，训练学生的自动能力。

附：以上组织是完全的规模大的学校用的，如果规模小的尽可斟酌减损，如体育可归并于事务科，教务员可由主任兼……

各种会议之构成：

1. 校务会议由全体指导员职员构成。

2. 教务会议由教务科全体指导员及职员构成。

3. 训导会议由训导员全体构成。

4. 事务会议由事务科全体职员构成。

在以上各种会议中，学生均得派代表两人参加，但无表决权，【之】所以要这样是鉴于过去学生对校务隔膜，因而常起风潮，为避免此种隔膜，校务公开是必要【的】，而且有学生参加意见，学校一切设施必更能适应学生的需要。

蕉平寻团县委通告（团字第十五号）

——经工工作决议案

1931 年 3 月 17 日

一、经工工作重要

青年工人在〔占〕整个工人阶级中之大部分，青年工人〈的〉生活在帝国主义国民党资产阶级猛烈进攻底下，一般青年群众的生活如同牛马的生活了，就是"减少工资""增加时间"，一切工人的工作特别加重，以至〔致〕青年工人发育不全〈的〉，受这样【的】苦工对身体有绝对大的损失，尤其是积极开除一般青年工人以童工女工来代替，利益〔用〕童工女工的柔软劳动力的工价低廉，尽力压迫工人，以至〔致〕现在各地失业青年工人（英美日法各【国】及上海、香港一带地方）不可胜计，以上的事是帝国主义国民党资本家的剥削压迫底下，一般青年工人的生活状况！

青年工人在帝国主义国民党资本家压迫剥削底下，生活上感受莫大的痛苦，因此对帝国主义国民党资本家厂主有深刻认识，〈对〉帝国主义、国民党、资本家厂主是他唯一敌人，以及在各地青工斗争和团的政治影响之下，有〔又〕普遍的起来，特别在上海、天津、武昌、香港、广州的青年工人，向帝国主义国民党资本家厂主斗争的剧烈而致武装冲突，以及在一切参战斗争中，特别坚决勇敢，所以团认为这一工作是最主要的第一位工作。

二、过去对经济工作的误认

过去团（蕉平寻团）认为经工工作是为经济的工作，不了解经工委员会工作是为领导青年工人经济斗争的指导机关，把团的第一位工作置之不顾，这是严重的右倾错误呀！经济工作是【在】党的整个工作之下去布置一切经济，在党筹划下群众机关下去决定，虽然有团委自给的事，亦不能把经工工作拿来代替。目前从县委以至支部以下，马上改变，严格纠正这一错误！这一种错误亦由县委到支部小组，全团同志注意，同志们，毋得忽视吧！

三、目前工作方针

根据一般过去工作现状，充分证明蕉平寻团〈的〉对经工工作忽视而取消，目前为要夺〔争〕取广大青年工人群众围绕在党的周围来，必要积极加紧青年工作，发动领导青年群众大小斗争，加紧对青年工人的政治教育，使其阶级觉悟，加强其领导革命地位来实行武装暴动，建立工农兵政权，规定如下的工作：

1. 斗争方面

A. 对于工人阶级的一切斗争，团要领导青【年】工人一致行动，在总的条件中，要有青年工人的特殊利益条件，青年特殊要求的意义，一方要发动青年群众去积极参加斗争〈中〉，只有青工参加斗争，成年工人不致忽视青年工人的力量去提出青工条件，当然，青年要求相通，应每次罢工委员会须有青年工人代表参加。

B. 一切青年与青工群众自发的斗争，团都要积极领导，使之更深入的发展，同时，又可因此夺取青年工人群众，但在斗争中必须宣传成年援助，一直到参加。

C. 如果青年工人群众，在谋〔某〕种条件之下，有单独斗争的需要与准备斗争的决心，若有赤色工会，团须〔许〕可领导，经过职工会，方领导斗争，工〔在〕黄色工会之下，可以由青工群众单独起来斗争，以夺取黄色工会中【的】青年群众，但在斗争时，同样要尽量宣传，取得成年工人同情，并使之共同参加斗争。

D. 团要帮助党建立赤色工会、工厂委员会，引导青年群众加入赤色工会，各级委员会、工厂委员会，均有用青年工人当选，各级赤色工会之下，必须设立青年委员会，计划讨论青年工作，经过执委会，而实施青工委员、书记出席工会执委常委。

E. 为了青年工人便于讨论青工学徒的特殊问题，便于对青工学徒施于合乎青年情绪之训练，在各工厂赤色工会下，组织青工小组，这种小组的组织是工会分组时，将成年会员与青年会员分开编置，青年工人按人数多寡分成若干组。青工小组，他和成年工人小组同样在于工会系统之下，并不是工会以外【的】什么独立组织，青工小组开会时，可派员出席，但只是教育训练，要听青年群众的意见，并无直接指挥青工行动的权力，为了成年工人与青年工人不因分组而隔，团可经常召集小组、组长联合会等。

F. 没有赤色工会的地方，反动工会之下，团可组织青工的独立团体（如青年工人俱乐部、青年互助社）以作帮助党建立赤色工会的门径，赤色工会成立，此种独立团体的分子加入工会，原来组织可令其无形消灭，若有存在的，必须線屄〔隶属〕于工会之下。

G. 在目前白色恐怖局面之下，公开的为〔或〕半公开的群众组织（如文化的娱乐的而脚球队票房）是我们接近群众训练群众，一个很好的机会，这类组织，尤其是吸收青年〈的〉工人的一个方法，应尽可能普遍发展群众自发的领导。此种组织（如兄弟团、姐妹团、体育队等）我们要加紧其中的活动。

H. 失业工人中，有不少的青年工人，应该宣传这些群众，组织这些群众，领导作种种斗争（如要求十年津贴等），并有计划的领导到农村中、军队中去。在党与团口号之下进行工作。

I. 团要提高青年工人武装情形，运输一部分青工参加工人纠察队。

J. 劳动童子团，过去的经验告诉我们确实【是】团结童工学徒一个很好的组织，今后可照儿童决议，普【遍】的发展。

K. 要帮助党努力破坏反动工会工作，有群众的工会我们要有计划的打进，创立与黄色工会相对立的组织，领导青年群众参加，暴露黄色工会的领袖的罪恶，一直到建立赤色工会与工厂委员会。

L. 行会思想组织、帮口迷信组织、流氓组织，在工人群众中尚有不少的存在，我们要进去工作，夺取下层群众，渐次改变其组织，走到阶级工会来。

M. 自县委至区委，应建立经工委员会（可三人组织成立干事会），立即召集会议成立，严格纠正过去误解的错误。

N. 在公开群众团体的县总工会、区总工会底下组织青工委员会，区总工会底下组织青工部，乡总工会底下组织青工科。

3. 宣传方面

O. 工会中的政治宣传文化娱乐工作，C.Y. 应当多负责任，从事下层群众中的宣传教育工作，办理通讯和手工工人日常生活的工厂小报、半日学校。

P. 行会思想，在工人群众中，尤其在手工业工人中很浓厚，甚至〈打〉少数党员同志，尚有此种观念的残余，确实〔是〕青工工作一大障碍，我们要用宣传鼓动说服方法，以阶级观念肃（肃与隶未写清楚笔画）清此种残余思想。

Q. 经常宣传本团青工要求纲领。

R. 自地方团部到中央，须设经常经济斗争委员会，各级工会中的青工委员会，内须组织团组，经工委员会团组，均要【做】经工工作，按期开会，竭最大限度的努力建立工厂支部，与其他工业支部，必须作核心作用，预防青工小组与工厂团内支部混合危险。

S. 派作经工工作的团同志及失业的同志，到工厂去参加生产，深入青工群众，以求了解青年工人的日常生活状况与心理，建立与群众密切联系。

四、青年工人要求纲领

1. 青年工人与成年工人应得同等资本待遇。

2. 增加工资。

3. 青工每日六小时工作。

4. 每周须卅六小时休息，每年应有继续两星期休息，工资照给。

5. 禁止使用十四岁以下的童工，禁止青工作夜工。

6. 学徒出师的年限至多不得【超】过两年，出师后工资待遇与成年工人相同，学徒的徒期内须给以最底〔低〕度的工资。

7. 取消罚金肉形〔刑〕及对学徒之一切虐待。

8. 反对学徒店员为私人负〔服〕务。

9. 青年病伤死亡失业，厂有津贴。

10. 废除包工制及养成工制。

11. 改良青工学徒的卫生条件，禁止青年人做危险工作。

12. 学徒有集会、结社、言论出版之自由。

13. 青工学徒【在】工会内面〔部〕【与】成年工权利相同，并免收学徒会费。

14. 反对侮辱女工。

蕉平寻C.Y.县委

1931年3【月】15日印

蕉平寻团县委本月份一个月工作总计划

A. 加紧苏维埃区工作

1. 学校问题：召集教员会议（与党合商），讨论学校设备及教学方针，教授的课本，学校的生活，一切务求适合青年群众的心理，以致青年男女兴趣盎然，自动来学。

各所学校须附设夜学一所，使日里得不到读书的青年（因家、工作羁绊者）可在晚间的机会来校，致使苏维埃区没有失学的儿童！

各校应有计划去开教员学生会议，检阅学校工作，决定一切进行。

2. 建设事业：在留车圩、黄乡圩、罗塘【设】列宁高级小学〈校〉三处，须设立青年俱乐部，演讲练习会，及开辟游戏场，置秋千、购足球等以助青年身心的娱乐。

其次，须发动青年群众开辟道路，修整桥梁，建筑炮楼〈围〉

及其他建设事业！

3. 积极发动青年群众参加革命斗争，及督促苏维埃实现青年纲领。

B. 建立和发展城市及中心工作

1. 除寻城、篁乡、留车、大柘、八尺五区有区委组织外，须建立坝头、吉潭两区委，新铺、蕉岭临时区委。

2. 寻乌县城，在去年有组织的工人，立即派人去接洽，恢复工作。八尺圩及八尺大柘间肩挑工人，须积极打进其工作。坝头的蓬〔篷〕船工人，立即派人前去找出同志来恢复其组织。新铺、蕉城应切实去建立纸业工人、蓬〔篷〕船工人工作。石正的炭业工人应派同志专去打进工作。

3. 最近召集一次经工会议。

C. 少先队劳童团的整理发展工作

1. 在〈此〉全县区域重新划分后，留车、篁乡、寻城的少先队区队部，劳童团区团部，应须召集各乡少先队大会，或代表大会成立之，并须独立建立日常工作，区委须加紧团组织工作的指导。

2. 定于五一劳动节，举行全县少先队劳童团的大检阅。

3. 健全县少先队总队部劳童团总指挥部的工作，派出人充当政治指导员，去督促建立其日常指导工作。

4. 选择少先队队员精壮勇敢活动进步的分子卅名，成立少先模范队，目前训练一星期，期满分发各乡去，以后经常要调到县总队来训练，遇有军事行动，便即集中参加战线。

5. 县委开办劳童领袖训练班一期（三日），廿人以军事常识、立正、少息、向右看齐……政治常识、革命故事、游戏、唱歌等技能训练之，主要是培养劳童的干部。

6. 苏维埃区的青年群众，一律编入少先队劳童团，在非苏维埃区（黄色、白色乡村）的少先队劳童团的组织，本月份规定发展数目如下：

（一）少先队员 450 名[①]

寻城区——50 名　吉潭区——20 名

筥乡区——50 名　留车区——50 名

大柘区——90 名　八尺区——100 名

坝头区——30 名　蕉城区——30 名

新铺区——50 名

（二）劳童团员 335 名

寻城区——30 名　吉澄〔潭〕区——15 名

筥乡区——30 名　留车区——40 名

大柘区——50 名　八尺区——70 名

坝头区——20 名　蕉城区——30 名

新铺区——50 名

D. 妇女工作

1. 县委妇女应召集各区妇女开会，进行检查讨论妇女工作。

2. 发动青年妇女去读书，反对家长及丈夫的禁止及发动其剪发。

3. 青年女子一律加入少先队劳童团。

4. 加紧督促妇女同志到群众中去，组织妇女成立青妇小组以便教育训练，并编制各种队部，实行参加革命工作。

E. 反军国主义与扩大红军工作

1. 县委指定一个同志为反军国主义委员，寻城、留车、筥乡区委亦设一人，经常计划反军国主义运动工作！

2. 与党兵委发生密切的关系，去打进士兵工作和发展同志建立士兵支部。

3. 本月征调 75 个青年输入红军：

寻城——5 个　吉潭——1 个

筥乡——20 个　留车——20 个

大柘——6 个　八尺——8 个

---

① 下面各区队员相加总数为 420。

坝头——5 个　蕉城——5 个

新铺——5 个　平城——

4. 红军独立营及县赤卫总队，在党的支部之下，成立团的小组，要按期开会去讨论该队 ×× 的工作，并指定一人去负责 C.Y. 工作。

F. 青年反帝运动

1. 健全县青年反帝大同盟组织，建立经常的工作，印发反帝刊物，及 ×× 纪念会派代表出席作口头宣传，暴露帝国主义一丝一毫的罪恶。

2. 寻城区、篁乡区、留车区应成立青年反帝大同盟，亦须建立起日常工作来，并进行反帝"示威"运动。

G. 教育宣传工作

1. 按期出版《蕉平寻青年》，各区支部负责宣传，宣传工作的人须为投稿员。

2. 出版《团的生活》2 期。

3. 定出红色五月宣传大纲口号，各纪念传单标语每份〔种〕至少一千五百份。

4. 编辑少先儿童团训练小组。

5. 编 × 各种童谣及翻印各种歌曲。

6. 本月份召集全县支书联席会一次，检查全县工作，各区亦须召集有计划有准备去实现。

H. 发展团的组织

本月份全县应增同志 320 名，目标向青年、工人、雇农，尤其是妇女去发展，有列宁学校的地方须吸【收】大批教员学生入团，并建立学校支部。

留车——100 名　篁乡——100 名

寻城——30 名　吉潭——5 名

八尺——30 名　坝头——30 名

大柘——20 名　蕉城——15 名

新铺——10 名　平城——

Ⅰ. 建立县委经常工作

1. 县委各部按照本月份××工作计划去分别执行。

2. 督促每【位】同志填每日工作检阅表，并发下到各区去。

3. 有斗争立即开常委会××。

4. 各区有工作同志前来报告时，一〈天〉二天内开专门讨论会议讨论×区工作及办完指示信，其他简单信件即日答复。

各区区委：

县委本月份的工作总计划是根据客观实际条件的可能性×××来给与全国同志做总目标的！你们应有组织有步骤，按照此一计划的决定，配合各区实际情形，更具体更实际去计划全区一月的工作，再划出十日执行的工作，十日后便来检查一次，并且按期报告到县委来，至要！

即致

坚决执行团的转变，敬礼！

C.Y. 蕉平寻县委

1931 年 4 月 21 日于石马

红色五月宣传大纲

Ⅰ. 红色五月

在这红色五月中，包含着"五一""五三""五四""五五""五九""五卅"几个伟大纪念日。

"五一"是国际无产阶级总的起来示威的日子，"五五"是世界革命导师、科学社会主义创造者马克司〔思〕的诞生日，"五三""五四""五九""五卅"是反帝运动的伟大纪念日，这几个伟大斗争纪念及马克司〔思〕诞生日，均在五月中，故名之为"红色五月"。

Ⅱ. 五一节日

1."五一"是国际工人总同盟罢工，检阅自己的力量向世界无产阶级示威的日子。

2. 全世界无产阶级在资产阶级的压榨之下，为争人类的自由，已掀起伟大的示威运动。1884年（光绪十年）10月7日美国芝加哥的工人，在芝加哥召集劳动联合会，决议要求八小时工作制的运动，并指定1886年（光绪十二年）为第一次示威运动的日子。1886年到了，美国工人都停工不做，整队走到街上示威游行，万口同声的喝着：从今后无论那〔哪〕一个工人，都不要再做八小时以上工作，工作八小时，休息八小时，教育八小时，这是1886年第一次示威。

3.1889年第二国际（现在已经投降资产阶级了）在法国巴黎开成立大会，议决"五一"为万国工人的纪念日。从此欧亚美各国工人每年在这天一齐举行热烈的示威，高唱着解放之歌，伟大的"五一"斗争中，涂遍了鲜红的热血，获得了很大的胜利。

4. 自欧洲大战以后，全世界资产阶级为挽救其大战中所受的损失，厉行其生产合理化（所谓生产合理化，就是改良机器加紧压迫和剥削工人），所以工人生活更加痛苦。因此年年"五一"的总同盟罢工示威更加普遍风涌起来。

5. 现在资本主义的生产，已恢复到大战以前了，生产过剩的恐慌，工厂的〔倒〕闭了，工人的失业日增，生产不能〈的〉维持，使工人阶级如不起来推翻资产阶级的统治，只有死路一条。同时苏俄十月革命成功与十五年来苏联无产阶级政权的巩固和社会主义经济建设，使苏联工人不但工作时间减少到七小时，而且生活也更加改善。这使全世界无产阶级更加奋发，更加英勇起来斗争。1929年柏林工人的"五一"流血，便是世界革命浪潮的特征。

6. 目前，帝国主义重新派分市场、争殖民地的矛盾，更加激烈了，所以帝国主义集合世界一切反动势力，进攻苏维【埃】的危机也更加快要到来。今年的"五一"纪念日中，国际工人阶级的总同盟罢工示威，必须更加热烈普遍，而将创造世界的红色五月。

7. 在"五一"节中，我们更加不要忘记反革命的第二国际的改良主义的欺骗宣传，我们中国的工人阶级在帝国主义、资产阶级、刮〔国〕民党、军阀反动势力的共同进攻之下，普遍工作时间在十二小时以上，工人阶级在过去所得到的一切利益都尽行取消，工人生活恶劣较之国际工人阶级有过之无不及。第三党改组派这些革命叛徒学着第二国际改良派的腔调说："增加生产，不要斗争，劳资合作等"〈……〉等，这都是骗人的鬼话。我们纪念"五一"不要忘记一切的改良主义，这都是我们的大敌人！我们纪念"五一"不要忘记第三国际是我们的大灯塔。

我们今年纪念"五一"中，我们要准备武装暴动，反对帝国主义国民党进攻苏维埃和红军，实行武装拥护苏联，消灭军阀战争，推翻帝国主义国民党的统治，创造苏维埃的政权，争取工人阶级的胜利！

Ⅲ. 五卅[1] 纪念

1. "五三"是 1928 年（民国十七年）国民党军阀投降帝国主义以后，日本帝国主义屠杀济南数千群众的纪念日。

2. "五三"事件充分的证明日本帝国主义侵略中国的野心，和国民党军阀的无耻卖国。日本帝国主义为要巩固其在华的特权及完成其在华北的统治，采用一贯的屠杀政策，来威吓国民党军阀，镇压民众，国民党军阀为要取得帝国主义的欢心，取得帝国主义更大的帮助，而造成其反动统治，所以也不惜出卖中国，出卖中国的民族利益。

3. 在"五三"这一天，日本帝国主义用了机关枪大炮向济南城极力扫射，于是成千上万的群众便做了炮灰中的牺牲者，陆军医院

---

[1] 此处应为"五三"纪念，即纪念 1928 年 5 月 3 日，由日本侵略军在山东济南制造的震惊中外的"五三"惨案。

七百多名的伤兵亦被日军以机关枪扫射而死，这是何等的残酷啊！

4. 在五月三日，屠杀的消息传出的时候，全济南市民、市郊民众、一部分军队都成群结队去殴杀日侨，凡在日军警戒区域以外的日侨，在四、五日两天都被群众的热情起来杀死。因此吓得蒋介石马上下令：一切问题都须静待交涉，如有在交涉未正式结束之前，有何等仇视日人的行动，或捏造此种谣言，从中煽惑者，即以军法从事，绝不宽恕。呵！这是何等的无耻卖国行为，济南群众的反抗热情，完全给国民党军阀压下去了，济南数千群众的牺牲完全给国民党军阀抛到太平洋里去了！济南悲痛的惨〔残〕杀完全给国民党军阀出卖了，秘密解决了！

5. "五三"到现在四年来，日本帝国主义在山东、东三省一带的屠杀民众还是继续不断的发生，而且帝国主义更在东三省建筑炮台，造无线电台，完全把东三省看成自己的殖民地，同时又指使北洋军阀阎锡山、张宗昌、张学良等大团结，组织北方大同盟，造成北中国不断的军阀混战。

6. 在今年的"五三"纪念当中，正值帝国主义加紧进攻苏区及红军的时候，我们要一致起来，打倒帝国主义，推翻帝国主义在华的统治，以武装暴动消灭军阀战争。

Ⅳ.五四纪念

1. 五四运动是 1919 年（民国八年）5 月 4 日北京学生及工人阶级起来反抗凡尔赛会议，中国代表承认帝国主义对华提出山东问题的一切权利而成群结队的起来殴打亲日派曹汝霖、章宗祥、陆宗舆的伟大运动。

2. 五四运动发生后，全国各地的学生都风起云涌起来作反帝运动，开展了民族反帝运动的浪潮，并在此时全国各地学生要求团结的学生联合会的组织便普遍了起来，全国学总会也在此时随着建立起来，建立学生反帝反军阀的中心。"五三"的伟大斗争到 1927 年大革命的开展，可以说是由"五四"开始的。

3.1927 年国民党叛变以后，中国的学生在帝国主义国民党统治底下，一切言论出版集会结社等自由，都被剥夺净尽了！国民党政府与学校当局的压迫，及失学的恐慌，也日【见】增加了。

4.在今年的"五四"纪念中，正当帝国主义国民党军阀加紧进攻苏区及红军的时候，热烈的革命群众应该继续着"五四"的精神前进。

Ⅴ.五五纪念

1."五五"是1818年共产主义的创造者、世界革命的导师马克司〔思〕诞生的纪念日。

2.伟大的马克司〔思〕生于19世纪，他看清了人类进化的历程，他看清了资本主义的社会必然的崩溃，而共产主义必然的得到胜利，他发明出无产阶级的理论【及】其斗争方法，他指示无产阶级应该用阶级斗争的方法推翻资本主义的统治，建立无产阶级的政权，他更亲身参加过实际的斗争，领【导】过巴黎公社的暴动，伟大的马克司〔思〕主义，便是马克司〔思〕一生经验的结晶。

3.一切阶级的叛徒们，一切资产阶级的走过〔狗〕，竟把马克司〔思〕主义修改了，把马克司〔思〕主义尽量污蔑，如托洛斯〔茨〕基派、社会主义取消派，尤其是最没有政治常识的孙中山，他不认马克司〔思〕主义的伟大，反而任意造谣任意污蔑，这不但没有取消了马克司〔思〕主义的光荣，反而证明了他们的无耻！

4.苏联十余年来，社会主义经济建设的胜利，以及世界革命的一天天的发展，这充分证明马克司〔思〕主义，已经【得】到伟大的胜利了！中国革命的高涨与进展，更加揭破了托洛斯〔茨〕基主义与机会主义取消派的无的放矢，更加证明他们的〔已〕沦落为资产阶级破坏中国革命的走狗。

5.在今年"五五"纪念中，我们要高举马克司〔思〕主义的旗帜，打倒社会民主党，打倒改良主义派，打倒托洛斯〔茨〕基派及中国机会主义取消派以及豪绅地主的走狗AB团，学习马克司〔思〕主义，完成世界革命的胜利！

Ⅵ. 五九纪念

1. 五九纪念是 1915 年（民国四年）北京袁世凯政府接受日帝国主义提出的统治中国的二十一条〈件〉的国耻纪念。

2. 日帝国主义乘着欧洲大战的时候，就向中国当局提出使中国殖民地化的二十一条〈件〉，命令其统御下的北京袁世凯政府于二十四小时完满答复，而卖国的袁世凯政府，竟不顾群众的愤激，完全认了，把中国完全出卖给日本帝国主义了！

3. 由这一日起到现在十七年中，国际帝国主义〈的〉侵略中国日见厉害，军阀政府〈的〉出卖中国，出卖中国民族利益，袁世凯、段祺瑞到现在【的】国民党政府，都是同样的无耻，都是中国同样的民族最大敌人。

4. 我们纪念"五九"，〈我们〉尤不要忘记目前国民党投降帝国主义，不要忘记帝国主义在华的统治一天天发展，我们要坚决的起来推翻帝国主义国民党的统治，完成中国革命！

Ⅶ. 五卅纪念

1. 伟大而悲壮的"五卅"是发生于 1925 年（民国十四年）英日帝国主义镇压中国民族运动的表演。

2. "五卅"的事实是：上海日帝国主义开办的沙厂，雇佣中国工人劳动，工人阶级在他的无情的压榨之下，起来反抗日帝国主义，要求加薪减时，结果工人顾正红被其杀死，因而激起全上海学生工人起来反抗，在"五卅"日全上海示威群众到南京路时，竟遭英帝国主义的机关枪扫射致死了数十人，演成五卅惨案！

3. 五卅惨案发生后，全上海实行总同盟罢工、罢市、罢课，反对帝国主义，继而全国普遍的起来响应，"五卅"的示威，其中最伟大的是一年多长期奋斗的省港罢工，使帝国主义侵略中国的大本营香港每天损失四百万元，根本动摇了英帝国主义的统治。

4. "五卅"的意义是何等伟大，何等严重呵！他表现出无产阶级是革命的主力军，是革命的领导者，他开辟了中国民族运动中最高度的反帝高潮，他开展了 1925【年】至 1927 年的中国大革命。

5. 过去中国的大革命，虽因国民党的叛变而失败了，但是他的功绩，他的英勇精神，是〔时〕刻〈刻〉地仍表现在中国劳苦群众的行动中，在中国革命的光荣史上，我们步着"五卅"的精神前进！

Ⅷ. 红色五月与帝国主义国民党进攻苏区及红军

1. 在今年"红色五月"中，正值帝国主义军阀国民党加强进攻苏区及红军，在此形势之下，一般劳苦群众，受帝国主义国民党的剥削残杀，更加厉害，因而日益赤贫化，掀起了全国革命形势向前发展高涨，各省区苏维埃区域的扩大，红军游击队的普遍发展，农村土地革命的深入，城市工人阶级不断的作经济政治罢工斗争，白军士兵大小不断的兵变，都可以证明中国革命形势日益开展了。

2. 在帝国主义军阀国民党加紧进攻苏区及红军的时候，一切劳苦群众们应即起来组织广大武装，准备武装暴动，完成中国革命胜利！

3. 在这艰巨决战中，我们要注意富农分子，及机关乡村潜伏的AB团，我们要严密我们的组织，更要反对机会主义派、托洛斯〔茨〕基反对派，因为他们【是】目前中国革命最危险的敌人，我们要高举列宁主义的旗帜，肃清他们的理论与行为。

红色五月口号

1. 反对帝国主义进攻苏维埃及红军！	2. 拥护中央苏维埃政府！
3. 拥护闽粤赣苏维埃代表大会！	4. 拥护蕉平寻县苏维埃政府！
5. 反对帝国主义进攻苏联镇压中国革命！	6. 反对帝国主义第二次世界大战！
7. 扩大革命战争，消灭军阀战争！	8. 准备国内外战争！
9. 实行马克司〔思〕列宁主义，打倒孙文主义！	10. 反对帝国主义国民党屠杀红军！
11. 反对国民党出卖民族利益！	12. 消灭AB团、改组派、第三党及取消派！

续表

13. 拥护红军、扩大红军、加入红军!	14. 拥护中国共产党及中国共产青年团!
15. 中国革命成功万岁!	16. 世界革命成功万岁!

五一纪念口号

1. 全世界工人阶级团结起来!	2. 工作八小时、休息八小时、教育八小时!
3. 用武装暴动夺取政权!	4. 完成世界革命胜利!

五三纪念口号

1. 打倒五三惨案的罪魁——日本帝国主义!	2. 打倒出卖民族利益的国民党!
3. 实行武装大暴动!	4. 反对帝国主义国民党军阀进攻苏区及红军!
5. 以武装暴动保卫苏联!	6. 消灭军阀混战!

五四纪念口号

1. 全县的学生们联合起来!	2. 打倒继续曹章卖国的国民党!
3. 言论、出版、集会、结社自由!	4. 继续五四精神完成中国革命!
5. 实行武装暴动!	

五五纪念口号

1. 全世界无产阶级团结起来!	2. 反对第二次世界大战!
3. 反对帝国主义国民党军阀进攻苏区及红军!	4. 实行武装大暴动!
5. 推翻帝国主义国民党豪绅地主的统治!	6. 马克司〔思〕主义万岁!

五九纪念口号

1. 打倒继续袁世凯卖国求荣的国民党!	2. 打倒提出二十一条〈件〉的日本帝国主义!
3. 取消不平等条约!	4. 用武装暴动消灭军阀混战!
5. 推翻帝国主义在华的统治!	6. 武装暴动胜利万岁!

五卅纪念口号

1. 用武装暴动来纪念五卅！	2. 打倒残杀中国民众的帝国主义！
3. 打倒屠杀工农的国民党！	4. 反对帝国主义瓜分中国，反对军阀混战！
5. 继续五卅精神，掀起全国革命高潮！	6. 纪念五卅，猛烈扩大红军！
7. 纪念五卅夺取全国政权！	

对于工人、农人〔民〕、士兵的口号，可参看前时发出之宣传鼓动口号，兹不再印！

蕉平寻县委员会

1931 年 4 月 23 日

蕉平寻县委本月份工作计划

（一）苏维埃工作问题 [①]

1. 改造苏维埃问题

（1）改造苏维埃工作路线应由下而上去改造，在改造当中，我们应彻底肃清苏维埃腐化现象（各苏维埃工作人员管理化，工作不能深入群众，野心妇运吃饭 [②]，不健全乡苏领导，不工作等）。

（2）各区乡政府除留必要的工作同志外，应裁减食客，乡政府经常工作的最多不能超过五人（乡区苏尽量裁减）。

（3）由县苏政府发出通告，须注意肃清红军赤卫队非阶级的行

---

① 原文无此标题，此处据内容添加。第（二）点至第（十一）点的标题保持不变。

② 原文如此。

动（乱烧乱杀乱没收）。

（4）建立各乡苏维埃经常工作，各部工作人员须选忠实可靠专门人材〔才〕负责，不可一定由委员充任。

（5）肃清腐化、犹豫、怯懦分子；提拔积极工农分子参加政权。

2. 巩固苏维埃消灭白点问题

（1）加深苏区的军事布置（防御工事）——筑炮楼、挑沟、钉竹菰等。

（2）在这一月内建设留车、上礤及各白区边界乡村的炮楼及防御工事。

（3）在这一月内坚决的肃清丘坊、塘肚、溪尾、湖石村几个白点，不要单纯的军事进攻，应设法打入该处的工作，使其内部分化，夺取其群众。

（4）加紧贫雇农、雇工会之教育训练工作，未成立者即行成立。

（5）肃清敌人的奸细及 AB 团，督促支部同志执行。

（6）加紧少先队儿童团的工作及训练。

3. 苏维埃建设问题

（1）在苏区内应将各处茶亭及墙壁通通糊白，由县苏派宣传队多涂口号及画各种有革命意义的图画。

（2）将留车之桥改为列宁桥，由石正到筠门岭之路改为列宁路，由中坑至安远之路改为马克斯〔思〕路，在路旁须建筑凉亭，及种路树等（两旁）由县政府督促附近之乡苏执行之。并将各处原有之茶亭改为列宁亭或马克司〔思〕亭，或各纪念亭，在来往有茶亭的地方须经常由乡苏煮茶。

（3）改造留车、黄乡各圩市，由县苏政府计划之。

（4）留车桥已被水打坏，督促县苏去计划及建筑，或设法补救此交通。

4. 文化教育工作问题

（1）加强县苏文化教育部工作，文化教育部长决由裕德同志负责。

（2）建立文教部巡视工作，经常派人去各处巡视（县定三个同志负责之，由锦裕、中屏二同志负责，其他县委巡视员兼干之）。

（3）文教部须即召集教育会议定出教育计划。

（4）重要圩市及各部须建设俱乐部、游戏场、运动场等，由县苏督促执行。

（5）扩大打破迷信宣传（特别注意黄沙、黄乡），经常印发歌谣等教育群众。

5. 苏维埃经济政策问题

（1）打破敌人的封锁

A. 由接近白区各区乡派得力同志，往白区发动商人，反对封锁赤色乡村，及禁止赤区的斗争群众来赴圩。

B. 由接近白区的各区乡设法派人打进白区工作，夺取白区群众。

C. 鼓励白区小商人来做生意，并尽力帮助其经济之发展。

D. 帮助苏区内小商人之经济发展及帮助工人组织合作社保护良善商人。

E. 保护小商人及来往旅客口号，由县苏发出布告及传单标语等发白区。

F. 赤区之货物不要将价格提得太高。

G. 白石圳（大田留车区中坑八尺区）胡石村龙川（会乡区）八尺（八尺留车区）各处市场工作，由上列各区委负责打通，来往准其小贩，但须加紧各部〔乡〕之检查部工作以防敌人之奸细。

（2）发展苏维埃经济问题

A. 由县苏发出布告通告，发动及帮助各部〔乡〕群众种茶种树种果木烧炭烧灰等。

B. 加强苏维埃经济委【员】会的组织，由刘瑞林同志负责，县苏经委土任世绍补端林之缺。

C. 奖励农产品。

D. 扩大累进税的宣传及征收至低限度的累进税，所得税由经济委员会执行计划之。

E. 改造及整理合作社（各区乡）同时帮助工人合作社之发展。

6.【苏】维埃党团工作

A. 加强党团的工作，党团须存整个工作计划及坚决执行党的策略。

B. 积极训练县区乡苏工作同志。

C. 党团一定要切实督促苏维埃工作同志。

D. 县委三天要派人去参加党团会议参加党会议。

（二）恢复发展苏维埃和农会工作

1. 寻城区河岭、竹子圳、黄坳、葫芦崇、石圳、桃子园、溶洞。

2. 吉汀区蓝背。

3. 留车区青龙罗埃廷岭（以上恢复的）。

4. 篁乡区发展自〔至〕虎石村、吉祥、中磜、热水、上下青坑、留峰（两广区）、溪尾。

5. 坝头区由凹〔坳〕上向大水坑推进，由坳上向西〔溪〕尾推进，恢复冷水坑农会。

6. 八尺区由甜畲推进浦田，八尺由儒地推进中坑外河头。

7. 大柘区由礼石安宣推进。

8. 新铺区恢复热水工作，向小拓〔柘〕发展，恢复向福乡石峰往巴章工作，向石扇发展。

9. 蕉岭区恢复三圳文福乡工作，向岩前发展，恢复石磜工作，向松江发展。

（三）城市工作问题

1. 应建立工作委员会地：寻乌、吉潭、牛斗光、坝头、大柘、新铺、蕉岭等处（可以中国城市地名组织 ×× 工作委员会）

2. 留车、寻城、八尺、篁乡组织运挑工作委员会。

3. 大柘组织石正煤炭工作委员会。

4. 坝头组织柚树河工人工作委员会，并运挑工人工作委员会。

5. 蕉岭应成立纸业工会、炭山工会（纸业 × 二百人）。

6. 有〔县〕组总工会加强工人的领导，派得力同志主持工作。

7. 对县赤色总工会派……参加常委组织 ×× 为秘书长并党团书记①。

8. 制调查表详细调查运输、篷船、炭山工人生活及要求定出各业工人斗争纲领。

9. 调查各地恐散赤色群众（外来）及在城市做工群众去发展组织。

10. 城市工作委员会应注意发动小商人之抗捐抗税国民党之军阀之斗争。

（四）兵运工作问题

1. 动员全党同志及群众去做，在每次支部会议要提出讨论并切实调查，各乡群众愿意当兵叫其去当兵，同时每一次群众大会须指出兵运工作之主意。

2. 各处城市工作委员会应帮助兵运工作之发展。

3. 调查赤区内的人有在外当兵的应设法与之接头及由家属写信将〔与〕其联络。

4. 应扩大对士兵的宣传，制定传单标语口号放散到士兵里去群众中去。

5. 利用赤区群众去与士兵接头。

6. 兵委应召集一个会议切实讨论兵运计划及分配工作。

7. 兵委应出发各区支，必须督促各区支去做兵运工作。

8. 区委之下应设立兵委，支部中应指定一个同志负责兵运。

9. 找〈住〉谢加油②、罗竣超、刘达群、杨忠武等去着手工作。

10. 找定 ××× 之群众打进寻城兵运之工作。

11. 负责兵运工作的同志，除党的负责同志知道外，不应向同志公开。

12. 开短期训练班一次（人数不拘，专做兵运者为标准）。

---

① 原文如此。

② 谢加油应为谢嘉猷。

（五）扩大红军及工农武装问题

A. 扩大红军问题

1. 积极扩大红军的宣传，使群众高兴去当红军，同时要肃清害怕当军的心理，这一工作的执行须在支部积极去发动，每一次支部会议都须列入扩大〈红大〉红军来讨论及切实督促同志执行。

2. 在不妨碍地方斗争时应将地方零碎武装逐渐集中，削弱其地方观念之意识，加入红军。

3. 各级政府应鼓舞群众去当红军，优待红军士兵家属，派人去帮助其家中工作，凡要去当红军的须发动群众赠送物品及开欢送会。

4. 在苏区之群众有红军到来，各级政府应鼓动群众去慰劳红军，赠送物品。

5. 各红军士兵没有请假回家的，各乡政府应督促红军家属不认他，并鼓动儿童团嘲笑他，如请准假回家者，即须欢迎之并须鼓动群众赠送物品及前往慰问。

6. 扩大 60 名红军到独立营去，留车、篁乡两区共 30 人，其他各区 30 人（八尺 15 人，坝头 10 人，新铺蕉城区共 20 人）。

7. 组织慰劳团到红军中去慰劳，慰劳团员由劳动委员会组织之。

8. 红军死难者应有堂皇纪念牌并由群众追悼及送葬。

9. 各士兵家中确有事故得〔的〕、县政府准可的，可通知红军长官准其请假〈的〉，期满后须督促其回部工作。

10. 由县总委各支部区发动总队部之士兵，各有愿意当红军的即实行介绍到独立营去扩大独立营之组织，但枪支可留下以建立地方武装，这点应与独立营委磋商。

B. 工农武装问题

1. 将寻邬过去所编之暴动队改为赤卫队以便统一各县。

2. 加紧赤卫队军事训练，由县苏军事部发出训练大纲兼经常召集队长联席会议。

3. 在苏区内由〔有〕15 至 22 岁者应加入少先队，由〔有〕23 岁者至 50 岁加入赤卫队，本月内应编制妥当。

4. 各乡赤卫【队】每月会操一次。

5. 纠察队之工作，按照赤卫【队】执行。

6. 在外苏区之工作，积极发动斗争并发展赤卫队，没有组织之乡村从速组织起来。

7. 〈在〉蕉新两处在这一月内应集中 20 名武装。

（六）青年妇女工作问题

A. 青年工作

1. 党应帮助各区 C.Y. 工作的建立：吉潭、八尺、平城、蕉城、新铺、×× 应很快建立 C.Y. 区委组织，不能建立区委须建立特支，在没有 C.Y. 区委地须很快建立起来。

2. 少先儿童的组织在赤区很快分化出来。

3. 建立党团正确的关系，督促团每十日报告一次，党应详细的检阅之及指导之。

4. 列宁学校党应帮助团建立工作。

5. C.Y. 县委 ×× 同志不必参加常委，由 ×× 同志补上（因某某同志机密不足）。

6. 肃清党对团取消观念及加强 C.Y. 工作，出通告由党团县委联会发出。

7. 各级党的会议，须提出 C.Y. 工作的讨论。

B. 妇女工作

1. 使全县劳动妇女会组织，经常派人参加其会议指示其工作。

2. 提拔各区劳动干部，建立各区妇女会。

3. 非苏维埃有组织的地方应立即着手组织之。

4. 开妇女干部训练班一次，时期最短半月。

5. 各区妇女小组，应很快编好，并经常开会训练。

6. 县妇委会应派出巡视员到各区去巡视工作。

7. 特种队应组织妥当，加以训练，散【发】宣言。

8. 应加强党在妇女群众中的领导，一月内党团共发展女同志一百人。

9. 召集小组长联席会议一次，特种队长一次。

10. 县妇〈女〉委干部积极加紧训练，每天至少要两点钟由县妇女会秘书长负责。

11. 发动妇女群众参加斗争。

12. 妇委党团工作应经常报告〈知〉县委（五天一次）。

（七）反帝的工作

1. 应建立全县反帝大同盟的组织，及发下通告各区立即组织之。

2. 并督促 C.Y. 建立各区青年反帝大同盟。

3. 县反帝大同盟的组织仍然照以前决议增加秘书长一人，主持经常工作。

（八）互济会工作

1. 应建立县互济会组织，要经常工作，切实执行革命互济，如题〔提〕米谷及一切物件救济受摧残的群众并发动群众帮助其整修屋宇。

2. 扩大互济会到白区去并与春荒斗争相联系。

3. 五人组织之。

（九）经济问题

1. 统一全县经济收支，县苏政府等与各级党团机关每月须有详细预算。

2. 督促各区乡发动解决经济，不依靠县苏要接济。各区解决经济，除半月工作费（蕉岭一月）外，统通缴到县苏来。

3. 派驳壳队到蕉、平方面提出捉土豪以解决经济。

4. 开公山。

（十）教育工作宣传

1. 应找〔抓〕住红色五月等春荒斗争为宣传中心与拥护红军，拥护苏维埃，反帝国主义国民党进攻苏维埃及红军，恢复政权，反世界二次大战及军阀战争等相联系。

2. 发出红【色】五月宣传大纲，把每个纪念日的意义、经过详细说明。每纪念日须发出宣传品，由宣传部计划之。

3.《红旗日刊》改为《红旗周刊》，由宣传部负责编制。

4. 应把政纲法令印发出〔到〕各处去。

5. 制定各业工人及赤色农会民团警卫队白军士兵斗争纲领。

6. 针对〈向〉群众实际情形，具体定出宣传鼓动口号。

7. 加紧对妇女及肃清 AB 团第三党取消派的宣传。

8. 发动支部同志组织演讲会。

9. 县委开办干部训练班，时间半月。

10. 各区办同志训练班，由巡视员督促执行。

11. 宣传部定出支部讨论大纲及督促各区支讨论情形详细报告。

12. 按期出版"党外生活"。

（十一）组织工作

1. 建立工作根据地，赤区不莫〔算〕，坝头——坬上，大拓〔柘〕——丹溪，八尺——甜畲。

2. 交通路线乡村工作，蕉平寻干线由巡视员打通并注意附近乡村工作，各区与县委交通路线由各区负责打通，并健全各处交通站。

3. 发展同志，新铺区 10 人，蕉城区 20 人，吉潭 10 人，留车区 60 人，篁乡 40 人，寻城 20 人，大柘 10 人，坝头 30 人，八尺 30 人，共 230 人。

4. 巡视区吉潭、寻城、篁乡一区，留车一区，八尺、大柘、坝头一区，新铺、蕉城一区，巡视员、常委二人轮流出发，每处巡视员两人。

5. 各区负责人：留车 ×××，篁乡 ×××，寻城 ×××，吉潭 ×××，八尺 ×××，大柘 ×××，坝头 ×××（调来县委谈话），新铺 ×××，蕉城 ×××。①

6. 干部训练班学生由巡视员到各区乡去调来。

① 原文如此。

蕉平寻县委组织科通知（组字第二号）

各区委、特支、支部：

过去蕉平寻党对于调查统计工作，确切是过于忽视了，致使一切工作无由着手。县委为要明了蕉平寻目前实际工作情形，而决定今后的工作方针，先制定干部分子调查表、党员统计表、革命武装调查表、反动武装调查表、反××组织报告表五种。接到后，限一星期内马上填好缴来，断务〔勿〕如过去一样忽视，致一切工作莫明〔名〕其妙。至要！至要！

蕉平寻县委组织科
1 月 5 日

蕉平寻县委组织科通知（组字第三号）

各区委、特支：

蕉平寻党的政治水平低落与同志的幼稚，在目前领导剧烈的斗争，的确是成了普遍软弱病。县委为要提高蕉平寻党的政治水平，加紧党的领导作用，必须开设训练班，选就大批的工农干部以充实党的领导，巩固无产阶级的基础，并将第一期训练班办法如下：

1. 第一期训练班以一星期为限。
2. 训练人数 12 人：光留篁区 5 人，吉澄寻 3 人，石坝东长与新平尺区各派 2 人。

3. 派来训练人员须【为】积极进步的工农干部分子。

4. 地点找县苏主席便知。

5. 各区派来训练者须自带被盖，近因纸料缺乏，如能自带日记更妙。

各区委接此通知后，派遣同志须于 14 日晚赶到，15 日正式上课，切勿 ×× 致碍进行。

此致！

C 礼！

蕉平寻县委组织部

2 月 9 日

蕉平寻县委组织科通知（组字第五号）

各级党部：

过去对于调查工作，的确做得不充分，以致县委完全不明党员的数量（质量当然不消说）这在〔一〕组织上的严重的缺点，并发出党员调查表。希各级党部限七日内切实的调查，填好【表】汇送前来，毋得忽视。至要！

蕉平寻县委组织科

2 月 12 日

蕉平寻县委组织部通告（组字第一号）

——关于整理地方党边界支部及组织演讲会问题

各区委组织科支部组织干事转全体同志们：

我们在这斗争剧烈当中，举目一看，闭眼一想，便可找出我们党在组织方面，发生了不好的现象和许多缺点的痕迹来。

（一）在过去对于边界支部，××边界支部的同志，犯了取消主义，惧怕斗争，躲避赤色中心来，不〈加〉设法去恢复组织，发展组织，即至县委也太过忽视了，也不督促边界同志，加紧去发展党的基础。这么一来，边界党的工作，不但没有开展，反而缩小，形成边界一切工作，都停顿在趋〔趑〕趄不前之中，这是我们忽视边界支部一种严重的错误。

（二）我们蕉平寻党内的同志，差不多一般 X 的对群众说话，没有一点技术工作。如俨然自居于【共】产党员的地位，摆起共产党员的架子来，在群众面前说党内的话，讲党内的争〔事〕。衣服闹漂亮，小资产阶级化，穿奇装怪【服】，与群众别开一色，令人注意。行动更是离奇，遇一事到来，自己便袖起手来，徒然命令群众，委派群众去干，绝没有自己站在群众前面，鼓动群众，领导群众去干。这是很错误的。

（三）无论哪个地方的同志，过去都忽视了演讲的练习，一〔以〕致一般同志差不多完全都走上了哑子的道路，遇着开群众大会时，党员多〈少〉不上台演讲，即有上抬〔台〕演讲的也是没有一点宣传材料，不是东扯西拉，便是稀里糊涂的简简单单说几句无关痛痒的话，使到〔得〕一般群众无意味，讨厌起来，甚至背后吐喉涎。简直说名为共产党，实则比一个农民更过颠，完全失掉共产党员是个宣传员的资格了。上对〔面〕的事实几乎成为党内普遍的现象，县委组织部为××这等坏状况起见，在组委会当中，特决定纠正方法以下几点：

A. 边界支部的干事人员，须加紧设法潜入白色区域里面去猛烈发展党的组织和建立各种工作，夺取白区广大群众，造成地方暴动，争取革命胜利。

B. 一般党员实行党员职业化，衣服群众化，行动纪律化，绝端反对××式，对群众说话须注意说话技术，切不要自居共产党员的地位，使一般群众都认识了，那人是共产党员。

C. 每个支部都要组织一个演讲练习会，每星期演讲一次，每个同志都要上抬〔台〕演讲，讲后，须互相批评，使人人都能得到演讲的智识和演讲的口才。总之，这会的组织须五人至十人组织之。

同志们，上面的几点，都是我们目前好严重的问题，也就是我们应该做的一部分重要工作，我们应该努力执行，切勿有丝毫忽视为要！

致以

布礼！

蕉平寻县委组织部
3 月 12 日

第二次组织会议决案

（常委会通过，1931 年 2 月 8 日）

A. 各支合并问题

1. 大龙支（大龙、龙廷）

2. 黄同支（黄砂、大同）

3. 留车支（留车、腴〔余〕田、石碣、黄土岭、丘坊）

4. 廷岭支（　　　）

5. 河龙支（河角、龙图）

6. 车头支（车头、青龙、张天塘）

7. 珠满支（　　　）

8. 石排特支（　　　）

9. 五溪甫支（五社、徐溪、菖蒲）

10. 六司香支（六社、司城、香山）

11. 公高石支（公平、高头、白石）

B. 讨论西北分委来信（关于发展组织）

1. 三焦铺区发展支部 10 个、同志 60 人。

2. 石坝东长区发展支部 5 个、同志 30 人。

3. 新平尺区发展支部 5 个、同志 30 人。

4. 光留筻区发展支部 12 个、同志 80 人。

5. 吉澄寻区发展支部 18 个、同志 120 人。

C. 统计各区支负责同志

E. 处罚同志 [①]

（照抄通知姓名）

下审查介绍表。

批准 6 人。

G. 成立县委特支

决定 X 凡同志为书记，召集会议产生干事会和分组。

H. 训练班问题

甲、决定长期训练班，每期 12 人。

---

① 缺"D"，原文如此。

1. 石、新二区各派 2 人。

2. 光留筐区派 5 人。

3. 吉澄寻区派 3 人。

乙、第一期决定于十五日开课。

丙、训练时期以七天为限。

蕉平寻 C.P. 县委组织部

3 月 12 日

蕉平寻县委宣传部通告（宣字第□号）

各级党部转各同志：

宣传工作，过去犯了不少的错误，如文字不群众化，宣传无技术，不按群众的痛苦去宣传等等都是。所以虽然有多少宣传，总没见有效果，若不使错误纠正过来，恐怕宣传自宣传，对于群众没有一点益处。县委接受 X 委第一次扩大会议决议，今后的宣传方针，认为是目前宣传工作最当积极去干的地方。今后的宣传方针是：（一）加紧鼓动政治宣传。（二）要找民众的痛苦与要求去宣传。（三）开办男女训练班（县与区俱要办）。（四）注意个别宣传。（五）印发小册子。（六）印发宣传大纲、政治讲授大纲。（七）出版党的生活。（八）县苏经常巡视学校。（九）出版赤报。（十）须经常印发中心口号标语。（十一）翻印歌谣及编印歌谣。（十二）各中心城市开设阅报处。（十三）组织演讲练习会（各区支都要组织）。（十四）宣传品多数发在白地〔区〕。（十五）宣传品注意鼓动性。（十六）注意演剧团（各区支都要组织）。（十七）利用河流宣传。（十八）多出画报。（十九）每个同志须做宣传员。

各级党部接此通告后，务要积极去干，不得有丝毫忽视，致宣传工作赶不上斗争的尖锐。至要！

顺致

敬礼！

蕉平寻县委宣传部
3 月 27 日

蕉平寻县委宣传部通知（宣字第四号）

各级党部：

读书所以增长人的各种智识，如果不读书，那末〔么〕，就缺少智识来源的一部分，这是大家知道的。现在各级学校，行将开学开课，希各级党部动员全党同志，到各〈该〉乡鼓动当地群众，不分男女，务要入校读书，不得再事迟延，致荒学业，是所切耻。

蕉平寻县委宣传部
4 月 5 日

光留篁区委组织科通知（组字第四号）

各支部、区苏党团、区工会党团转全体同志：

目前斗争剧烈当中，区委为要提拔干部造就大批人才，加强党的力量，巩固无产阶级的基础，完成我们大的任务，经第七次组织会决定，开一个短期训练班，兹将办法印就如下。

（一）训练时期一星期。（二）人数每支须派一人前来训练。（三）开课日期四月十一号。（四）各支〈到〉来训练的人须于十号下午到来，被盖自带。（五）接头处到罗塘焦平寻县立完全小学校，找刘大白同志便知。

各支部接此通知以后，应切实执行为要！

此致

布礼！

光留篁 C.P. 区委组织科
3 月 4 日

支部政治测验题

1. 帝国主义是什么？	2. 帝国主义为什么进攻苏联？
3. 中国革命为什么要经过民权革命？	4. 现在中国资产阶级性民权革命怎样转变到社会革命？
5. 为什么要组【织】雇农工会贫农团？	6. 苏联与苏俄怎样分别？
7. 什么叫做右倾？怎样去反右倾？	8. 什么叫做"左"倾呢？
9. 为什么会发生 AB 团？ AB 团是什么？怎样去肃清 AB 团？	10. 现在革命这是扩大，还是深入呢？

以上政治测验，各支接此后，应交会议讨论，讨论结果报告前来至要！

此致

布礼！

光留篁 C.P. 区委组织科
4 月 5 日

光留篁区委通告（第十六号）

各支部、区苏党团、区工会党团转全体同志：

焦平寻县的红军三十五军到来寻乌攻下车头、牛市，转打下反动巢穴丹溪。仲石、石正、中坑一带，反动派受【到】了莫大的损失，尤其是反动派经济发生恐慌，内部发生冲突，白区劳苦群众天天走上革命化，特别是寻乌反动统治阶级走上死亡末日道路，例如寻城烂〔滥〕用纸票，闭门商店已有十余店之多，因经济粮食恐慌，林田坝连坪团防之解散，反动派之抽剥，附城一般群众不耕豪绅地主之田，团兵闹发响〔饷〕之斗争，潘、谢逆之冲突还是充分证明统治阶级加速崩溃的当儿，革命势力一天一天的高涨向前发展，我们在这形势之下有如下的布置：

1. 马上组织城市委员会，积极领导城市贫民及一切被压迫劳苦群众的自发斗争。

2. 马上组织士兵运动委员会，积极打入兵运组织兵暴。

3. 积极消灭赤区内白点，建立苏维埃政权，限十二号召集芳田、留车两乡广大群众誓死拿下丘坊、公高石、六司山 X 乡。誓死拿下溪尾，作不断的猛攻与困围〔围困〕，各路指挥部各乡开联席会产生之。

4. 各支部在攻打赤区白点时，应督促各乡加紧戒严、放哨，以免走漏消息。

各支部、区苏党团、区工会党团，接此通知后，应马上交会议讨论切实执行，幸勿有丝毫忽视，谁忽视谁就是帮助了赤区白点内的敌人，切要！

此致

布礼！

光留篁 C.P. 区委

3 月 21 日

光留篁区委通知（第十四号）

——关于"三二五"纪念问题

各支部、区苏党团、区工会党团转全体同志：

光荣伟大的"三二五"三周【年】纪念已在目前，"三二五"纪念是在 1928 年 3 月 5 日寻乌工农劳苦群众受不住豪绅地主军阀国民党的压迫和剥削，一般劳苦群众遂在中国共产党寻乌县特别区委员会领导之下，以武装暴动推翻了豪绅地主军阀国民党统治阶级，建立了四天革命委员会，宣布了许多苏维埃政纲，开辟了寻乌空前未有的革命大道，这不但是〔在〕寻乌革命史上有很大的意义，而且【是】世界革命史上不可磨灭的历史。

现在"三二五"纪念中，焦平寻县反动统治一天一天的崩溃，走上灭亡道路，革命形势日见〈日〉高涨，向前发展，我们在【此】情形之下，区委除执行县委通告外，兹有几点决议如下：

1. 在"三二五"纪念日，每个男女群众罢工一日，武装参加大会。

2. 举行地址。芳田、上礤、黄同、龙田〔廷〕、车头各乡 × 到留车举行纪念，公高石、六司山两乡在公平圩举行，五溪蒲在菖蒲圩，岑丰〔峰〕乡在岑丰〔峰〕圩，河图、珠蒲两乡在河角圩举行纪念大会。

3. 在举行纪念日，各支部须督促乡苏叫各乡暴动队戒严放哨，以免走漏消息。

各支部党团接此通告后，希即交会议讨论，切实执行为要！

此致

布礼！

光留黄〔篁〕C.P. 区委

3 月 22 日

光留篁区委通知
——关于全区教员联会问题

各支部转全体同志：

　　光留黄〔篁〕区委为要大力的切实布置全区学校起见，特召集全区教员联会，切实讨论全区学校工作，满足一般求学者要求，故前日致信区苏党团，督促区苏政府下通知召集全区教员联会，指定廿二号开幕，并限各乡教职员廿二号要到达罗塘村等语，谅〔虽〕已经通知各乡苏维埃政府，但今天下午所到来各乡教员，寥寥无几，虽有到来的各乡教员亦不充分叫他到来，似乎派代表或有教员来哩便了的样子。

　　同志们：此次全区教员会议，是转变学校一切工作，是非常重要【的】一件事，我们绝不要丝毫去忽视才对。

　　各支部接此通知后，须马上把全乡的教员，马上赶他到来，如他不来，应给他一个处分。

　　支部不切实负责督促其来，支部负责人应受党的处分。

　　同志们：接通知后，希马上督促各乡教员，马上到来吧，并限明天上午八旬〔点〕钟要赶到来，切要。

　　此致

C 礼！

光留黄〔篁〕C.P. 区委

3 月 22 日晚六时

光留篁乡区委联会紧急通知（第□号）

各支部、区苏党团、区工会党团转全体同志们：

根据各方报告，牛市集中团匪三百余，石市增加团匪百余，××上下坪亦增加团匪五六十人，广东上坪集中团匪百余人，张英残部开回罗浮来了，白石圳一带集中团匪二百余人，安远已被谢加油〔嘉猷〕攻入云。依照这种消息，我们估量大的政治。红军在瑞金缴获敌人两师枪支，蒋蔡两师又在雩都、兴国被红军包围中，同时焦平寻县反动派闻寻南半县到有大批红军，并且反动派经济粮食发生恐慌，大举进攻赤区是无可能，不过反动派因恐慌作大规模的以防御式的策略进攻赤区而已，区委兹有如下布置：

1.各乡须马上集中精干暴动队，留车乡集中120人，注意龙廷、白石圳之敌；龙河乡集中精干队60名，注意寻城之敌；岑丰〔峰〕乡集中60名，注意丹溪之敌；黄同乡集中精干队60名，注意龙廷、白石圳之敌；五溪蒲乡集中精干队60名，注意虎石上坪之敌；六司山乡集中精干队120人，注意上坪、溪尾之敌；公高石乡集中精干队120名，注意安远、定南、龙川之敌；芳田乡集中（精干队）60名，注意中坑一带之敌。其余未集中精干队之乡，须集中固守炮楼，其余未集中暴动队须在家准备，原先已集中之精干队不在此限。

2.各乡村须放村哨，各乡设立盘查所，应马上戒严放哨，检查来往行人，断绝交通。

3.各乡每日须放出侦探，侦探敌情，探获后马上飞报上级，同时消息报告须非常快捷，紧急信件即到即交，不可片刻停留。

4.各乡暴动队须自带米食，蔬菜由群众供给，油盐公费由该乡政府负担，须集中三天才可解散回家。

5. 各处群众如敌来时须与他决战，如敌他不过，固守炮楼围屋，敌惊动时，则突出截击。

6. 各支须动员全党团同志到群众中去作广大宣传鼓动工作，领导广大群众与敌决战。

7. 各支须加紧督促做防御工事，放竹菰钉，挖战壕，要隘筑墙等等。

同志们！在这严重形势之下，各支应马上会议讨论具体办法，切实执行，不可有丝毫的忽视，谁忽视谁就是与反动妥协，切要！

此致

消灭敌人的敬礼！

光留篁乡 C.Y. 区委联会

3 月 22 日晚八时

光留篁区委工委会通知（工字第二号）

各支部工会党团转全体同志：

接县委工字第二号称，县委为要就一般工人干部起见，县委前办工人训练班一所，决定区委选六名工人前去训练，兹决定前去训练人数及县委训练班办法如下：

一、车头、五溪蒲、六司山、区工会、留车、龙河各乡须各派一名前去训练。

二、训练时间一星期。

三、开课日期 3 月 28 日。

四、训练班地点找芳田乡苏委员长便知。

　　五、各支派来训练人员须〈活动〉的〔为〕工作积极进步工人分子（最好同志要有一半，非同志亦可）。

　　六、训练班人员须自带被盖。

　　七、各支派来训练人员务须开课前一日赶到，以便按期开课。

　　各支部区工会党团接此通知后，希即交会议讨论执行为要。

　　此致

布礼！

光留黄〔篁〕C.P. 区委工委会

3 月 23 日

光留篁区委通告（第十五号）
——关于成立反帝大同盟会问题

各支部、区苏党团、区工会党团转全体同志：

　　目前中国革命形势一天天的高涨，向前发展，军阀国民党统治日见崩溃，红军猛烈扩大，苏维埃区域的发展与巩固，引起了帝国主义唆使军阀国民党的仇很〔恨〕，联合中国压迫阶级来镇压革命，因此，派大批军到西南来进攻苏区及红军，中央虽很正确的指出中国革命高潮到来的时候，必然要和帝国主义直接武装冲突，作残酷的战争，我们在这形势下面就【要】加紧反帝运动，建立反帝机制，指挥群众，宣传群众，使广大群众认识帝国主义罪恶，鼓动群众与帝国主义作战的〈坚〉决心，区委曾号召广大群众举行过反帝大同盟会，兹经此间决定成立反帝机关，印就如下：

　　1. 成立日期 2 月 1 号。

　　2. 各乡须派代表两名前来赴会。

3. 会场留车。

各支部党团接此通知后，应马上交会议讨论，切实执行为要！

此致

敬礼！

光留黄〔篁〕C.P. 区委

3 月 29 日

光留篁区委通告（第十六号）

各支部、区苏党团、区工会党团转全体同志：

现在焦平寻县反动统治，日益崩溃走上死亡末路，革命高涨日见〈日〉向前发展，苏维埃区域的巩固，工农斗争的剧烈，特别是光留篁区，苏维埃政府林立，引起了反动统治阶级的仇视，勾结邻县反动派，向我们赤区推〔摧〕残，企图镇压革命，尤其是在春耕时候，万恶的反动派不断的向我赤区边界骚动，以期荒芜边界春耕，我们在这情形之下，区委有如下的布置：

1. 各乡边界须集中精干队卅名，戒严放哨，维持边界耕种，并向赤白交界游击，捕捉〈出〉豪绅地主，牵豪绅地主及反动首要耕牛等。

2. 各乡边界集中精干队，伙食自备，蔬菜由群众给养，办公费油盐由该乡政府负担。

3. 支部须督促乡苏叫群众加紧做边界防御工作。

4. 每乡哨场须要信炮，如敌来时，信炮则放，各处精干队，须互相帮助。

以上各点各支接此通知后应马上交会议讨论切实执行，幸勿丝毫忽视为要!

　　此致

布礼!

　　　　　　　　　　　　　　　　　光留篁 C.P. 区委

　　　　　　　　　　　　　　　　　3 月 29 日

光留篁区委紧急通知（第□号）

各支部、区苏党团、区工会党团转全体同志：

　　顷据各方报告，各处敌人已有相（当）增加，似欲进攻赤区的形状〔势〕，我们在这形势之下，区委有如下的意见：

　　各支部照原执行区委紧急通告第□号，各支精干队未解散的，定后三天解散，已解散了的仍要集中，警戒各乡要隘。如敌来时，全党同志动员领导广大群众与敌作一【切】残酷的战争，拼一个他死我活，取得我们最后胜利。

　　各支部接此【通知】后，应马上切实执行，不可丝毫的忽视，谁忽视谁就是反革命者，至要。

　　此致

杀敌敬礼!

　　　　　　　　　　　　　　　　　光留黄〔篁〕C.P. 区委

　　　　　　　　　　　　　　　　　3 月 30 日晚七时半〈钟〉

光留篁区委通告（第十七号）
——关于布置春荒斗争问题

各支部、区苏党团、区工会党团转全体同志：

日下区委接受县委二十二号通告，关于布置春荒斗争问题，经会议讨论，兹决定具体办法如下：

1. 在春荒斗争中，猛烈发展党的组织。经县委分配，光留篁区发展930名，曾经区委分配珠蒲、车头、廷岭、石磜、龙田〔廷〕、岑丰〔峰〕各支各发展30名，黄同、龙河、五溪蒲、六司山、留车、公高石、芳田各支各发展60名，区苏机关支、区工会机关支各发展10名，发展原则【为】在斗争中吸收忠实勇敢活动积极进步工人、雇农、贫农、劳动妇女入党。

2. 加紧扩大党的政治影响。各支应尽可能出画报、壁报、小传单及革命歌谣等，区委出半月党报、红旗周刊，提高党员政治水平，鼓起群众斗争情绪，完成我们大的任务。

3. 加紧城市工作。建〔近〕年来反动阶级，因经济发生恐慌，抽剥劳苦群众非常厉害，特别【是】城市贫民、工人、小商人等更重〔加〕痛苦，尤其是在此春荒斗争中较之尤甚，我们在这形势之下，需要领导此一斗争，各支未组织城市工作委员会应马上组织之，已组织之应赶快健全起来，切实进行此一工作。

4. 积极组织群众武装。各支群众武装分别组织起来，工人组织工人后备队，农民组织暴动队，少年组织少年先锋队，限五天内组织完善。

各支部党团接通告后，须交会议讨论，切实执行为要！

此致

布礼！

光留篁 C.P. 区委

4月4日

光留篁区委组织科通告（组字第七号）

各支部、区苏党团、区工会党团转全体同志：

区委接县委组字通告第一号，关于整理地方党，边界支部及组织演讲会问题，此间组织会【议】讨论具体办法如下：

A. 各支部组织路线

1. 珠满支以珠村为中心，向丰头、大墟、林田坝、古坑光、石排下、古廷坜推进。

2. 车头支以车头圩为中心，向牛斗光、罗坡、吉里、珠村、连坪推进。

3. 石礤支以上礤为中心，向大同山、八尺、牛坑一带推进。

4. 芳田支以芳田为中心，向中坑、彭公寨、河猪隆推进。

5. 龙田〔廷〕支以龙廷为中心，向白石坳、相湖、度田一带推进。

6. 廷岭支以牛斗光为中心，向八尺、丰头、干周坝一带推进。

7. 岑丰〔峰〕支以岑丰〔峰〕圩为中心，向丹溪、兰丰坪、石正、大盛一带推讲。

8. 留车支以留车为中心，向罗坡、丘坊推进。

9. 黄同支以大同为中心，向龙廷、度田一带推进。

10. 龙河支以河角圩为中心，向青龙、珠村、张天塘、增地一带推进。

11. 公高石支以公平圩为中心，向上下坪、上四甲、安远、新田、定南、留丰、两广、上计、正下、子山、铁隆、上青坑、溪尾推进。

12. 六司山支以司城为中心，向溪尾、下青坑、上青坑、元水坝、上坪圩、铁隆推进。

13. 五溪蒲支以菖蒲支为中心，向虎石、上下吉祥、月水、中礁、下坪、上坪、青坑推进。

B. 发展方面

在这一月内各支应：

1. 对内各支应建立白色区域支分部一个以上。

2. 对外黄同、留车、龙河各支在白色区域发展群众 500 名；六司山、公高石、五溪蒲、石礁、芳田、进岭、珠蒲、岑丰〔峰〕、龙田〔廷〕、车头各支发展群众 3000 名。

C. 党员群众化

1. 不论在党机关及政权机关党员同志，不准带军帽（军事机关不在此限），以免与群众悬殊。

2. 极端反对特殊器用悬殊在外，如钢笔上绑红绳加于头上等，不〈与〉群众化。

3. 言论注意技术，行动纪律化，衣服群众化。

D. 各支须组织演讲练习会

每个同志学习演讲，与群众讲话时，才不致吃亏，其组织法三人至五人组织之，其余可加入会员。

以上各点各支应切实执行为要！

此致

布礼！

光留篁 C.P. 区委组织科

4 月 6 日

光留篁区委通知（第六号）

各支部、区苏党团、区工会党团转全体同志：

前下一通告关于成立反帝机关问题因环境的关系，是以未曾实现，曾经决定于本月十二号召集全区成立反帝机关，除各乡派两名出席代表外，留车全乡群众一体参加大会，同时未成立反帝机关于〔以〕前，各支动员全党同志，落乡宣传鼓动广大群众，每个人乐助铜圆一枚，以作反帝用费，限十号以前缴交区委，乡各支部党团交会议讨论，切实执行为要！

此致

反帝敬礼！

光留篁 C.P. 区委

4 月 7 日

光留篁区委通告（第十八号）

——关于举行"四一二"四周年纪念

各支部、区苏党团、区工会党团转全体同志：

悲壮凄惨的"四一二"纪念日又到来了，这个纪念，给了我们很多经验与教训。同时，流血的价值，流血的意义【是】很值得我们纪念的一回事。区委除坚决执行县委通告廿七号外，兹有具体办法如下：

1. 除县委决定芳田、黄同、留车各乡全体群众到留车举行纪念外，六司山、公高石全体群众在公平圩举行纪念，五溪蒲在黄乡圩举（行），河图乡、珠蒲乡在河角圩举行，石礤乡在石贝，车头乡在车头举行，岑丰〔峰〕乡在岑丰〔峰〕圩举行，龙田〔廷〕乡在大田举行，各处会场并布置壮〔庄〕严，以引起群众盛意。

2. 在纪念日，各乡男女老幼须罢工一天，踊跃参加此一大会。

3. 其余一切照县委通告坚决执行。

各支部党团接通告后，应切实交会议讨论，切实执行为要！

此致

布礼！

光留黄〔篁〕C.P.C.Y. 区委

4 月 9 日

光留篁区委通知（第六号）

各支部：

顷得县委通讯，县委定于本月 16 号开扩大会议，每支部须派代表一名前来出席，并须 15 号下午到达县委，各支部接此通知后，须交会议讨论按期派来，至要。

以致

反立三路线胜利的敬礼！

附注：接头处到罗塘找赵尚杰同志。

被盖各同志自带。

光留篁 C.P. 区委

4 月 14 日

篁乡区委组织科通告（组字第一号）

区苏党团及各支部转全体同志：

过去我们的党发展组织犯了和平清谈主义、关门主义，各部组织没有普遍的去组织，组织法亦不注意了解。如农村间的组织，一般都认到农会妇女会工会等就够了，对贫农团雇农工会的确走上危机道路，最严重错误地方去了，亦是党的重要任务，目前革命高涨，天天向前发展，反动统治阶级日见溃崩〈日甚〉对我们的工作更加积极去发展，加紧去组织。现区委为要纠正一般同志过去的错误转变过来，坚决反对清谈关门等主义的立三路线，实行两条战线的斗争，从实际斗争中去发展组织，对内和对外加强我们党的领导力量，决议如下：

A. 对内发展同学……限一月内发展 102 名，分配每支发展 17 名。

B. 对外发展问题……决定一月内发展群众 1170 名，分配各支。

1. 黄砂支发展 100 名，向虎石村、吉祥推进。

2. 菖蒲支发展 200 名，向龙川、虎石村推进。

3. 六社支发展 70 名，向溪尾推进。

4. 司城支发展 200 名，向龙川、溪尾推进。

5. 高头支发展 300 名，向定南、安远、上四甲推进。

C. 组织雇农工会贫农团问题

1. 决定区雇农工会委员长刘德发，委员刘云富，限五月八号成立，贫农团决定各乡限 5 月 6 号成立。①

---

① 原件缺第 2、3 条内容。

4. 乡劳动妇女委员会及各小组决定一星期内要组织完善，区劳动妇女委员会决定 5 月 6 号成立。

5. 组织城市工作委员会：（1）对内整顿赤区内的市坊、篁乡、新圩、公平等圩，修整街道店铺，由该乡政府号召广大群众力量去修整，决定新圩改为三六九圩期。（2）对外上坪、留丰两圩为中心工作，党团合共〔共同〕组织一个城市工作委员会。

6. 组织运挑工作委员会问题……（1）决定委员长刘经标，委员严汉星、林成昆。

7. 组织群众武装改为赤卫队问题……（1）决定各乡暴动队改为赤卫队，编制以前暴动队编制法，限一星期内编制好，并改换焦平寻县篁乡区 X 乡赤卫队的旗队来。

8. 组织交通局问题……决定区交通局长钟宏添，司城里城门口。

9. 赤色区工会问题……决定委员长李隆梅。

10. 反帝大同盟机关问题……各乡反帝大同盟机关限星期内成立，区反帝大同盟机关限五月五日成立，委员〔决定〕古全春、刘步煌、李日超、刘经洲、刘云发五人为反帝大同盟委员。

望各支部接此通告后，希切实执行，不可忽视为要。

此致

C 礼!

篁乡 C.P. 区委组织科

4 月 28 日

光留篁区委宣传科通告（宣字第一号）

各支部转全体同志：

目前中国革命一天一天高涨、向前发展，反动统治加快〈的〉崩溃，特别是焦平寻的统治阶级已根本动摇，我们的革命已走上极端尖锐化，在此形势之下加重了我们的任务，尤其是宣传鼓动工作特别要紧，以扩大我们党的政治影响，使反动统治飞快的死亡，故此间在第一次宣委会议有如下的决定：

Ⅰ.出版刊物

A.区委宣传科出红旗周刊一份，其内容【为】传达各地政治消息，运用党的策略路线，纠正群众错误，等等。

B.区委宣传部出党报一份，每半月出一期，其内容【为】纠正同志错误，传达党的策略路线，提高党员政治水平〈线〉，等等，该报命名为《明灯》。

C.各支部应尽可能出画报、壁报及各种小传单或翻印各种刊物。

Ⅱ.投稿人

A.P.Y.区委负责同志每星期要投稿一篇。

B.各支部须有一人投稿，每星期至少要投稿一篇。

C.各同志可尽量投稿，使我们各种刊物能作长期的叫喊，不致阅者失望。

Ⅲ.出版时期

A.红旗周刊，限本月九号开始出版。

B.党报限本月十三号开始出版。

各支部接此通告后，马上交会议讨论，切实执行为要！

此致

布礼！

光留黄〔篁〕C.P. 区委宣传科

5 月 7 日

区委扩大会决议案

一、此次区委扩大会议指出了过去四区党的缺点与错误，和讨论出了今后工作路线与方针，同志们赶快纠正过去错误，依照此次大会工作方针去做，则我们四区的党才能健全起来，才能将整个党的策略运用到群众中去，兹将决议录如下：

A. 检阅过去工作

1. 各种会议、报告、缴费，均无按期。

2. 忽视中心工作。

3. 忽视边界工作。

4. 不注意交通路线运输工人工作。

5. 不切实执行上级通告与指示工作。

6. 忽视职工运动。

7. 各种组织发展不平衡。

8. 不积极发展组织工作。

9. 不严守党的秘密。

10. 不执行铁的纪律。

11. 小组会无开（仅龙图有开）。

12. 支部与乡苏党团关系不密切。

13. 支部与上级关系不密切。

14. 支部不发生核心作用。

15. 工作报告无准备与不切实。

16. 不详察敌情与灵通消息。

17. 不执行妇女法令，对妇女仍大〔太〕束缚。

18. 封建思想仍未打破。

19. 乱派同志当红军。

20. 不爱惜伤病。

21. 合作社售货太贵。

22. 不严厉执行赤清工作。

23. 不注意巡视工作。

24. 不注意党的教育训练。

B. 今后工作方针

Ⅰ. 组织问题

（一）整顿组织

1. 有六人以上之支部须分小组。

2. 各种会议、缴费、报告须按期。

a. 干事会至少五天一次。

b. 小组会十天一次。

c. 组长联席会半月一次。

d. 全数党员大会一月一次。

e. 党费每月在廿五日以前缴收。

3. 健全区委常委与整顿不健全支部。

4. 每月须有二次以上的巡视。

5. 执行钢〔铁〕的纪律。

6. 洗刷消极怠工、不愿纠正自己错误的分子出党。

7. 支书不能在政权机关担任重要工作。

8. 建立模范支部。

9. 改善支部生活。

10. 填介绍表要忠实。

11. 严密上下级关系。

12. 重新登记党员。

13. 反对有流氓富农恶议者入党。

14. 改组区委。

15. 注意边界支部工作。

16. 各支应发生横（向）的关系，互相报告工作。

17. 边界支部应与各区边界支部取得联系。

a. 珠村支应与石排支取得联系。

b. 廷岭支应与上礁支取得联系。

c. 河角支应与 X 子湖支取得联系。

d. 车头支应与枫山支，龙图支与腴〔余〕田支均应发生关系。

（二）发展方面

1. 廷岭支应向径里一带发展，建立径里支分部，以打入八尺工作，但牛斗光亦须同样之注意，在最近须建立牛斗光支分部。

2. 蒲坑支应注意林田坝、上下崇、上蒲坑工作的发展，以推进大塘、黄畲等处工作。

3. 珠村支应注意珠村市、古坑岗交通路线、党的发展，龙骨坑、张天塘等处无党的地方，亦须取得平衡的发展。

4. 河角支应注意溪尾方面之发展。

5. 龙图、连头两支应注意平衡的发展。

6. 吸收贫农、雇农入党，以巩固党的基础。

7. 吸收大批工人入党来充实党的领导权。

8. 须注意劳动青年妇女。

9. 须在斗争中找积极勇敢的分子入党。

10. 只【要】有群众组织的地方就应有党的组织和建立。

11. 加紧发展党员。

Ⅱ. 教育宣传问题

（一）教育方面

1. 区委开一短期训练班。

2. 小组会应注意研究问题。

3. 多开活动分子会议。

4. 经常开支书联席会议。

5. 区委须每月出两次研究问题给各支研究。

6. 各种会议须有政治讨论，其讨论结果与执行情形报告上级。

7. 各种刊物由支书摘要，交会议讨论。

8. 注意革命名词解释。

9. 解释入学须知与幼稚同志知。

10. 支书须经常切实训练幼稚同志。

11. 区委每月出一份通讯。

（二）宣传方面

1. 区委出一旬刊。

2. 半月出简单画报一次。

3. 翻印各种新式歌谣。

4. 每月出一次中心口号标语。

5. 多参加群众大会。

6. 区苏组织一演剧团轮流到各乡演剧。

7. 区苏须每圩在牛斗光圩宣传一次。

8. 每乡须组织一次演讲会。

9. 多召集妇女及青年群众大会。

Ⅲ. 职工运动问题

1. 迅速建立各乡工人支部。

2. 组织各乡雇农工会。

3. 切实调查工人生活与数量。

4. 建立各工支后，各业工人须分化出来。

5. 设立区分工会，工人纠察队一班人。

6. 鼓励工人对店主和老间师傅斗争，实行监督资本。

7. 由工人监督资本，禁止资本家、现金移向白区，并要经常办货。

Ⅳ. 军事问题

1. 坚决执行优待红军条例。

2. 实行征兵制度。

3. 扩大红军宣传，使自动加入红军。

4. 各乡逃兵，政府须督促回队，不得代他写信请假，并可强制他回队。

5. 区赤卫队队长应调有军事学识及勇敢者充任。

6. 坚决调邝才钦充任区赤卫队政委。

7. 区赤卫队应扩充到两中队。

8. 区赤卫队应以蒲坑、廷岭两处为中心。

9. 各乡暴动队须迅速照新定组织法编制好来。

10. 暴动队全区至少两月会操一次，全乡每月会操一次，全村每半月会操一次。

11. 各乡每天早晨须点名操练一次。

12. 蒲坑、廷岭与敌接近，险隘要地，须掘战壕、【钉】竹钉，并铺满敌来的路线。

13. 边界暴动队、少先队要经常操练以影响敌人。

14. 区赤卫队要作一游击形势〈式〉在交通路线，以影响往来行人，扩大声势。

15. 赤卫队须加紧政治训练。

16. 机关职员须实行每早点名操练。

Ⅴ. 妇女运动问题

1. 各乡妇女须马上组织普遍。

2. 各村队务〔伍〕的编制标准，要以年龄、劳动力、活动能力为编入各种队务〔伍〕之原则。不要 × 加入什么队 × 以 × 向。

3.X 开设一短期训练班。

4. 改组妇委会。

5. 每月须出关于妇女的画报一次，以扩大妇女宣传。

6. 反对挂名的妇女运动。

7. 妇运人员须经常下乡训练，不得在机关内逗留太久。

改组区委：

刘维键、廖裕德、刘亦意、温焕清、张添福为执委，谢荣仲、邝尤勋为候补，互推刘维键、廖裕德、刘亦意为常委，【刘】维键为书记。

（十一）平远县

党的生活

目前支部工作之几个重要问题

全国整个的斗争形势已日益向上发展，敌人内部统治也已日趋于动摇与崩溃。这时更加重了我们夺取更广大的群众，发动与领导其一切日常之斗争到更大的政治斗争的准备，完成全国的总暴动的任务。这一工作之完成是看党的支部能否健全而确定的，因为不能健全便不能在群众中起核心作用，〈已〉不能起核心作用便不能发动群众起来斗争。但又【要】怎样把支部健全起来呢？这便须先【解】决目前支部工作的几点重要问题。这是每个同志都应注意的。

一、支部内同志的分工，应使支部能按期开会，在会议中，按当地实际情形来讨论几点工作。同时便须将这些工作，依同志之工作能力，适当的分配。总要使每个同志临时都有大小的工作做。永记我们的口号是："不到支部会议，不做支部工作，便要执行党铁的纪律"。

二、征收党费问题。我们的口号是："不交党费者，不是我们的同志！"这是正确的。虽然党费不多，但对党是无论如何有帮助的，这亦是党员的义务。同时支部如果能坚决的执行这一口号，便可打破同志依赖党的幻想。靠党吃饭的、靠党生活的种种雇佣观念，都迎刃而解了，假如一个无产阶级的政党一变而成为无业工人的组织，那怎能去领导斗争呢？就将共产党改为无业介绍所便够了，因此征收党费是非常严重的。

三、一切工作 X 支部，支部应督促每一个同志深入支部周围的群众，去了解群众日常之生活情形及所发生的事件，在会议中详细讨论具体之工作及方法。适当的分配每一个同志干，每一个同志做了什末〔么〕。宣传组织工作及事后的影响，都须向支部详细报告及互相批评，尤其每一个同志，在日常工作中觉着有什末〔么〕困难和对某同志或上级有何意见，都须提出支部来发表及解决之。而上级区委、县委、市委，也只有注意如何健全支部及详细的多指示支部的一切工作进行，使支部本身工作能建立起来，只有如此，才能纠正同志的浪漫不工作、自由行动、蕴生意见的不良现象，才能使支部成为一个真正了解群众情形而能发动与领导群众一切斗争的群众核心，才能真正走上各级间正确关系道上。

各同志有何项意见？希来到这刊物上讨论吧！

讨论问题：

1. 支部的作用怎样？

2. 我们支部的缺点在什么地方？

3. 目前支部工作的重要问题有几点？是否正确？

党员职业化与革命职业家

目前党的中心任务，是要争取广大群众。"党员职业化"是实现这种重要任务的一种方式。

"党员职业化"的意义，是要打破党员雇佣劳动观念，使党员不是依赖党来生活。党员要深入群众去，同时把群众的要求真〔正〕确的反映到党里头来，使党成为真正的党。

现在党员的失业成分太多，极容易影响到党的政治路线与组织路线的动摇不坚决。

有些同志说："现在最重要是吃饭问题，这一问题不能解决，什么工作都是困难的。"——这是完全失业者的意识，为了吃饭问题不向豪绅地主加紧奋斗，而向党里来怠工了。

所以目前要积极使"党员职业化"是转变党的组织路线的一种重要工作，自然"职业化"并不是一天、两天就可以做到的，主要的是要使每个同志都了解这一口号的意义，而要找出适当的方法完成这一口号的具体实现。

但是在提出这一口号后，发生一种极奇怪的现象。

有些负责的同志，因为工作困难便对党要求说："现在党要党员职业化，我也要找工做去。"

或者自道说："我有职业，每月至少十元的生活费，吃饭问题怎样解决？"

这些同志都是误解党员职业化的真正意义，不懂得党还需要少数专门为党工作，为革命职业家（靠党来维持生活的），同时是不能忍受刻苦的生活，不能摆脱旧社会的观念（家庭问题、老婆问题），对党对革命还没有深切的了解。

现在党一方面要积极实现"党员职业化"的口号，使党真正能建立在群众中去成为群众核心的党，同时亦要培养一部分真正能站在党的利益上与党的真〔正〕确的政治路线底下专门为党工作的少数革命职业完〔家〕。

讨论问题：

1. 什么是党员职业化与革命职业家的意义？

2. 这一口号提出后，一班〔般〕同志有如何不正确的思想？

县行委宣传部

1930 年 12 月 12 日

编后话

现在平远党的支部，不能坚决执行"不交党费者，不是我们的同志"这个口号，支部内同志不按期开会，不到支部工作，以及误解"党员职业化"的真正意义，这是无可掩饰的。希望今后各支同志，纠正过去严重的错误，达到布尔塞〔什〕维克党的精神！

（十二）兴五龙县

兴五龙县委通告（第七号）
——关于春荒斗争工作布置

各区委支部：

1.春荒已经到了，春荒是一般劳苦群众长期庇〔避〕祸的难关，尤其是在目前革命形势日益向前发展，反动统治急剧动摇崩溃当中，统治阶级为要企图维持其垂死命运，当然用更残酷的手段将群众莫大摧残与千捐万税的抽剥。同时，连年不断的军阀战祸普及全国，天灾殃及各地，以致各地工厂闭门，商业倒闭，农村破产，百物腾贵，广大劳困〔苦〕群众的生活痛苦只有日益加深。

近来帝国主义国民党军阀更有计划的集中力量向苏维埃和红军进攻，在城市和乡村大施其白色恐怖，抢夺米谷，牵牛掠猪，屠杀群众，焚烧屋宇，一般劳苦群众在这重重的压迫和剥削之下，痛苦生活已达不可言状，特别农民群众在这春荒时候与耕牛、与耕具、与肥料、与谷种、与粮食，这一难关的确难以捱过，因此各级党部更应抓住这一机会，运用党的正确策略，动员同志深入广大群众中积极发动和领导广大劳苦群众的春荒斗争，而争取斗争胜利，这一斗争更须联系到反帝国主义国民党进攻苏维埃区和红军的任务。

2.春荒斗争的中心号召

工人方面：发清欠薪，增加工资，反对开除工人，抑平米价物价，青工学徒一律待遇，反对抽收担竿捐，反对加二秤，要发茶水费，反对撑重船撑夜船，汽车轮渡工人不运兵，改良待遇，反对资本进攻，反对黄色工会，组织自己的赤色工会。

农民方面：反对枭贵谷每担不得超过五元，没收豪绅地主的米谷救济春荒，平分祖尝公款，反对国民党欺骗农民办农会，反对二五减租，实行分配土地，反对压迫农民造公路，反对军警围乡牵牛掠猪强奸妇女，反对警卫费、公路捐、田亩捐、门牌捐、灶头捐，不交租不纳税不完债，反对国民党破毁群众地坟房屋田地筑公路，集中力量对付国民党，扩大革命战争。

士兵方面：发清欠饷，反对官长打骂，反对出发围乡摧残自己工农兄弟，不打红军，到苏维埃区域去分配田地。

贫民方面：反对苛捐什税，要政府救济春荒，抑平米价物价，不还债，反对戒严。

失业工人：要求资本家政府救济春荒，要工做，要饭吃，参加失业工人斗争，失业工人团结起来，加入赤色工会。

各地党部须根据这些口号，配合当地实际情形，定出各个地方更具体通俗的口号，鼓动群众斗争，这一斗争须联系到反帝国主义国民党进攻红军和苏维埃区，特别扩大红军和苏维埃影响，使群众有深刻认识与拥护，同时各地须很有计划的去组织宣传鼓动队，运用各种方式深入群众中，极力鼓动群众斗争，尤其教育支部同志动员宣鼓工作，普遍的散传单写标语口号等。

3. 城市工作：各地党部必须很切实很有计划的抓住这一机会，加紧发动城市工人贫民的斗争，在斗争中去建立城市工作（特别兴宁城、五华城工作更为重要），扩大和建立赤色工会、工人纠察队的组织，县委特别指出篷船、邮差、电灯、运挑、码头等为中心工人，织布、染工、理发、缝衣各重要工人，各地党部须集中人力财力去加紧这一工作。

4. 农村工作：在这春荒斗争中，党必须加紧发动和领导广大农民群众斗争，加紧严密游击队、破坏队的组织，发动广泛的游击战争，消灭敌人，破坏敌人交通，截击敌人运输，解决群众粮食及一切困难，在斗争中去扩大农民协会、雇农工会、贫农团、赤卫队的组织。

5. 士兵工作：在这春荒当中更应有计划的去加紧这一工作，特别兴城、罗岗、安流、梅林、双头等处的驻军，及各地集中之基干队、警卫队，积极发动士兵日常斗争以致兵变，各地党部须参看分委第六号通告去切实布置。

6. 苏维埃区工作：在这春荒当中，须积极改造苏维埃和扩大苏维埃区域，集中苏维埃乡村群众力量，消灭苏维埃区的白点，向外发展巩固苏维埃基础，区乡苏政府须积极帮助苏区群众解决一切困难，特别五华方面，更要发动群众起来反对设立团防，反对组织警卫队、后备队，反豪绅地主一切压迫剥削，作恢复苏维埃的斗争。

7. 青年工作：在春荒时候，党更须帮助团发动青年群众，实现青年特殊利益的斗争，在斗争中去发展少先队儿童团的组织。

8. 党的工作：在春荒斗争中更须加紧去健全和发展党的组织，特别是支部必须有计划去建立经常工作，及发展建立中心城市、中心乡村的支部，县委在这春荒斗争期内，特决定各区发展支部同志数量是：上贝浮区六支同志50人，五岭潭区四支同志50人，龙安区十一支同志100人，兴永泥区五支同志60人，河水区三支同志20人，川鹤隆区九支同志90人，赤龙铁区六支同志50人，光马龙坪区九支同志100人，八香区四支同志40人，东都楼区三支同志20人，横水区三支同志20人，发展对象须特别注意，吸收贫农雇农工人及妇女成分。

9. 各区支接此通告后，应即提出会议详细讨论，切实布置来实现这一工作，并将执行情形由下而上的检查报告县委至要。

兴五龙县委

1931 年 4 月 3 日

兴五龙县委通知（新编第一号）

——补充春荒斗争通告

各区委支部：

一、春荒斗争的工作布置，县委经发出二十二号通告，详细说明各级党部除按照执行外，仍有如下的补充及说明：

工人方面：发清欠薪，不得扣久工资，增加工资，反对荒月开除工人，要求东家发给荒月家庭津贴费，不得抬高米价物价，改良生活待遇，青年学徒待遇平等，津贴女工，反对抽剥担杆〔竿〕税，反对资本进攻，反对黄色工会，组织自己【的】赤色工会，工钱要发现洋不要纸票。

农民方面：没收豪绅地主的米谷救济春荒，反对警卫费、保甲费、民团捐、田亩捐，不还债，不交租，不约税，平分尝会公款，不准抬高米价物价，反对田亩陈报，没收地主阶级的土地，打死收捐佬，打倒黄色农会，组织赤色农会，反对军警围乡牵牛抢掠烧屋宇，集中武装对付地主国民党，扩大革命战争。

士兵方面：发清欠饷，要求发给荒月家庭津贴费，反对官长打骂，反对出发落乡摧残群众，不打红军，到苏维埃区去当红军。

贫民方面：反对苛捐什税，要求资本家政府救济春荒，不准抬高米价物价，不还债，反对迁解渔业游民出境，反对戒严，反对检查行人。

失业工人：要资本家政府救济春荒，要工做，要饭吃，参加在业工人斗争，失业工人团结起来加入赤色工会。

一般的：拥护苏维埃中央政府，反对帝国主义国民党进攻红军及苏维埃，准备武装暴动，打倒改组派第三党，彻底肃清 AB 团。

二、斗争委员会的组织与运用：在春荒斗争中，我们应找〔抓〕住群众实际要求，组织各种委员会，以公开号召的工作路线争取广大群众，如工人组织，反对欠薪委员会，反对土豪劣绅把持尝〔生〕产委员会，反对丈量土地委员会等，实际事件以号召群众，不能很空洞的组织春荒斗争委员会，以前各地组织的春荒斗争委员会应即取消！

三、发展党的组织问题：在二十二号通告中县委认为太过空洞，而不切实，各级党部须按县委发出各月份工作计划执行。

以上几点希各区支讨论执行为要！

县委

4 月 21 日

（十三）乐安县

新发展区域工作大纲

Ⅰ.新发展区域工作的重要

苏区的扩大巩固与争取战争胜利、争取中心城市、争取江西首先胜利是有极密切的关系。苏区不扩大不巩固，对红军胜利新占领的区域，地方党部赶不上红军行动的迅速，不能担负起扩大苏区和建立新发展区工作的任务。这次宜、乐、南三城得而复失很明显的事实，这是何等严重的现象！

因此扩大苏区和建立新发展【区域】工作，成为地方党部尤其是边区党部最中心的工作。

这次我们集中二十二军配合永、乐、宜地方武装，动员三县全党来争取永、乐、宜间两大山脉和坚决的消灭间杂永乐边界的勇敢队，为的是赤化永、乐、宜三县城的周围，争取永、乐、宜三县和主力红军向北发展，争取抚州、樟树之优越条件，极〔绝〕不是放弃争取城市，恰好相反，这就是实际的做争取城市工作。过去永、乐、宜很机械的去争取三县城，结果在两三年来始终都不能扩大苏区和造成夺取城市的优越条件，因此我们用最大力来完成这一工作。

Ⅱ.过去在新发展区域工作的错误路线

由于党对扩大苏区、巩固新发展区域工作的忽视，因此在新发展区域工作中表现有不可容许的错误。具体的表现在：

（一）不发动群众单纯的打土豪观点

地方武装和地方干部在白区或被红军占领的区域内，只注意打土豪而不去发动群众，所没收地主阶级的粮食与东西，时常只留给部队或机关，而不分给或很少分给群众。尤其严重的错误是乱打土豪，侵犯中农利益，甚至打到贫农工人身上去，乱捉鸡鸭猪牛，破坏群众利益，脱离群众，使群众仇视我们，这根本谈不上什么争取群众，相反的把群众送到豪绅地主反革命派影响之下去，使他们来反对我们。这是非常严重的错误，必须要最严格的以革命纪律与说服教育来纠正这些错误，否则只能造成赤白的对立和苏区的缩小，谈不上什么扩大苏区。

由于不发动群众去打土豪，结果群众都跑了，土豪也调查不出来，土豪也打不到，什么款也筹不到。

（二）命令主义和形式主义

因为没有充分的发动群众，没有发动群众来斗争，另一方面又要对上级做建立政权和分田的报告，结果命令主义和形式主义就不得不用起来，强迫群众到会，强迫群众分田，结果有这样的事实，豪绅地主就利用我们这些弱点，用六块钱一月雇人来当乡苏主席，用五角钱或两吊钱【雇】一个人来开会。

因此，即【使】组织了政府，也不过是豪绅地主的代表。即【使】分了田，也不【过】是分假田。由于命令和形式主义的结果，使群众对苏维埃不相信。这种命令、形式主义应严格的纠正。

（三）没有明确的阶级路线

由于没有充分发动群众和命令、形式主义，的〔正〕确的阶级路线也没有了，分配土地多是被富农窃取去了，因调查不清，地主的地也未全部没收，政府机关内富农流氓也混进来了。

过去因为便于工作上的进行，把我们派去的工作同志来包办代替当地政府和分田工作，结果我们离开了，工作就等于零。同时又有因为便于筹款和带路起见，随便找几个对筹款带路工作积极【的】分子，实际上是流氓来当乡苏或区苏主席和委员，或在机关内工作的非阶级路线。

（四）不注意武装当地群众

要想扩大和巩固新发展区域，武装当地群众，组织游击队来和地主武装对抗，保护苏区这是绝对需要的。过去完全没有注意，只叫"群众不好"、"怕斗争"，而不知群众因为没有自己的武装来消灭地主武装，自然怕起来。有的地方组织好了游击队，并发了枪，又不派得力的党员去领导，结果又被富农流氓来领导，甚至反水去了。

（五）过去在新发展区域工作，不但红军、地方武装与地方党部没有联系，各干各的，甚至因筹款还发生冲突。没有统一的指挥机关，即地方党部与地方党部毫无工作上的联系。过去勇敢队之所以能生长于永乐边界间，靖匪之所以能久存于宜乐大山中，都是由于地方党部在苏区发展上，不注意两县的联系所造成的恶果。

上面这些，都是我们在新发展区域工作【中】不可容许的严重错误。

Ⅲ.具体的工作

（一）建立政权

政权是号召和领导群众斗争的机关，群众没有政权来号召和领导，群众无法起来斗争也不能发动。因为政权是保护阶级利益的工具，所以在新发展区域及时的建立临时政权是非常重要的。但一开始不能成立苏维埃，因为苏维埃是工农兵的代表会议，开始只能建立临时革命政权，即革命委员会。革命委员会的建立，事先一定要找几个当地的群众斗争领袖，同时党要派很得力的同志去领导，召集群众大会通过正式宣布成立，绝不能随便找几个人，也不开群众大会，就无声无息的成立一个革命委员会。在革命委员会内，绝对防止富农流氓分子混入，尤其是要坚决反对因为便于工作，利用流氓分子到政府内来工作。

（二）组织群众和发动斗争

群众组织是实现党和政府一切主张策略不可少的组织，党周围没有围绕着各种群众团体，党和政府的一切主张是很难实现的。党的主张要动员和经过这些群众组织，才能广泛的传达到广大下层群众中去，使下层群众了解。

组织群众与发动群众斗争，这是不能分开进行的。不在斗争中来组织群众，这是极机会主义的办法，并且群众也无论如何是组织不起来的。不领导群众斗争，给群众以实际利益，群众也不会来的。

我们在新发展区域组织工人，一定要在反老板雇主、实现劳动保护法的斗争中来组织工会组织。【对于】雇农贫农，一定要发动雇农贫农在没收豪绅地主土地财产中和反富农斗争中，来组织雇农工会和贫农团。

在新发展区域，工人、雇农、贫农团在白区恐怖和地主欺骗之下是不容易组织的，他们不敢立即放纵前来。我们要不疲劳的一个一个去找来谈话解释，使他们了解，由〔让〕少数工人、雇农、贫农团等组织扩大起来。有了工会、雇农工会、贫农团等组织的基础，同时在各种运动中来建立互济会、反帝大同盟、拥护苏联大同盟等组织，或在群众大会上宣布成立各种会的筹备处，或由工会、雇农工会、贫农团、党团政权联席会来组织筹备处。

（三）抗债、焚烧一切契约和分配土地

没收豪绅地主阶级土地，是目前革命主要的问题。过去在新发展区域，对这问题有两种极不正确的倾向：

1. 以为没收土地要有很久的时间，并且要有很建〔健〕全的党和政府和〔及〕群众组织，所以在新发展区域做廿天甚至一个多月工作，都不实行没收和分配土地的工作（如这次占领乐安，十几天完全不讲分配土地）。

2. 把没收和分配土地看作很容易随便的工作，不发动群众，用强迫命令方式三五天内就分好了田（如红军中竟有说"第一次分配土地是分不好的"，任其马虎了事）。

我们在新发展区域一开始，应当宣布苏维埃的土地政纲，很迅速的实行。宣布焚烧一切契约，一切债务无效。并宣布没收豪绅地主的土地和财产，在很短的时间，虽然不能调查清楚，但是最大多数是可以调查出来的，其余的我们分配的过程中可以调查出来（由分配土地委员会）。我们起初就把债废了，契约焚了，豪绅地主财产分配了，这就是给了群众实际利益，并使群众对苏维埃的土地政纲相信力增加了。第二步来分配土地工作，也就比较容易了，因为有群众参加，调查也比较容易了。

分配土地应平均分配给雇农、贫农、中农，但财产和农具是不能用极〔绝〕对平均主义的办法，财产和农具要注意分配给工人、雇农以及缺少【财产和农具】的贫农。如工人、雇农没有屋住的，应迅速分配豪绅地主的房屋给他们以及贫农。

对失业工人，可以拿出一部分土地来分配给他们，来救济失业工人。

中农的土地，要在他自愿的原则之下，才拿来平均分配。否则中农土地不动，富农的土地应切行没收。只能照人口分坏田给富农，秧田也不分给富农。

这样才是明确的阶级路线，使群众极〔直〕接感觉到革命的实际利益，而不是像过去一天天只看见捉人乱打土豪的恐怖状况。

（四）组织游击队

过去的经验已经教训了我们，新发展区域没有武装组织，群众是觉得不能和地主武装对抗的。有时我们队伍一离开，地主武装就回来，不但又恢复了反动统治，并且屠杀我们大批的革命群众。所以在新发展区域，游击队的组织是万分重要的。

但是组织游击队，我【们】一定要派得力的党员或我【们】的队伍中的干部去领导（当队长政委），〈在〉游击队的成分一定要工人、雇农、贫农分子，极〔绝〕对不许富农流氓混进来。要加紧其政治教育，在游击队内一定要建立支部，发展党的组织。在必要时，我们留一个部队作基干扩大起来，增加当地群众在当地工作。

这些游击队就是我们扩大地方武装的基础，也〈就〉是巩固扩大苏区的主力，对〔在〕主力红军出击时和敌人进攻时是有极大的作用。

（五）建立党团组织

要保障新苏区的一切工作能在党的领导之下，迅速的建立和发展党团组织。当然这绝不是拉夫式的发展，一定要在参加各种斗争中去找积极分子。在最初发展的党团员中，一定要找几个比较积极【的】分子作为主【要】干部来发展党团组织，巩固党的领导。

在新发展区域若比较不巩固的地方，一定要注意秘密工作的建立。即就在我暂时退出后，亦能保存其组织。不但是党的组织应当如此，即其群众组织亦应当注意秘密组织。

要利用边界赤白界限不十分明显，利用灰色同志去坚决进行白区白军工作。每一个工作单位和工作区域，都应当坚决的进行白区白军工作。这对保障苏区的发展和巩固有极密切的关系。

在已【对】外公开了的同志和积极参加斗争的分子，在我们因敌情关系暂时退出时，一定通知他们怎样去工作或带出一部分出来，在必要时群众也要带一批出来作为革命种子。

Ⅳ. 工作方法

（一）调查工作：我们首先要了解新发展区域的特殊环境，要把当地的群众斗争历史、地主武装反动情形和组织的历史、地形、生产、群众生活等弄清楚，我们方能领导斗争，并且抓得住工作的中心。调查的方式：个别的找群众谈话或集体的在会议上的调查。

（二）宣传工作：要反对过去的宣传方式，不从政治方面去宣传鼓动，单纯的讲"……红军好，不捉人，你们回家不要紧……"。我们要把苏维埃各种法令和党的政治主张，作为宣传的主要材料，用各种方法（如文字方面、标语口号、画画等）和口头上个别找群众〈的〉进行宣传工作，要把新区域造成一个新的环境，使群众感觉到【与】豪绅地主统治时期完全不同的两只〔个〕世界。

（三）在工作团应有具体的领导（即在会议上解决问题），有短期的工作计划（十天或五天的），每天都应有工作会议分配本日工作，照计划督促和严格检阅工作的进行程度，应毫不留情的和不正确的倾向（说群众不好、工作难、没有工作能力、请假等）作斗争。

附：这一计划要红军和地方武装〈要〉开干部会、全体军人会、党团大会报告讨论，并可【作】上政治课的材料，各工作团、各区委要【开】会来讨论。

中共乐安中心县委

红军二十二军政治部

1932 年 9 月 13 日印

十月革命宣传大纲

（一）为什么纪念十月革命

十月革命是俄罗斯的无产阶级，受不住资产阶级的压迫与剥削，用武装动暴〔暴动〕的力量，推翻了资产阶级的统治，建立了无产阶级专政的苏维埃联邦共和国，解除了俄国资产阶级的反动武装，肃清了数千年的封建势力，没收了地主阶级的土地，实行工人监督资本、银行国有。不但是俄国的豪绅地主资产阶级完全推翻了，就是全世界的资产阶级，亦吓得心凉〔惊〕肉麻。所以十月革命不但在俄国革命历史上有很大的意义，同时开辟了全世界社会革命的新纪元，树立了整个的国际无产阶级解放的旗帜。

（二）十月革命的历史

十九世纪〈的〉末叶，俄国工农因不堪资产阶级的剥削与压迫，挺〔铤〕而走险，屡图推翻帝制。在第一次世界大战时，俄国的贫苦工农被资产阶级送到战场去当炮灰，〈因此〉遂激成一九一七年革命风潮，二月以革命手段推翻了沙皇政府。但是那时政权完全落于资产阶级手里，所以有十月的继续革命，我们要明白十月革命的历史必须要晓得二月革命的经过。

A. 二月革命

一九一七年二月二十一日彼得格勒郊外高尔演^①工人开始经济罢工的道路，叫出了"推翻帝制"的口号，罢工人数达八万〈人〉以上，二月二十七日彼得格勒大部分的工厂风起云涌的继续同盟罢工，三月十二日兵士群众亦参加实行武装暴动，十五日成立了临时政府，不幸政权又落于资产阶级手里，主席李武夫亲王^②宣布大政方针说："我们必须执行与协约国所订立的种种条件，并继续战争至最后的胜利。"这自然不是俄国工农所要求的，所以二月革命之后，仍继续奋斗以求彻底的解放。十月革命的爆发，就是工农群众争取真正自由平等的革命行动。

B. 十月革命

一九一七年二月革命，虽然推翻了沙皇政府，但没有把资产阶级的武装彻底肃清，临时政府还是落在资产阶级手里，违反了工农的要求，拥护资产阶级利益，不过是以暴易暴罢了。是年俄历四月十八日至二十日，六月十八日，七月三日至五日，八月二十七日等，便是俄国工人和农民先后与临时政府作战，都是在"一切政权归苏维埃"口号之下奋斗，工厂委员会苏维埃军队的组织，逐渐入于布尔什维克党人之手。十月十七日，彼得格勒苏维埃建立军事革命委员会。二十三日组织红色自卫军。临时政府首领克伦斯基，得着社会革命党和孟什维克的帮助，十月二十四日封闭布尔什维克的机关报"兵士"和"工人之路"，并下令拘捕军事委员会委员。二十五日彼得格勒苏维埃会议，列宁曾出席，是日晚上第二次全俄苏维埃大会开会，翌夜半二时围攻临时政府，除克伦斯基逃走外，其余阁员均逮捕。二十六日苏维埃大会实行接受政权，并成立人民

---

① 原文此处疑有误。

② 一般译作里沃夫新王。

委员会，以列宁为委员长，宣布了土地革命政纲。俄国各地，纷起响应，于是俄国无产阶级革命告厥成功。

（三）纪念十月革命的意义

1. 颁布了土地政纲，得到了全世界无产阶级的同情。俄国农民在农奴制度底下，受地主剥削，比任何国家都要厉害，所以二月革命后有十月革命的继续，颁布土地革命政纲，根本铲除了地主的封建势力，不仅苏俄无产阶级得到了解放，而且影响了世界无产阶级更急切的起来革命。

2. 没有了企业和银行，动摇了资产阶级的统治。资产阶级唯一的命脉就是银行和企业，巴黎公社的失败，就是没有没收一切银行和企业，使资产阶级得以从容布置，这是一个很明显的证据。十月革命能够毅然决然没收银行企业，使俄国资产阶级无所凭借，不但巩固了苏维【埃】无产阶级的政权，而且动摇了全世界资产阶级的统治。

3. 组织红军，战胜了一切反革命。俄国革命得到了二月革命失败的教训，十月革命组织红色自卫军，与国内反革命作战，奠定了苏维埃政权，驱逐了一切反革命于边境以外。于是，英、日、比、法各帝国主义的军队，常在俄边境骚动。感觉红军自卫军的力量不够，遂有红军的组织，战胜了一切反革命，所以红军不仅是俄国无产阶级消灭反革命的武力，而且是世界社会主义革命的保障。

4. 实行工人监督，巩固了无产阶级的基础。在二月革命后，一切政权落在资产阶级手里，工农无产阶级仍在资产阶级的压迫底下过活，工人没有取得政权。十月革命，各级政府实行工人监督，所以苏俄无产阶级的政权日趋巩固。

5. 十月革命，开辟了社会主义的道路。世界无产阶级在资产阶级压迫底下，得到赤俄革命的影响，已蓬蓬勃勃的起来革命，所以十月革命〈不但〉建立苏俄无产阶级的国家，开始了世界革命的先河，开辟了社会革命的绝〔道〕路。

十月革命有了上面的几点重要的意义，算是世界革命史上最光荣的一页。自十【月】革命后，各帝国主义下的工农暴动，殖民地半殖民地的革命运动，飞快的进展。在中国革命高潮日益迫进面前的时期，得到十月革命的影响，苏俄有力的帮助，固〔因〕此值得我们热烈的纪念。同时，全国苏维埃第一次代表大会亦于是日召集，我们来纪念，更有特别意义。

（四）今年十月革命的中心任务

1. 武装拥护苏联。苏联是无产阶级的祖国，是反帝国主义的大本营，是弱小民族独立运动的导师，是中国革命有力的帮助者。在帝国主义联合殖民地半殖民地的统治阶级，积极准备进攻苏联当中，要联合世界无产阶级紧密的团结起来，学习十月革命的精神武装拥护苏联。

2. 武装反对第二次世界大战。在帝国主义不可避免的世界二次大战一定是空前未有的阶级战争，一定要在中国爆发，因为中国是帝国主义一切矛盾【的】中【心】，而且【是】最尖锐的地方，又是帝国主义统治最薄弱的地方，所以纪念十月革命要武装反对〈世界〉第二次世界大战。

3. 武装消灭军伐〔阀〕混战。中国军阀在英日美各帝国主义指使之下，打得天昏地黑，以致农村破产，工商衰败，同时驱使千百万的工农群众到前线去当炮灰，所以纪念十月革命就要运用十月革命的经验，武装消灭军阀混战。

4. 反对改良主义派、国际托洛斯〔茨〕基派、中国取消派——陈独秀派。在帝国主义加紧进攻苏联当中，改良主义派用欺骗口号和缓革命，破坏革命，同时国际托洛斯〔茨〕基派、中国取消派亦乘时活动，在政治上、组织上都是攻击党，破坏党，各派都站在一个方面和帝国主义一致的来进攻革命，所以这些都是我们严重的敌人。纪念十月革命当中，要坚决反对改良主义派、国际托洛斯〔茨〕基派、中国取消派——陈独秀派。

5. 拥护红军会师武汉。在中国革命高潮日益迫进前〈当中〉，有首先夺取湘鄂赣的可能，第一、三团之三次攻下长沙，消灭五团以上的强硬敌人，晚又回师江西，拿下了吉安，进攻南昌、九江，第二军团之包围武汉，各军团会师武汉，是快要到来的很明显事实。我们贫苦的工人要组织政治同盟罢工，农民要组织农村暴动，白军士兵要组织兵暴，猛烈扩大红军，汇合一切革命势力，拥护红军会师武汉，争取全国革命胜利。

6. 拥护第一次全国工农兵〈贫苦〉苏维埃大会。世界革命纪念日举行中国工农兵贫苦大会，这次大会的完成，就是全国工农兵群众开始得到彻底解放的一日，是全国反动统治阶级走入坟墓的信号，是世界资本帝国主义增加一个死敌，一切反动统治，当然是企图来破坏我们的。我们要坚决号召全国工农兵贫民，以革命的斗争，要在每个工厂作坊中，每个农村学校中，每个街道区域中，组织广大武装群众示威，回答帝国主义军伐〔阀〕国民党豪绅地主资本家的白色镇压，力争苏维埃的胜利。

（五）赣西南纪念十月革命的特殊任务

1. 巩固吉安政权，拿下赣州，完成赣西南整个的赤色政权。赣西南的反动统治在八次攻吉、五次攻赣的行动当中，军伐〔阀〕地主的残余武装，躲在吉赣孤城里面，只是筑工事苟延残喘，尤其是吉赣城内的商业肖〔萧〕条，粮食恐慌，挖战壕，筑工事，城市贫民小商人白军士兵日益革命化。最近（十月四日），一军团配合赣西的武装群众已攻下了吉安城，躲藏吉安城内的反动统治和地主豪绅的残余武装已完全消灭无余了。二十二军现已逼近赣州城附近，马上可以拿下赣州城，死守赣州城内的反动统治豪绅地主及马昆之残部，同样的要完全消灭。我们要坚决的迅速的建立城市工作，下绝〔极〕大决心拿下赣州巩固吉安，完成赣西南整个的赤色政权，实现湘鄂赣三省政权的首先胜利。

2. 拥护江西省苏维埃政府。江西苏维埃政府在红军一军团和赣西数十万武装群众攻下吉安之第二天（十月七日），在十数万群众大会当中已正式建立了，现已北上，领导赣东南、【赣】西各县工农贫民和红军，向反动统治阶级作殊死战，拿下南昌、九江，肃清江西反动残余，争取江西革命的首先胜利。

3.拥护江西赤色工会。江西的工人，在军伐〔阀〕、国民党枪杀刀斩之下，有数年奋斗的历史，但过去没有统一的指挥机关，只见零碎的斗争。现在江西的赤色总工会，在吉安已经诞生，有了统一的指挥领导机关，迅速的建立中心城市工作，团结全江西的工人无产阶级，无情的开除老板工头，独立劳动者，巩固无产阶级的领导，使城市工人会合乡村工人，实现政治总同盟罢工。拿下赣州、抚州，进取南昌、九江，争取江西革命首先胜利，响应各路红军会师武汉，争取全国革命胜利，使整个的工人阶级，在赤色工会领导之下，一致奋斗，走上无产阶级专政的前途。

4.转变农民意识。过去赣西南与赣东，忽视工人，不建立城市工作，偏重农民运动，不猛力向北前进，这分明是农民意识，保守割据观念，要把这种错误，迅速的纠正过来，一切工作向此猛进。

（六）乐安县纪念十月革命的特殊任务

1.占领乐安县城，完成乐安全县赤色政权向新淦〔干〕、樟树、抚州猛进。乐安的反动统治，经我武装群众几次打【击】，尤其是红军二十军第四团于"九二五"消灭他一部分武装后，已远窜崇仁边境，并且士兵又受过匪首王兆麟的压迫，拖枪逃走的很多，该匪团受此重伤，绝无大力围攻赤区的可能。崇仁、宜黄、临川之匪团，力量亦很薄弱，无联合进攻我们的决心。我们要坚决的占乐安县城，完成乐安全县赤色政权，建立县城工作，猛烈向新淦〔干〕、樟树、抚州前进，建立各县城市的中心工作。

2.拥护乐安第二次工农兵贫民苏维埃大会。乐安第一次工农兵贫民苏维埃大会，建立乐安县苏维埃政府，领导工农兵贫民向反动统治作了数次殊死的斗争，几次打垮了匪团，发展了东区大块的赤色区域。在世界革命纪念日（十月七日）举行召集第二次全县工农兵贫民苏维埃大会，团结全县劳苦群众，彻底消灭乐安的反动残余，猛烈向此前进，完成赣东赤色政权，争取江西全省的革命首先胜利，争取全国革命胜利。

（七）十月革命的宣传鼓动口号

1. 十月革命是无产阶级解放的先声。

2. 十月革命是社会革命的新纪元。

3. 十月革命建立了苏维埃政权。

4. 十月革命是世界资产阶级崩溃的开始。

5. 继续十月革命的精神。

6. 学习十月革命的经验。

7. 纪念十月革命要武装拥护苏联。

8. 纪念十月革命武装反对第二次世界大战。

9. 纪念十月革命推翻军伐〔阀〕国民党政府。

10. 纪念十月革命要武装消灭军伐〔阀〕混战。

11. 纪念十月革命反对帝国主义。

12. 纪念十月革命反对帝国主义进攻苏联的欧亚联合压迫中国革命。

13. 纪念十月革命反对帝国主义瓜分中国。

14. 纪念十月革命援助印度、朝鲜、安南革命运动。

15. 纪念十月革命武装声援帝国主义国内无产阶级革命运动。

16. 纪念十月革命会合各种革命势力争取全国革命胜利。

17. 纪念十月革命武装争取赣东总暴动胜利。

18. 纪念十月革命猛烈扩大红军一百万。

19. 纪念十月革命要响应一三军团拿下南昌九江会师武汉争取湘鄂赣三省政权首先胜利。

20. 纪念十月革命要彻底消灭 AB 团组织派。

21. 纪念十月革命要完成乐安全县政权彻底分配全县土地。

22. 纪念十月革命要拥护江西省苏维埃政府。

23. 纪念十月革命要拥护中国共产党。

24. 中国革命胜利万岁。

25. 世界革命胜利万岁。

告藤田石马青年群众书

亲爱的青年劳苦工农群众们：

国际帝国主义因生产合理化，生产过剩，市场缩小的根本矛盾不能解决，准备瓜分世界各殖民地的。结果分得不均，互相冲突，世界第二次大战如矢在弦，一触即发。现正在积极增修战具，苛抽捐税，及开除工人，使各国工人失业，日益趋向革命化，整个的政治同盟罢工。尤其是中国军阀混战的剧烈与普遍，打得全国经济危机，农村破产，学校关门，工厂倒闭，把一般青年工农驱使前线去当炮灰。同时，各大资本家因受了军阀混战祸害的损失，亦大部开除成年工人，利用青工、童工、女工，工作时间延长每天至十四小时以上，工资减少，在业工人都受其大害（尤其是青年），苛捐杂税日益重征，促成了全国工人大罢工，农民暴动，革命高潮已意〔移〕到了我们面前，统治已走向死亡的末路。

但是到处豪绅地主，明知死在目前，然犹希图作最后的挣扎。如你处（藤田石马）的豪绅地主及靖卫匪团，苛捐杂税不断的抽收，你们工农血汗中滴出的一文钱，都被他们吸去了。这是如何痛恨呀！同志们，你真是处在十八重地狱底下，所受的痛苦，不可言状，你要知道共产青年团此来是为着成千整万的青年利益计。你们想找到出路，只有暴动起来，打土豪分田地，站在工农自己的军队（红军）里，参加土地革命，消灭靖卫匪团，捕杀豪绅地主，推翻国民党政府，把统治阶级葬到坟墓中去，夺得我们青年一切特殊利益，完成全国赤色政权。

我们最后高呼：

1.藤田石马青年群众团结起来！

2. 反对世界第二次大战！

3. 武装拥护苏联！

4. 武装消灭军阀混战！

5. 推翻国民党政府，建立工农兵苏维埃政府！

6. 消灭靖卫匪团、红黄学会、守望队！

7. 打土豪分田地！

8. 争取青年一切特殊利益！

9. 拥护中国共产党！

10. 拥护中国共产青年团！

11. 拥护第三国际！

12. 青年工农解放万岁！

中国共产青年团乐安县执行委员会

1930 年 9 月 30 日

为纪念十月革命庆祝中央苏维埃政府一周年的工作计划

中、少共乐安中心县委为纪念十月革命、庆祝中央苏维埃政府一周年的工作计划！

一、纪念十月革命的意义，与党和国家的中心任务

1. 县委完全接【受】党团中央局、省委对纪念十月革命节的决议！今年纪念十月革命节，有两个伟大意义，一是庆祝苏联十月革命胜利〈成功〉，产生了〈全〉世界上两种制度不同的国家相对立，特别是五年经济计划的胜利，第二个五年经济计划又大开步伐，正在进行，巩固了社会主义建设的基础。一是庆祝中华苏维埃共和国临时中央〈中央〉政府的建立，造成了目前国内两个政权相对抗。

2. 上 X 为苏联社会主义国家的胜利，中国苏维埃巩固的发展，

使帝国主义国民党更疯狂〈似〉的对苏联积极进攻，对中国苏维埃与红军举行大规模的四次"围剿"，县委指出乐宜党和团目前的中心任务，是在为扩大红军扩大地方武装，动员群众，积极配合红军作战，发展新的苏区，消灭永乐间、宜乐间赤白夹杂现状，完成苏维埃一片，广泛的运用游击战术，发展宜乐全县游击斗争，赤化宜乐全县，加紧肃反工作，特别是坚决的积极的消灭勇敢队，迅速的分配新苏区的土地，加强党与团的领导力量，及扩大党和团的组织，这样来粉碎敌人的四次"围剿"，消灭敌人的主力，夺取中心城市，争取江西全省首先胜利，来纪念十月革命，庆祝中央苏维埃政府一周年。

3. 为要完成以上这些任务，在今年纪念中的中心工作应该是：

（一）扩大红军和优待红军家属 ①

1. 切实鼓动党与团去当红军，实际的来优待红军家属，完成十分之一的党团员去当红军。乐安之善和、招携、竹溪，宜黄之吴村、南塘等区更应注意！

2. 红军家属代表会要在 11 月 8 号以区为单位，召集代表会议，检阅这一个月中执行优待红军家属的成绩，在会议时，各机关可召集开茶话会，买点果品等慰劳代表，并派人讲话表示对他敬爱。

3. 在纪念大会要征求到红军中去的志愿兵，特别在赤卫军、少先队当中。

4. 凡开小差的回家红军战士，在十月革命纪念节以前，应一律回队，以乡或区为单位，晚上召集开小差的人开茶话会，欢送他们归队，如果他还不去上〔归〕队，则组成妇女儿童团耻笑他，并实行把他的名单公布，限期归队，一切群众组织拒绝他参加会议，已负了责任的凡开小差的人，应撤职，反党团置之不顾，而破坏红军组织及纪律的现象。

---

① 标题为编者所加，原文仅有序号。

（二）扩大独立团和游击队

1. 在十月革命纪念节中，应扩大地方武装四分之一，宜黄可切实执行县委工作计划，乐安60名，【善】和15名，招携15名，大金竹15名，望仙8名，严【塘】5名。统限11月10号送到县拥护红军委员会，开欢送大会，其中应有三分之一党团员。

2. 各区游击队共原有数目应扩大到××定的枪支数目。

【招】携20枝〔支〕，望仙共原有50支，严塘共原有50支，【善】和共原有40支，竹溪共原有30支，增田共原有20支，每个游击队都要建立党的支部，团的小组，在××的扩大数目中，应占党员一半，年龄要在17岁以上35岁以下，身体强健者为合格。

3. 切实执行中央政府一切法令政纲和决议，要加紧发动工人斗争，扩大工会组织，特别是工人应召集自己的工会开会，检阅工人劳动法的执行程度，雇农及贫农团要扩大组织，贫农团要注意改造，要切实执行查田运动，如有过去土地分配好田在富农，甚至地主阶级也分了田者，应向政府作报告，各级政府人员如有因私人亲友关系或自己分好田，坏田分给贫苦群众，有事实者，应向上级控告，查田委员会委员三分之二要是工人雇农，在新苏区应立刻进行分配土地，在十月革命纪念节前分好，政府中负责人怠工腐化吃饭不做事（如竹溪、望仙区苏负责人有少数吃公家饭不替公家做事），应号召群众反对他，在群众中公开撤他的职。

（三）加紧肃反工作，积极进攻勇敢队

1. 反对党与团队肃反工作的取消主义，及忽视观念，在进攻勇敢队没有坚定性，对他进攻不积极，这些都是帮助敌人活动，党与团要坚决〔与〕之作无情的斗争。

2. 在纪念节应实行赤色检查，尤其是善和、望仙、严塘、××的边区，更应注意，在纪念大会上要宣布反革命破坏革命之阴谋，尤其是勇敢队的欺骗政策。

3. 10月××号，各区前组织的消灭勇敢队之冲锋队，由政府通知他们并备好五天火〔伙〕食到善和集中，配合红军开到万崇圩去进攻勇敢队，苏区少队工会，区委都应派代表参加并实际的去领导冲锋队。

4. 县保卫局过去一切旧的人犯，应审出名单报 ×× 局批准。在十月革命纪念日，应把批准了的一律交法庭实行公审，应处决的要在这期内处决之。

5. 勇敢队投诚革命的分子，应把他组织起来，由政府开办短期训练所，以后成立宣传队，到勇敢队占据区域内去宣传群众。

（四）在今年纪念十月革命〈纪念〉，应特别加紧反对帝国主义进攻苏联，实行武装保卫苏联 X 此：责成县委负责筹备在 11 月 1 号召集乐安全县反帝大同盟 X 苏同盟第一次代表大会，各区应立即在 10 月 27 日以前把代表选举好，召集代表会建立区反帝大同盟并产生全县大会之代表，反帝青年部应成立之。

（五）实行公开征收党团员，加紧党团在群众中的领导作用，在十月革命纪念节自 6 号至 8 号止三天为征收期间，首先可用通启〔知〕或告诉群众并需 ×× 的说到豪绅地主富农没有资格入党，要大开门户，吸收工人、雇农、学徒、艺徒等入党入团，党团内的怠工分子，吃饭不做事，开小差，不受团体工作支配等 ×× 分子，要严格的批评他，教育他，如果经过教育不能纠正的，在十月革命纪念周中应给他以无情的打击，警告他，或留党团察看他，一直到开除他，如开除党团籍的分子要〈群众〉公布在群众组织中，亦应给他以处分，特别注意反对滥用纪律的惩办命令主义，不经过任何教育不发动团内思想斗争的家长制度处理，另〔一〕方面要反对松懈纪律的无组织的状况。

二、纪念十月革命实行地方武装赤卫军少先队儿童团大检阅

1. 赤卫军模范营、少先队模范队、儿童团选派代表，均以县为单位，举行检阅大会，由县军事部指挥之，同时要按二分区指挥部编制表把赤卫军少队完成编制。

2. 宜黄少队派一连到乐安招携集合，实行宜乐检阅与竞赛。

3. 地方武装如独立团游击队，均在边区负有工作任务，可在就

近边区参加各区检阅大会。

大检阅时间以 11 月 7 号为全县总检阅一天，如各区赤卫军、模范营、少队、模范队于 6 号上午到检阅地集合，乐安决定全县检阅地点为招携，来参加检阅的武装同志应由各区通知他们备火〔伙〕食三天，各带被毯等用具。

4. 检阅科目分为以下七项

（1）X 抄〔会操〕步伐；（2）散兵线；（3）进攻和守御；（4）野外；（5）赛跑跳高；（6）政治测验；（7）儿童娱乐、跳舞、唱歌、口号、野外演习、口号测验礼节等。

5. 给奖：赤少队第一等奖奖红旗一面，第二等奖扁〔匾〕一块，儿童头等奖红领带每人一根。

6. 自区到县制出红板与黑板，谁的工作好些，写在红板上，哪个工作坏些，写在黑板上，可根据县委通知做好红黑板，把竞赛结果〈可〉登载。

三、纪念十月革命的具体工作布置

1. 纪念时间为 11 月 6、7、8 号三天，总示威期为 7 号，赤军、少队、童团举行以区为单位大检阅，各级党团部及群众团体除留一两人在机关应付外，其他均一律参加纪念大会。

2. 动员方法

（1）工会、互济会、贫农团儿童、少队、赤卫军各自召集会议，通过参加纪念大会之决议，党团支部应于 9 月 28 日、11 月 5 号召集党团的支部大会。

（2）区一级机关应于 11 月 1 号召集各群众团体联席会议，产生筹备处，并通过决议与详细讨论动员方法。

（3）以乡为单位组织 10 人至 15 人的纠察队，最好以工人或少队队员内选出负维持秩序之责，乡苏主席和支部书记应直【接】指挥之，要站队一路来，到区的集合点。

3. 宣传工作

（1）以乡为单位组织七人至九人的宣传队，每乡要写三十个石灰大字标语，每个党员团员共写一个标语或粉一块【墙】壁〔壁〕，组织写字的人（如和尚、富农子弟、教书人），把他组织分配去写，由我们派人监督。

（2）每区组织 7 人至 9 人的一个宣传队，在 10 月 1 号后要组织好，做逐户宣传和粉壁〔壁〕写标语。

（3）县委编宣传问答，发宣言传单标语稿。

（4）在纪念大会中党团应派代表出席群众大会，扩大党的影响。

4. 纪念大会会场布置

（1）各区 X 定中心地点为大会会场，首先要布置检阅台、操坪。

（2）11 月 1 号由筹备会通知全区群众，【告】诉开会时间及地点。

（3）晚上召开游艺会，如打拳、跳舞、演双簧、唱山歌、自由讲演，县级组织化妆讲演团，但禁止打花鼓戏。

5. 县级一直到区到乡，要整理打扫机关，贴标语、画报。

6. 实行报告制度

（1）11 月 5 号要区委报告筹备经过情形。

（2）11 月 10 号要区委报告纪念周工作经过情形。

（3）支部作报告到区，由区到县，按县委报告纲要做报告，反对欺骗上级的虚伪。不做报告的是对工作怠工，县委将在十一月间召集检阅大会，看这〔哪〕个区的工作做得好些成绩多些，大家充分的准备着吧！竞赛期间迫近眼前了！

中、少共乐安中心县委编印
1932 年 10 月 23 日于招携

为乐安中心县委通告（第□号）

——关于彻底改造县区乡苏维埃问题

1. 正因革命势力的发展，反动统治的崩溃，革命与反革命的残酷决死战的中心快要在中央区四周爆〔暴〕发的时候，的确我们要了解敌人进攻的严重性，坚决反对和平保守倾向。我们要了解目前阶级力量的对比，有我胜利的条件，坚决革命的信心之下，坚决向右倾机会主义开火。

2. 我们为要很便利的消灭敌人的进攻，根本使后方与前方配合，一致行动争取革命战争的全部胜利，必然要有强有力的苏维埃工作的建立，和真正最坚决最积极的贫苦工农分子在苏维埃办事。可是乐安各级苏维埃政府一般来说是异常不健全，一切工作非常之差，这是在战争中殊不容许的现象，特别是阶级异己分子及贪污腐化分子及官僚命令主义、脱离群众的作风更是严重。乐安各级苏维埃有彻底改造的必要了。故决定改造县区乡的时间一个月（即 12 月 20 日起到 1933 年 1 月 20 日止），并同意县苏的决定，关于乡苏的改造限来年 1 月 10 日前彻底完毕，区苏的改造限十五日前完成，以便在 20 日前进行改造县苏。

3. 我们这次改造苏维埃绝不是像过去换汤不换药的办法，主要是要彻底洗刷一切非阶级分子及一切贪污腐化消极怠工动摇的分子，大胆的提拔工作积极、斗争坚决的贫苦工农，但最好的中农也不能排斥在苏维埃之外。这是说这次改造必然要有成分的保障，凡政府的委员及代表的成分，工人、雇农、苦力应占十分之四的数目。我们又要晓得提拔工人与雇农要有学习的精神，如菩萨一样的分子在苏维埃亦不能作用。

4.改造的办法和手续，应采取过去良好的经验，立即开始进行选民的登记，最迟限来年1月5日前以乡为单位公布选民名单〈完毕〉。

5.这次改选绝不是【在】和平而是斗争中进行的工作。在各级苏维埃选举运动中，党团必须起充分的领导作用，首先将选民登记工作做好，再来举行选举工作。在选举中要发动激烈的斗争，将没有选举权的〈的〉豪绅地主、富农、流氓、师傅、老板及宗教士、业有反动嫌疑的分子，在选民会上由群众发表意见，（党团从中领导）将他们驱逐出去。同时，苏维埃要有工作报告。报告之后，应发动群众对苏维埃工作的严格批评。对政府的非阶级分子及贪污腐化、消极怠工的分子，压迫群众、脱离群众的负责人员，在会议上鼓起群众撤销其职务，须宣布其错误，不要他再当选在苏维埃工作。

6.苏维埃的改造中不能离开目前战争任务，必须要在改造中下大的决心，放出千百倍的艰苦耐劳努力性，彻底解决土地问题，积极进行肃反。凡造谣捣乱的豪绅地主、富农、流氓，就务要发动群众扣留审办。为要〔对于〕群众最痛恨的豪绅地主及富农，经过肃反委员会在群众中宣布便可办决死刑。各边区立即建立肃反工作委员会的组织，加紧赤色戒严。如招携、竹溪应十里一站，边区善和、增田、望仙、金竹应五里一站，在五天内建立完毕，每哨所必须日夜派出赤少队实行检查放哨。并限最近〈中〉普通〔遍〕建立工会及雇农会的组织，限期把所有的工人、雇农加入工会及雇农工会，领导工人发动工人斗争，向师傅老板订定劳动合同。过去所订的应由区委检查是否实行，若违反劳动法者，必须发动工人斗争，送政府公审。各区将〔的〕公债及土地税，必须限本月二十五日前彻底完成，再不能丝毫放松，否则是战争的怠工，更是有意无意帮助敌人。扩大红军工作，必须抓紧【在】选举运动中进行猛烈的政治动员，特别是在选民大会上作广泛的宣传鼓动。切实优待红军，建立游击队，限期洗刷一切阶级异己分子及自首自新和开小差的，及贪污腐化动摇分子出队。同时，〈放〉全力注意游击队的扩大及成分的保障。党团组织及政治委员制度取最高级的积极行动，实行不断的向白区出击敌人。发展新区建立白区白军工作，始终被各区委、各区部所忽视，只是说"没办法""找不到人"，实则掩盖自己的消极，这是不可容许的错误。县委责成各区委〈更〉必须限年底设法建立白区工作，立即首先由区委组织白区工作委员会专门讨论白区工作的进行，并加紧赤少队的训练及各种军事的表演，如射击飞机、躲避飞机及毒瓦斯等，加紧学习堵敌、截敌、登山、坚壁清野的工作，以便提高其作战精神。县委责成各区委在七天内（即23日到30日）举行两次军事表演，一切方式及演习课目根据省委八号通知执行。在表演中特别要注意政治的鼓动，详细将目前反动统治的崩溃、革命势力发展、红军不断胜利告诉他们，尤其是目前敌人大举进攻的严重性以及和平保守的危险性解释群众。同时，阶级力量的变化有〔与〕我们胜利的条件，更必须使群众了解反动的武断宣传，巩固革命信心，配合红军作战及做担架运输、向导工作。特别是赤少队，各区委必然在最近〈中〉要做到随调随动为根本。同志们，艰苦奋斗是我们的日常生活，大家要紧急动员起来，努力粉碎敌人的进攻，抛开一切动摇，准备一切牺牲，战争的胜利，必定是归于我们。

中共乐安中心县委制

1932 年 12 月 23 日

乐安县委十天工作计划（3 月 10 号至 20 号）

在红军获得不断的伟大胜利，特别是最近在黄陂消灭敌人主力部队整个两师的伟大胜利，〈更要〉使帝国主义国民党对苏区和红军的四次"围剿"与大举进攻而更加速其速度了，残酷的剧烈的决死战争已经到了我们眼眉下来了，我们要警醒深刻的认识战争的严重性，坚决执行中央局和省委关于粉碎敌人四次"围剿"党的前面紧急动员的决【定】，特别是要在全国苏区扩大铁的红军一百万的口号下面两百倍努力完成！

可是乐安党对这一决议的执行，〈是〉非常令人不满，尤其是对扩大红军工作，特别表现得消沉，在一月来扩大到方面军的没有一个，这是由于对残酷的战争开展形势认识不够的机会主义，产生出来的恶果，我们为粉碎敌人的四次"围剿"与大举进攻，争取江西革命首先胜利，特决定十天工作计划如下：

（一）猛烈扩大红军

1. 我们对这一工作必须从政治上做广泛深入的宣传，使广大的工农劳苦群众深刻认识战争的严重性，击破群众中太平保守享乐观念，特别是要找〔着〕紧革命形势的发展与红军继续不断的伟大胜利的宣传，以坚定群众对革命胜利的信心，以及当红军是每个工农群众应有的任务，和当红军是最光荣的，鼓动群众自动报名到红军中去。

2. 要应〔运〕用组织力量来动员，首先，召集党团支部大会和乡代表会以及各群众团体等会议，在会议中做详细的报告，发动党团内外群众热烈的来讨论。

3. 彻底执行红军优待条例，实行礼拜六制度，帮红军公田和红军家属的田地首先耕好，解决红军家属耕具肥料种子和春荒等困难，组织慰问队到红军家属〔里〕去慰问，并召集红军家属代表会议，彻底检查优待情形，同时红军家属〈的人〉在各种会议上做扩大红军的宣传。

4. 在十天内应扩大 330 名到方面军，分配各区数目于卜：

招携区 80 名　竹溪区 80　善和区 80 名　万崇区 30 名　增 ×

区 [①] 30 名　金竹区 30 名

5.19 号下午到区集中，20 号上午一齐送到县军事部，各区务填好花名册，如果是党团员要填党团登记表，交他本人带去。

6.归队运动同样要用宣传鼓动方法进行，同样帮助其家属耕好田，如果经过宣传仍不归队的，仍发动群众要他找帮助优待的人工分和饭钱，并还要他多做优待红军家属工作，如果有破坏红军宣传的应给严厉处制〔置〕。

（二）赤少队工作

1.严格的检查赤少队队员和指挥员的成分，以及有反革命嫌疑的自首自新分子和不可教育的消极怠工腐化分子，洗刷出队。

2.加强党的领导，建立政治委员制度，每连要有党团支部的组织，政治委员要负责，经常按期去训练（训练期间依照前面决定的），同时每连要提选一个最好的党员充当特派员。

3.以乡为单位召集赤少队连长以上的指挥员训练一月，要巡视团或区委亲自前去，告诉指挥最基本的任务，下操一次，要区军事部派人去训练。

4.召集连长以上的军事指挥员到二分区训练 × 天，15 号要一齐集中到分区，由分区负担，但被毯碗筷要自带。

5.善招竹三区，各调一排模范赤卫军、一排模范少队，加入方面军，于廿号集中到县，转送前方。这一工作首先必须有充分的政治宣传鼓动，同时消极怠工腐化分子不要编入，以免发生开小差。

6.宜黄要调一排模范赤卫军、二排模范少队（共一连）加入方面军，等十九号要送到二分区。

（三）解决土地与提早春耕

1.在边区务要抓紧深入阶级斗争，未分好的土地，在十天内要分配好，同时联系到春耕运动。

2.在腹地区还有未分好的房屋山林鱼塘菜土，在十天内要完全

---

① 应为增田区。

分好，鼓励群众在 4 月 15 号以前统统把田〈向〉犁好，以至把荒田都要一齐开垦好，首先在这十天内要把红军公田和红军家属的田统统犁好，并要准备肥料。将豪绅地主富农组织劳役队，强迫其做开荒等工作。

（四）借谷问题

1. 依照县苏分配各区的数目执行，以乡为单位在 15 号要一齐集中，但边地要搬到妥当地方去。

2. 进行这一工作必须有充分的政治宣传鼓动，使群众了解充裕红军战费粮食，是准备长期的艰苦斗争，争取战争胜利的先决条件，使群众自动踊跃的借给红军。

3. 富农要向其捐款，最底〔低〕限度要捐五石以上，不是向他借谷。

（五）慰劳红军问题

1. 已经做好的套鞋草鞋，在 13 号要一齐集中到县，同时要鼓动妇女群众继续做。

2. 鼓励群众送菜蔬、果品、鸡蛋到本县后方医院慰劳伤病兵。

3. 组织慰劳团，到博生去慰劳方面军，各区代表人数及慰劳期间再决定通知。

（六）我们在执行这些工作中，对于劳动法的执行和肃反、戒严等工作，当然不能丝毫放松

我们为要彻底执行中央局和省委紧急动员的决议，彻底粉碎敌人的四次"围剿"与大举进攻，争取江西革命首先胜利，必须开展党团内外群众的思想斗争，严厉打击消极怠工的分子，尤其是要集中火力向着对战争形势估计不足、对扩大红军不努力的分子，作无情的斗争。我们应以革命竞赛的冲锋精神，【为】百分之百的完成十面的决议而斗争！

中共乐安中心县委
3 月 9 日

各区组织部长联席会议

关于这次联席会议，检阅过去组织上成绩是执行非常不够，必须要有计划的、具体的来改正过去有名无实的空招牌，不注意党群众组织的坏现象，加紧支部领导，使支部基本组织健全起来，使党与群众关系密切起来。今后组织工作的方针，特以下列决议：

一、健全区委本身问题

1. 各区委务须整顿与健全各部负责人，可常以七人办公，内分正副书记，组织部长一人，内设干事一人，宣传部长一人，干事一人，妇委书记。按期开常委会办公会，日常科学分工，实行个人负责制，改正过去包办主义、事务主义、家长制度、官僚主义等等，改正不好的领导方式，坚决执行党的积极进攻路线。

2. 执行布尔什维克党的全部任务

各组织部长务要把党和团以及群众组织如工雇会、贫农团、反帝拥苏同盟、革命互济会、模范营、模范赤少队【调查好】，各组织要详细登记各种表格，报告要切实弄好。对于组织、宣传部，可马上建立不常驻的委员会，以五人至七人组织之，但委员为青年团、工雇会、苏维埃、反帝同盟、互济会、贫农团、军事部等来组织之，最好就要任本部组织、宣传的，〈对〉主任【由】区委组织宣传部兼。至少十天一次委员会，专门来讨论和计划组织工作的进行。

3. 巡视制度的建立

以后区委可以在支部中特别是模范中心支部中，指定几个有经验的同志来负担区委的巡视员，他不常驻，急需下乡时，可付特别伙食。区委可分配他去负责巡视某乡或某项工作，或赤少队，或某一小组的工作。每月区委要召集一次或两次巡视员会议，倾听他的工作报告与意见，给以具体的指示或新的工作任务。区委务须充分领导巡视员的工作，提拔党员新干部。

二、改造和健全支部组织及工作

1. 支部的改造，要适合斗争条件的需要，提高党员积极性……过去支部干事会不健全，五个干事在领导作用【上】是非常的缺乏，对军事、苏维埃工会以及各群团中无人专责领导，必须马上进行改造与整顿。

2. 支部干事会组织以后要扩大，改变分工制度，每人要负责一件工作。50人以上的支部，以11至13人组织之。50人以下的支部，干事会酌量情形决定人数。但干事会分工，可按照省委组字第一号通知，望详阅执行。

3. 进行改造支部。由区委首先订出计划，派人到支部召集全党大会，发动全体党员思想斗争，检阅过去的工作成绩和缺点，互相对个人检查执行充分的批评与斗争，对战争消极怠工分子应给予严厉打击，对富农地方异己分子无条件的洗刷出去，对工作积极斗争坚决分子，特别是工人、雇农，可以提到支部负责领导责任。

三、党的生活与发展

1. 区委、区苏同级机关的全体党员，应联合中心支部编入小组，经常培养提拔新的干部。区委应每天建立办公会议，实行精密分工，经常讨论和计划本部工作。

2. 支部干事会五天开会一次，必要时得召集临时会议。大会每月两次，支分党员应去参加，距离远的支分部干事应出席。小组会每月三次，各种会议应按照【要求】召集，不准无故缺席。每月按期收缴党费以作支部办公费，一次不到会不缴党费者，给以严格批评，两次给以严重的口头警告，三次的执行打击或留党，对消极怠工分子要执行开除，对新党员要加紧随地教育。

3. 党的发展。区委加紧领导，面向支部，面向群众，使全党在群众中起核心作用。加紧从斗争中、工作中吸收工作积极、斗争坚决分子入党，特别向工人、雇农、苦力、劳动妇女开门，要反去

〔对〕过去的关门主义，特别要防止投机分子混入党内。

四、健强各组织的问题

1.过去党对青年领导是不够的，表现是兼党的团员很少，党在团中的发展是关门的。各支部要专门讨论团的工作，检查和帮助团的发展，每个党员介绍一个青年入团，使团超过党的数目，党团关系要密切的联系。

2.妇女工作。必须普遍的建立女工农妇代【表】会，动员妇女参加战争动员与苏维埃的建设工作，打击对劳动妇女过低估计，与轻视妇女现象作斗争。要坚决领导妇女，保护妇女权利，提高妇女的生活、文化、经济、政治水平。要发动妇女一致团结，反对封建束缚、虐待打骂等压迫，解除妇女痛苦，执行婚姻条例。区委支部要单独讨论妇女工作，使妇女能帮助革命，参加生产。

3.政府问题。区委要加强区苏党团会议，讨论党内一切决议，执行上级的一切法令和命令。加强各部工作，建立集体领导，按期开主席团会议。建立日常工作，肃清官僚作风。各部应领导乡苏，按期开代表会（代表里面，最好是党员五人至七人组织党团会议）。由党团在代表中建立个人负责制，使每个代表能领导群众，实现上级一切决议。

4.党对工雇会工作，区委应加强工雇会的领导，改正过去不注意现象。区委应迅速建立工雇会，要与之联系起来（参着〔照〕执行局通知）。各地方性的工雇会联合会要健强其组织与工作，区委要经常了解其工作不能忽视，彻底实现劳动法，这是领导要特别注意的。

5.区委支部对贫农团的组织，要坚决领导其工作。人数多的贫农团可以三至五人组织委员会，不需要组织宣传的分工，只设主任一人，其余是委员。各村可设一小组长，来负责会议的召集。每月开会两次至三次，必须按期开会，使其真正【为】实现一切法令，尤其是土地法而斗争。对雇农、工人应来负领导责任，使全体更积极参加一切工作。

6. 地方武装。区委支部过去对这些工作的忽视是很严重【的】错误，要吸引工农群众中精壮勇敢分子加入模范营、模范少先队，其余鼓动加入赤卫军、少先队。切实建立地方武装中的政治委员制、少先队中党代表制。加紧其军事训练，每十天下操一次，要能做到整连整团加入红军和帮助红军作战。

7. 对反帝、拥苏同盟是不能分开的，可合并组织。区委支部要加紧领导，发动群众热烈参加这组织，建立会议制度，执行民族革命的动员下反帝拥苏。实行中央政府对日宣战的决议，准备与帝国主义直接作战。

8. 革命互济会，今后是转变为反对帝国主义、国民党白色恐怖的广大群众组织。党应纠正过去对这些组织不管的现象，必须加强其领导，健全其会议，务要使群众了解这个互济会的内容，鼓励其热烈参加，扩大其组织。

关于此个会议虽是简单，但实际是有许多重要问题，望各党部按此决议，详细讨论，订出具体计划，逐条逐条来做好，要全部执行，谁都不可忽视。

中共乐安中心县委
4月7日印

乐安县委关于妇女书记联席会的决议

一、妇女组织问题

1. 女工农妇代表大会还有未曾改造的，必须限七月五号前彻底的改造完毕。进行方法应与区委区苏讨论，定出具体计划去召集以乡或以村的妇女群众大会改造之。同时，有些尚未普遍建立女工农妇代表会的地方——如善和之流坑，望仙之努平〔弩坪〕、毛〔茅〕

岗等处，必须在五号前同样建立完善。

2.〈如〉女工农妇代表会必须有会议制度的建立和实行工作的检查。这是说，凡女工农妇代表会，应有按〈定〉期〈间〉开会和具体工作的检查，只有这样才能纠正过去的形式主义。

3. 在七月十号前，应经过区妇女代表会的手续组织妇女代表会的主席团。

4. 对新苏区的妇女工作问题，除同意县委所决议调去的妇女干部之外，特决定组织 ×× 突击队，这是从中心区帮助与突击新区的妇女工作。各区选到新区帮助工作的突击队决定分配于〔如〕下：招携调 5 个，竹溪 5 个，善和 5 个，万崇 3 个，金竹 3 个，望仙 3 个。

5. 上面的数目应限七月五号前调来，资格要相当活泼的劳动妇女。如相当懂得〈的〉妇女组织的同志，时间一个月为限。

6. 关于组织突击队的办法，不仅在新区可用，而且各区各乡都可尽量的采取，应从〈把〉先进的妇女工作的地方去帮助突击落后的地方。

二、反封建与压迫问题

1. 我们在 7 月份主要的是要彻底的执行婚姻条例和反对打骂与虐待童养媳的斗争。为了要实行婚姻条例和斗争，更必须从县委起直到乡妇女代表【会】止，都应加紧这一工作的检查。另方面要求政府严厉执行，如果有〈谁〉对这一工作表示消极敷衍者，都应提出斗争，同时可向上级政府报告。

2. 放脚运动是执行 7 月份反对封建压迫主要之一部分，虽然各区都做了，可是不彻底，并且不普遍，这是在参战动员上特别是扩大红军上以及参加生产上往往表示障碍！因此放脚运动确是对参战动员有联系的。应该立即做放脚运动的宣传解释，如果先经过解释而不放者，可〈用〉强迫她放脚。这是为了妇女解放是可采取的。另动员广大妇女群众参加日校夜校、识字小组、读报班、俱乐部，这是提高妇女文化水平非常重要的工作，过去对这工作是很少注意的，我们应在 7 月份普遍各区各乡都应【动员】妇女参加这种识字工作。

三、夏耕及秋收的准备和查田工作

1. 我们在 7 月份应动员每个妇女群众实行每人开荒三担荒田和栽种三担谷田杂粮，特别是藉〔借〕着这样去提高妇女劳动力，这是增加苏区生产、发展经济的来源。

2. 立即宣传妇女准备秋收，告诉妇女晒谷收谷，防止秋收时乱卖粮食的现象。

3. 立即发动各乡女工农妇代表会同苏维埃和党进行查田工作，检查地主豪绅及富农阶级是否分了好田，检查谁是豪绅地主的妻媳分了土地，报告贫农团处理，同时调查过去是否有中农替富农分了的去再行补给。

四、扩大红军的慰劳工作

1. 扩大红军在 7 月底要完成数目于下：竹溪 10 名，望仙 8 名，招携 10 名，增田 10 名，善和 10 名，万崇 8 名，金竹 8 名。

2. 慰劳品主要的是佈〔布〕草鞋，分配如下：竹溪 200 双，善和 200 双，万崇 200 双，招携 200 双，增田 200 双，金竹 200 双，望仙 200 双，水南 200 双，大坪市 200 双。

以上的草鞋必须在 7 月 15 号前完成送来县苏，但越快越好。

但扩大红军和慰劳工作应该在广大妇女群众中做深入宣传，防止命令指派式的现象。特别是扩大红军工作，各妇委会应该以乡为单位召集红军家属开会执行优待条例，同时发动广大妇女群众进行反逃兵的斗争，切实进行归队工作。另方面而〔如〕经宣传不归队者，应号召妇女群众组织耻笑队。我们不要忘记了应特别注意在斗争中去发展妇女党团的组织！在 7 月底至少要发展原有数目扩大两倍，新区边区更应大胆去发展，同时工作方式必须彻底的转变，如县区妇委会应有按期开会和有计划的去领导女工农妇代表【会】的工作，坚决纠正不开会的现象。

为了要实行上面的工作，并在联席会自动订定妇女革命竞赛，主要的是：1. 扩大与慰劳红军；2. 组织的健全和建立，特别是女工农妇代表会；3. 反封建与压迫的斗争。

如果有谁优胜者一面登报，另方面给予相当的奖品。

乐安县委

6 月 30 日

乐安中心县委重要通知

宜黄县委、崇仁工作委员会、乐安各区委：

关于县委区委的改选，中心县委再有于下的决定：

Ⅰ. 区的改选

1. 宜乐崇区委的改选，应提前在 10 日，至迟不能超过 13 日，就要改选完毕。因此宜黄各区委的改选，应由宜黄县委具体决定。崇仁的各区工作团应由崇仁县工作委员【会】立即计划，限十二日前改选，成立正式的区委组织。

2. 关于出席区代表【会】的原则，应依照省委指示。但是党员太少的地方，如崇仁各区及水南、大坪市、增田及宜黄之东陂、黄陂、新市、蛟湖等区，当可召集全区党员大会成立区委。

3. 乐安各区委的改选时间及出席人决定于下：

七月一日大坪市区代表会（廖平三）

三日望仙区代表会（胡加兵）

五日竹溪区代表会（廖平三）

六日招携区代表会（张连生）

五日水南党员大会（【邝】善荣）（贺隆）

十二日善和区代表会（【胡】加兵）

十二日金竹区代表会（【李】书彬）

九日万崇区代表会（【刘】运晏）（【肖】鹤鸣）

4. 改选区委的议事日程主要的是：

（一）目前政治形势和全区党的任务包括反罗明路线报告（县委代表）。

（二）区委工作报告：报告内容主要的是扩大红军、优待工作、经济动员、土地斗争、苏维埃党的组织（包括支部生活）、夏耕等。

（三）区党大会要具体讨论的【是】：（1）查田及分田，包括山林、鱼塘、菜土等，全部在 7 月 17 日前彻底解决；（2）经济动员主要的【是】筹款、捐款、夏耕、秋收、粮食合作社及生产合作社、开荒借米运动；（3）扩大红军要完成各区的计划；（4）党的组织包括支部生活及教育领导方式；（5）区委改选的新执委，在大的区党员比较多的区，应要有 13 个正式执委和 3 个候补执委，组织七个常委。小的区则可 11 个执委，1 个或 3 个候补执委，组织 5 个常委。内【部】分工要正副书记、组织、宣传、妇委各 1 名，同时好的团区委书记及区主席或工会委员可参加常委。

Ⅱ. 县的改选

1. 得省委指示，宜乐崇三县党代表大会共同于 7 月 20 日上午七时正式在乐安中心县委所在地举行，22 日闭幕。因此对三县出席党大会的代表，必须限 18 日赶到乐安中心县委所在地。凡出席代表，应各带被毯碗筷，同时当地党应有介绍信。另方面每个出席县代表大会的代表，乐安的应由区委，宜黄、崇仁应由崇宜两县委责成区委填报党员登计〔记〕表，首先在 17 日前交来乐安中心县委党大会审查委员会审查之。

2. 出席县代表大会的代表定要正式党员，并且工人、雇农、苦力定要占 45%，妇女 20%，代表的产生定要经过区代表会，〈则〉党少的地方经过党员大会产生〈的〉，防止指派式的错误。

3. 选举县出席代表大会的代表的原则，省委已经很清楚的指示了，但我们重复指出你们绝不要忘，宜乐以区党员数量比例，满 50 人可选 1 人，100 可选 2 人，有 300 的可选 6 人，但不满 50 者亦可选举 1 人，并宜乐每区还要选一候补代表。对崇仁的每区有 30 人可选 1 人，60 者可选两人，但不满 30 人者亦可选举 1 人出席代表，同时每区应选 1 候补代表。

4. 团选 6 个出席县党代表大会的代表，马上由少共中心县委计划选出之。同时，各游击队及宜乐独立营和二分区总支部应于各支部单位选出 1 出席代表，这工作应由二分区政治部马上进行选好。

Ⅲ. 县党代表大会的主要议事日程

一、政治报告和讨论（省委代表）。（附）县委工作报告。

二、扩大红军。（附）地方武装工作。

三、苏维埃改选运动（县、区、乡的准备，查田运动、检举运动、肃反工作）。

四、经济动员主要的是包含调济〔剂〕粮食、秋收及收集粮食、筹款、向富农捐款、关税、借谷运动、发展生产等。

五、职工运动、劳动法的情形、工会工作。

六、党的组织问题（主要的是发展党员、支部工作、党团教育、干部问题、青年团工作、领导方式、党内倾向和斗争等）。

Ⅳ. 立即发动群众赠送党大会的赠品

1. 宜乐崇各级党部应即宣传党团内外的群众了解党大会改选的意义和伟大的光荣事业，因此应可起〔启〕发群众自动起来送党大会〈的〉青菜和送茶做米粿等，这是要使群众了解而不是命令强迫的。另方面各政府和各部队如有打土豪的猪子，赠送一两个〔只〕给党大会，同时发动各机关各团体做最漂亮的红纸软遍〔匾〕赠送县党大会。

2. 在 20 和 22 日两天夜晚，宜乐崇三县必须以乡或村【为】单位号召党团内外群众举行提灯大会和表演新戏等，庆祝党大会的开幕和成功。

最后，我们要求各级党部接此通知后，火速的根据这一指示和省委给各县委 6、7 两月份的工作中心，实际的很具体的采用"冲锋"突击的布尔什维克的顽强性、坚决性完成下面三大任务：

1. 在 15 日之前彻底完成查田运动（包括山林房屋），能够在 17【日】前全部解决，联系到县区乡三级的检举运动，并在 17 日前完成总结交中心县委。

2. 猛烈扩大红军，根据省委的决定，在 19 日前完成工人师、农业师及少共国际师的光荣任务。

3. 努力经济动员，主要的是筹款、向富农捐款、借谷运动、开荒田种杂粮、收集粮食、建立合作社，完成和建立起来。同时，要开始建立生产合作社的组织。这样来回答党的号召，来做党大会的赠品。啊，同志们，努力吧！谁也不愿意落后，快赶上前去呵！！

此致

完成三大任务而斗争的礼！

乐安中心县委
7 月 1 日

少共乐安县委接受中央局及省委
关于冲锋季的工作计划

县委认为这一工作是全团工作的主要任务之一，在县委常委扩大会通过。在目前帝国主义经济危机日益深入，苏联社会主义五年经济计划〈在在〉四年就完成了，得到了伟大的胜利，使阶级矛盾尖锐化，反苏联战争的危机空前未有的紧张起来。由给〔于〕中国苏维埃运动和红军的飞速〈的〉发展，反帝潮浪的高涨，帝国主义更公开直接组织国民党军阀向全国苏维埃和红军【发动】新的进攻，而我们发展民族革命战争、粉碎帝国主义国民党军阀新的进攻，争取一省或数省革命首先胜利已经是当前的战斗任务，夺取赣江两岸中心城市，完成江西首先胜利就是目前行动的任务。这些任务是〔要〕千万倍的加紧起来，冲锋季的意义就是 × 起这些任务，用冲锋季的精神去动员扩大青年群众加速充分的完成当前斗争任务。县委认为中央局七月一日至九月卅日的冲锋季的计划工作，有下列几点：

1. 动员扩大〈的〉青年群众参加民族革命战争，粉碎帝国主义国民党新的进攻，争取江西革命首先胜利，反对帝国主义进攻苏联，武装保护苏联是目前的中心任务。

2. 在少先队中有积极强壮的分子，组织到模范少队中去直接帮助红军作战，进行游击战争，模范少先队每队分三排，每排有三班，人数每队 100 人，要不能脱离生产，命令一到就要集合。善和区一排，严塘区一排，望仙区一排，竹溪区一排，招携区一排，每排至少三个人以上，同时要组织少队中强壮的队员为救护队救护前方伤兵，特别要以积极强壮的队员占全数，救护队分配数目如下：竹溪区组织 10 人，善和区 10 人，招携区 15 人，严塘区 5 人，望仙区 10 人。要〈使〉随时能够动员模范少队每月至少军事训练四次，政治训练每月至少两次，以乡为单位训练，每排建立团的小组，×××首先要加入模范少先队，这是〔使〕团在青年群众中起领导作用，在后方的青年群众中要执行优待红军家属耕种〈及〉红军的公田，模范少队出发，要按照优待红军条例执行，这一工作的执行限七月廿日以前做好，完毕报告县委。

3. 留在后方的少先队及一部比较大的儿童团赤卫军加紧赤色戒严的工作。这里还要纠正过去童团完全做赤色戒严工作的错误。

4. 反帝拥护苏联的运动的进行，要与发展革命战争密切的联系起来，经常认识，宣传队宣传反苏和参加革命战争的工作，反帝青年部的组织和生活要切实的建立起来。县反帝青年部的主任要驻会，反对挂空招牌的青年部。拥护苏联大同盟，要与党迅速和普遍的建立起来。

5. 白区白军工作，要派同志到乐城、牛田、水南等处工作。望仙区派两人去乐城，善和区派三人去牛田水南，把工作建立起来，各区派去白区白军工作的到县委训练以后才分配去。

6. 组织国际青年节，"反对帝国主义、武装拥护苏联、发展民族革命战争"的青年群众武装大示威，并举行全县少先队童团大检阅，少先队检阅项目野操、露外宿营火、跳高跳远等童团检阅项目，唱歌游艺等检阅项目要立即加紧训练和演习，要在九月前完毕。

7. 扩大红军与拥护红军运动〈中〉在冲锋季中必须更大规模的进行。这一运动的发展，要以政治的鼓动深入到群众中去，绝对禁止强迫命令欺骗的办法，在运动中必须动员扩大青年群众加入红军，团员必须先报名，在青年群众【中】起领导作用，竹溪区 20 人，善和区 25 人，招携区 25 人，严塘区 20 人，望仙区 25 人，团员要占三分之一（独立师独立团在外）。在这数目内必须发动青工雇农加入红军，加强红军中的工人××，同时要执行优待红军条例，实行共产青年团礼拜六工作，帮助红军家属耕种〈及〉红军公田，慰劳红军，每月发动群众慰劳红军战士一次。拥护红军，有红军经过的时候，发动地方的儿童团站在路边呼口号、敬礼。发动青年群众开欢迎会并请红军战士来致词，发动青年群众送各种慰劳品、表演各种新剧等的工作。青年妇女能做到随时拿来草鞋送给红军，并且要帮助红军借一些红军须要的东西。

8. 发展团的组织。各区乡原有的数目发展一倍以上，并且要超过党的数目，以上时刻要向青工雇农贫农及劳动妇女开门，要改造支部生活，特别要反对过去吸收团员不故〔顾〕阶级成分去发展的拉夫式的错误，要根据团中央局发来的入团手续执行〈做〉。

9. 参战组织要纠正过去调不动的现象，有其名无其实的错误，在目前发展革命战争的时候要加紧动员群众，要【能】够随时可以集合，配合红军作战，特别善和、招携、望仙、严塘能够紧急动员各种参战组织到前方去，担架队、向导队、运输队、慰劳队、搜集队，团应动员青年群众组织起来到前方服务。

10. 青年群众组织各地团部特别注意青年工作，要建立少先队童团的日常工作，反帝青年部的发展青年的斗争，团应经常注意讨论关于青年利益，县委执行自我批评的精神，反对团对青年的特殊利益的【无】视主义的恶现象。

望各级团部坚决的与这些恶现象作无情的斗争，各区委支部要根据团中央局关于少先【队】的决议，中央儿童干部会议的决议要深入到青年群众中去，要百分之百的执行，团中央的冲锋季中指出了团对青年群众工作的执行与办法，各区委支部要切实讨论执行这一冲锋季的工作，要百分之百去完成。

少共乐安县委

7月8日于招携

乐安中心县委宣传部关于宣传鼓动工作的指示

宣字通信（第三号）

各区宣传科、各支宣传干事：

你们六月份的宣传工作做得怎样，县委宣传部第二号通信执行的程度怎样，望报告给我们，如果对第二号通信还有未完成或者还没有执行的，希检阅讨论具体的计划去执行，如宣传队、发行网、俱乐部等，不但要建立组织，并且要健全其工作，除检查执行第二号通信以外，根据目前党的中心任务对宣传鼓动工作有下列几项的指示，希讨论执行。

（一）对中央局创造一百万铁的红军，在七月底以前完成少共国际师与两个工人师的号召，我们必须学习兴国等县的光荣模范来回答中央局的号召，因此县委已以冲锋突击的精神来号召各区委支部，但我们现在获得的成绩，〈是〉经常令人不满，这当然是由于我们的政治动员的宣传鼓动工作不够，没有在群众中特别是赤少队队员中造成浓厚的热烈空气，因此我们必须〈进行〉不疲倦的在各种群众会议中及个别的群众谈话中，报告和解释创造一百万铁的红军的意义和兴国各县的光荣例子，使每一个群众都能够为创造一百万铁的红军而斗争，彻底执行红军优待条例，帮助红军家属耕种土地，解决红军家属一切困难，以及欢迎欢送红军，做草鞋套鞋来慰劳红军等工作，来鼓励自己的子侄兄弟老公去当红军，同时要与反逃兵的斗争联系起来，尤其是在赤少队队员中更要进行不疲倦的宣传鼓动工作，使每个队员都了解当红军是工农群众应有的任务和最光荣的事情，而自觉自动的到红军中去。

（二）查田运动是党和苏维埃领导群众彻底肃清残余封建势力，争取切身利益的号召，我们必须将查田运动的意义，广泛的深入的对劳苦群众宣传，发动群众自己动起来查田查阶级，因为冒充中农贫农偷窃土地利益的地主、富农，及隐瞒田地的富农，只有本乡本村的群众，才知道清楚，我们要发动群众的阶级觉悟，站在整个阶级利益上而实行阶级团结，打破姓氏、房×、亲戚等不正确观念，铁面无私的来举报地主富农，同时对造谣破坏查田运动的地主富农流氓，必须给以严厉的处置——杀头，同时要告诉群众，严格监视地主富农流氓的行动，只有这样才能彻底解决土地【问题】，发动群众的积极性。

（三）我们为了要彻底粉碎敌人的"围剿"与大举进攻，争取战争的全部胜利，那么在经济战线上的动员，是我们主要战斗任务之一，在目前除鼓励群众继续节省粮食完成县委对每人借三斤米给红军的号召与积极帮助红军采买粮食，以及积极向富农捐款，充裕红军粮食战费外，我们更要鼓励群众继续努力开荒种杂粮，组织互助队，互相帮助夏耕准备秋收，尤其是今年博生粮食腾贵所给我们的教训，我们更要鼓励群众集股组织粮食合作社，准备秋收后收买粮食，实行粮食调剂，来抵制富农奸商造成两个绝殊情形（新谷出的时候大跌价，春荒时大涨价），尤其是乐崇宜是边区，我们更要在不让敌人抢走一粒谷的口号之下领导赤少队，配合游击队独立营出击敌人，使敌人不能进扰苏区一寸土，抢走苏区一粒谷。

（四）肃反戒严工作，是巩固政权保障土地利益的主要工作。可是我们对这一工作完全是消极的，没有一区设立了检查所与步哨所，以致敌人侦探不时的可以混入到苏区来，反革命谣言不时可以听到，尤其乐安之戴〔带〕陂、王方〔元〕两乡，宜黄之七都，被敌人〈的〉袭击，崇仁发生工作人员和游击队有〈发现〉逃跑反水的，这是多么严重的问题啊！我们应该抓紧这些铁的教训，对群众做广泛的宣传教育工作，积极参加检举运动，积极的参加肃反戒严工作，发动群众起来放哨检查行人，特别是边区新区更须严重注意。

（五）乐宜崇三县党代表大会决定在二十号开幕，我们必须广泛的宣传党的正确主张，实际的领导群众争取切身的利益，而完成目前上面的中心任务，而拥护党代表大会，同时在二十号至二十二号晚，举行提灯大会以及鼓励群众赠送各种蔬菜给党大会代表吃，使公家节省一部分用费，这即是等于帮助革命战争的战费，但要在群众热烈拥护党的自愿自动之下去进行，绝不能有丝毫命令强迫，主要的是要使群众深刻的认识党来拥护党。

我们要使上面的中心工作能在群众中造成热烈的空气，迅速的实现与完成，必须经过我们细心的宣传教育工作，使群众了解某个问题的重要意义，坚决在党的领导之下而努力斗争，我们【的】宣传教育方式，当然是要经过我们的宣传队、化装讲演、新戏、会议来充分的传达上面几个问题的宣传材料。应根据《斗争》《省委通讯》《红色中华》以及中央局、省委等对各个问题的专门决议，首先提出来详细讨论，有计划的时〔实〕行，有耐心不疲倦的【进行】宣传鼓动工作。

中共乐安中心县委宣传部

7月8日

接受中央和省委关于粉碎敌人五次"围剿"和我们党前面的斗争任务的决议的决定

（1933 年 8 月 27 日）

接受中央和省委关于粉碎敌人五次"围剿"与我们党前面的斗争任务的决议的决定：

一、县委完全同意并接受中央和省委关于粉碎敌人五次"围剿"与我们党的斗争任务的决议。

中国革命形势的增长，〈的确〉三个主要因素与柱石的猛烈的扩大与尖锐——民族危机日益加深与严重，国民经济总崩溃的继续发展，苏维埃运动与红军的惊人的产生、增长与扩大，使中国革命形势的开展更走到了一个急剧转变的关头，全中国正处在革命与战争中间。

正因为中国革命形势的急剧开展，正因为资本主义世界经济危机的更加加深，帝国主义瓜分中国、将中国变为完全殖民地化的计划，正在经过国民党来实现，"在中国前面放着两条绝对相反的道路，或者是被帝国主义瓜分共管而成为完全的殖民地，或者是独立自由领土完整的苏维埃中国。这个问题的解决，将在最短促的历史时期中"（见中央决议）。

二、正因为我们常胜的红军，在共产党和苏维埃正确领导下，配合着苏区与白区广大工农群众，经过东黄陂战争之后，并且经过全国各个战线上的红军的光荣胜利，已经将帝国主义国民党四次"围剿"完全粉碎了。因此国民党为要挽救他的死亡末日，只有〈在〉更加投降帝国主义，尽其帝国主义走狗作用，正在重新集聚力量，整理与改编队伍，依靠帝国主义的借款与军火，积极的进行准备大规模、绝望的新的五次"围剿"。这是阶级斗争更加残酷的决战，这一决战的胜负，是决定中国苏维埃的新中国，或是帝国主义殖民地的中国。

但是，我们有新的更有利于我们阶级力量的变动，我们有着以前更充分的战胜敌人【的】一切条件，我们更有着粉碎敌人四次"围剿"的经验，同时更有着巩固的阵地。

三、就〈是在〉崇宜乐苏区的环境【来】说，在粉碎敌人四次"围剿"的锻炼中，在中央局和省委布尔什维克的领导下，对于群众斗争积极性的提高，苏维埃政权更进一步巩固与发展，地方武装的扩大与加强，而且党的发展及其政治影响的提高，开始向着布尔什维克道路前进。另方面环绕在崇宜乐国民党统治区的群众，在国民党、地主、资产阶级重重压迫和剥削之下，更加被苏维埃和红军伟大胜利推动了反帝、反国民党、反地主豪绅斗争，增长了白军士兵继续不断的投降与革命化，特别是〈又〉再加上有着中央局和省委的正确领导，不但能够将帝国主义、国民党的五次"围剿"〈的〉彻底粉碎，而且定能实现江西及邻近数省革命首先胜利，直接与帝国主义〈直接〉作战。

但是，我们定不可因有了胜利条件而头晕，不认识这次敌人进攻的重要性、残苦〔酷〕性，特别是我们更不能以为有了胜利条件，放弃了党的决战任务！因此，我们必须清楚的认识，我们过去在工作上许多重大的缺点及其错误的严重，应该必须严厉的指出：主要的表现在边区新区工作的严重和白区白军工作的忽视，从中心县起直到支部止，都还没有充分的去从组织上加强边区新区工作的领导。对于地方武装的巩固，一般说来是异常严重。如宜崇地方武装中曾发现少数反水。同时行动亦有部分的不积极形成防御的现象。尤其我们崇宜乐党的最【大】弱点是解决群众实际利益，彻底解决土地、实行劳动法更为不够。因【此】，群众参战热情和〔是〕扩大红军主要战线上最落后的一点。另方面对于肃反戒严工作，始终没有引起全党的注意。再加上工作方式的错误和支部生活未建立，的确仍处在最严重的机会主义泥坑中啊！

四、因此我们为了要完成这次光荣的斗争任务，彻底粉碎敌人五次"围剿"，争取江西首先胜利，直接与帝国主义作战，就必须要崇乐宜的党有迅速的警觉性、布尔什维克的坚决性，正确的充分的执行党的进攻路线，克服边区新区落后现象，集中火力粉碎党内存在着的主要危险——右倾机会主义和张惶〔皇〕失措、逃跑退却【的】罗明路线，动员和组织广大群众用一切力量给予战争，完成中央局和省委给我们下面的紧急斗争任务：

甲、集中一切力量，加紧边区新区工作。因此我【们】从组织上在八月底及九月初时，宜黄党应该要调十个做区一级的干部，加强到蛟湖、新丰〈市〉、五都、麻坑、神岗、党口等区去。乐安应有十五个做区一级的干部，调到崇仁及乐安边区去。并且，县委应有按期对边区新区工作的检查和派得力人巡视。在军事上，要在不让敌人占领苏区一寸土的口号下，迅速开展游击战争。各党部要坚决领导游击队去坚决打击敌人的侧面和后面，必要时动员模范赤少队，特别是多多组织得力的挺进游击队及便衣队插入敌人的后方去，以求巩固和发展新的苏区。在实际工作上，千万去加紧边区新区土地问题的解决和劳动法的实现，这样去扫除一切封建势力，这是巩固边区新区的根本。

同时，崇宜乐必须不顾一切困难，用最大的努力去建立白区白军的秘密工作，尤其是城市工作。因此，在9、10两月中，每县至少要选择十个好的干部，打入城市去建立党的支部和秘密区委及群众组织等。

乙、用布尔什维克的工作方式，迅速克服扩大红军落后的现象，抓紧七月份扩大少共国际师的经验和教训，应用突击办法，以先进地区去帮助落后的区。宜黄、崇仁县委和乐安各区委要百分之百的努力，依照三县代表大会所订出的革命竞赛条约，数目字限九、十两月完成。

对于赤少队的健全，是扩大红军最基本的工作。因此应该立即的根据三县军事干部会议讨论的扩大计划及训练，尤其是模范赤少队的工作，迅速地实现起来，并建立支部和政委制度。要能做到模范赤少队在一个命令下，全部集合加入红军去，随时配合红军作战。另方面要展开反逃兵斗争，和切实优待红军家属。

丙、强固与扩大独立营游击队工作，要依三县代表会上的竞赛数目字，能在 9、10 两月完成，以使崇宜乐原有独立营编成团及新的游击队。为着保证地方武装的领导，必须三县党有极大的注意，征调斗争坚决的工人干部到游击队去，要抓住过去地方武装中发现少数反水的苦教训，迅速的加紧部队中的检举肃反工作，使我们的武装如铁一般的巩固。同时，要坚决肃清脱离群众的非阶级路线及脱离任何当地领导现象。

丁、立即进行对查田查阶级的工作的检查，以及劳动法实现的情形，这是崇宜乐党的目前巩固苏区和动员群众参战的基本问题。这里首先就要对那些空喊实行土地法、劳动法的官僚主义开火。我们要有百倍的警醒，认识对〔到〕深入阶级斗争的工作是我们处在全省的最弱点。因此，对查田及实现劳动法的问题，应该要放在县委直到支部的议事日程上、实际工作上、最中心最前面的斗争任务【上】，很快的把土地问题〈的〉解决。加紧苏维埃的领导和检举工作，彻底扫除封建半封建残余势力，严格纠正对肃反工作的消极，应用雷厉风行的经过群众路线及阶级路线去彻底肃清一切反革命组织和其活动，迅速建立严密的赤色戒严和号炮所的工作。

只有【在】绝对深入阶级斗争的革命上更加提高群众为苏维埃胜利而斗争，动员全苏区公民参加苏维埃选举运动，吸收新的干部及好的干部参加苏维埃工作，真正建立乡代表会议制度。这样去立即计划宜黄、乐安在 10 月间开全县工农兵代表大会和拥护省及中央代表大会的运动。

戊、立即依据三县代表会的决议，用百分之百的努力去完成经济上的动员，实行迅速的在 8 月普遍的每乡建立一个粮食及消费合作社的组织及发展社员的数目字，根据竞赛条约所定的数目去实现。

对推销经济建设公债券，必须采用过去的良好经验，实行充分政治动员广大群众，如期如数的拥护中央政府的发行数目，按期完成。特别是号召党团员要首先带头，这就必须严格【与】不向群众解释而只用命令方式的错误倾向而〔做〕斗争。

己、为了领导战争，也就必须密切地去发展和健全党的组织。这就是在发展数量上依着竞赛条约，在 9、10 两月内能完成，还能要求超过。

对于支部生活的建立，最主要的就要实行按期会议制度和实际工作中能领导群众执行上级一切决议为目的，大胆提拔新的工农干部，吸收到苏维埃及群众团体中去工作，坚决纠正借口没有干部的倾向。彻底转变一切工作方式，从中心县委起一直到支部止，应该在每个实际工作中学习领导群众，【为】解决群众一切实际利益而斗争。坚决反对任何脱离群众的官僚主义的领导，有谁重复官僚主义的领导，必须受到布尔什维克的打击！

以上的工作是接受并执行中央和省委关于〈在〉粉碎敌人五次"围剿"的斗争任务。因此，为了实现这一斗争任务，必须立即向党内外群众作深入的宣传解释，使每个党员及群众了解这次敌人的进攻是帝国主义直接领导，并且更残酷，这样更好领导群众参加反帝运动，去加紧反帝拥苏的组织。特别是多用各种会议，耐心的向群众解释党所提出的斗争任务，及我们争取战争胜利的条件，坚定群众对革命的信心。在党内要互相发展自我批评，开展斗争，反对轻视战争，特别集中火力打击敌人新的进攻【和】表现张皇失措的机会主义罗明路线，只有这样才能保障党的路线的执行。

中共乐安中心县委印

（十四）宜黄县

为加紧赤色戒严和扩大保卫队致各区的一封信

最近，我英勇的红军在东北战线上又获得了连续不断的伟大胜利，给了敌人五次"围剿"〈中〉初步迎头痛击，但是敌人在这次战争【中】固然是更疯狂的企图挽救其垂死命运，因是〔此〕他们除用军事进攻外，更利用一班豪绅地主富农等来我们苏区探实一切消息，向苏区和红军进攻。所以我们必须加紧后方一切工作，以适应革命战争的需要，特别是赤色戒严清查户口工作更是重要，以防敌探混入苏区，要做到使敌人探不到苏区丝毫消息，并且扩大保卫队亦是巩固与扩大苏区的有力武器，当然要在最短期内完成下列几项任务：

（一）扩大保卫队——新丰区 10 名，东陂区 10 名，金竹区 10 名，平溪区 8 名，黄陂区 7 名，麻坑区 7 名，东港区 7 名，蛟湖区 4 名，党口区 6 名，五都区 2 名。时间限 11 月 15 日以前完成，但要从质量上去扩大，绝对防止非阶级分子混入以及老弱小孩子凑数式〔字〕。

（二）各区要建立一个检查站，经常人数八人至十人，内设主任一名，其伙食由县局开支，并要迅速建立起来，以便检查来往行人，免致敌探混入苏区。

（三）清查户口〈都〉是目前重要的任务，各区乡应普遍进行填户口登记表，特别是东陂之边山下，黄陂之九都，该两区负责人更应注意这一任务，举行清查户口的工作。

上列三项任务，均是万分紧急的，希各区接此后，立即讨论执行，并要百分之百做到，切勿推延与忽视为要。

赤礼

宜黄县苏维埃政府

代主席张德玲

10 月 30 日

（十五）黎川县

黎川县委通知

在目前阶级决战当中，来××交换很多的枪弹，现与军事部发下各区很多的枪，返查各区都是发在〔给〕各机关工作人员，县委为要审查和统计各区的枪支起见，我们的枪支一定要发到〔给〕忠实可靠坚决勇敢有稀〔牺〕牲精神的人使用，如有动摇异己分子，应立即收回，同时各区如有调动工作的同志，所拖之枪不准带去，枪支交给别人定要由县委批准才可。现须发在下面这一种表，望各区委照此样去填好，制作小册子填好送来。×××现遗失了枪弹，应给予严格处分，特此通知。

中共黎川县委

4 月 11 日

姓名	
年龄	
哪里人	
在何机关任何工作	
是否党团员	
什么枪	
子弹多少	
备考	

黎川县委妇女工作决议

残酷的阶级战争正在剧烈地进行着，广大的劳动妇女在残酷的革命战争中有伟大的作用，谁忽视妇女工作，谁就削弱了革命的力量，谁就是右倾机会主义者。

黎川广大的劳动妇女，在我们党的领导之下，在红军不断〈的〉胜利、苏区不断〈的〉发展【的】形势下〈面〉，斗争热烈情绪，已开始表现在如做布草鞋、慰劳红军、结婚等。然而，黎川党对妇女工作的领【导】是非常薄弱的，部分〈的〉同志表现【出】对妇女工作取消的右倾观念，借口黎川妇女封建思想太浓厚，小脚子，我们是外县人不懂话，无法去进行妇女工作，来掩盖〈着〉自己对妇女工作的取消主义，因此妇委书记、支部妇女干事只有几个区建立起来了（熊村、三都、城市、赤溪）。妇女战争动员各种组织，普遍的尚未组织，对各种群众团体没有吸收广大的劳动妇女加入。优待红军家属、慰劳红军工作，还有大部分的区没开始实行〈的〉，特别是妇女参加土地斗争，反封建的斗争，没有很热烈的〔地〕发动起来，妇女党团员的发展成为极严重的关门主义（现全县党团员统计不上 15 个女同志）。另一方面，所谓注意妇女工作的却表现【为】取消妇女斗争的一种领导方式，即妇女受了家里的打骂到革委会来就可以不要回去，坐在机关中来吃饭不做事，专找爱人〔以致于区革委会有三四个妇女（城市、胡坊、三都、资溪），甚至有乡革委会六七个妇女的（三都区、三都乡）。当然不是说不能有五六个妇女在机关中〈的〉，是指吃饭、专找爱人不做事的〕这样的领导方式，相反的是落后，是取消了妇女斗争，因为妇女受家庭的打骂到革委会来报告，是了解到苏维埃是为受压迫者谋解放的，那么，我们的党就应抓紧此一事件开展反封建的斗争，深入〈到〉群众中去，这样简单的〔地〕把来报告这个妇女留在机关中不要回去就算了事，这不是取消妇女的斗争吗？当然是在斗争中来提拔积极勇敢的妇女，但不是每一个妇女来政府报告就可以随便久留在机关吃饭的。要有计划的〔地〕去提拔干部，但在提拔干部上表现【出】极严重的右倾机会主义的错误。查各区所提拔的妇女干部均是小姐、太太式的。赤溪区的一个妇女同志连洗澡水都要革委会的委员打给她，公家的钱买鞋子给她穿。阶级成分亦不注意。熊村区妇女生活改善委员会主任是否工人成分呢？工作因不敢担保，中田区一个罚了款子的女子来开妇委书记联席会议。

上面所指出【的】这些错误，我们要以布尔什维克的精神来纠正，坚决打击对妇女工作取消观念及取消妇女斗争的领导方式，无情的【地】斗争毫不留情的【地】洗刷这些小姐太太吃饭不做事的出机关外去，吸收积极努力的劳动妇女到政权机关来，吸收大批的劳动妇女到党团中来，动员广大妇女群众积极参加革命战争。

今后的工作：

1. 各区立刻建立妇委会（支部设妇女干事），立即开会讨论计划妇女工作，负责建立整个妇女工作。

2. 女工农妇代表会，应立即遵照中央局关于女工农妇代表会议组织及工作大纲建立起来，每月两次代表会议。

3. 战争动员，组织洗衣队、慰劳队、救护队等，各乡组织一大队，积极〈的〉吸引与发动妇女加入赤少队及其他群众团体，要做到每个青年妇女都加入少先队，壮年妇女都加入赤卫军。

4. 扩大红军与优待红军，发动每个妇女至少要每个代表扩大一个红军和发动妇女参加共产党礼拜六。

5. 慰劳与拥护红军，红军来或去的时候要烧茶、煮稀饭、唱歌、呼口号来欢送与欢迎，并帮助找禾草、门板，买油盐柴米蔬菜等，发动每个妇女做一双布草鞋去慰劳红军，四月份各区至低限度要做到下列规定的数目：

区别	城市	赤溪	三都	熊村	胡坊	资溪	石峡	硝石
数目	200	250	300	300	300	200	150	100

区别	八都	中田	龙安镇	西城桥	横村	樟村		
数目	100	200	250	200	250	250		

6. 实行剪发放足运动，宣传鼓动妇女群众自愿的〔地〕自动的〔地〕剪发放足，要使每个青年妇女都放足。

7. 苏维埃婚姻条例要在广大的工农群众中特别是妇女群众中作广泛的深入的宣传，使他〔她〕们了解拥护与执行婚姻条例，发动妇女热烈的【地】反封建压迫的斗争，为实现婚姻条例而斗争，违犯婚姻条例的应受严格处分，抓紧每一个事件深入〈到〉妇女群众中去开展反封建的斗争。

8. 提高妇女文化水平，各乡村组织夜校或识字班，发动妇女热心学习识字。

9. 坚决反对严重的关门主义，要大胆的【地】吸收积极活动勇敢的劳动妇女到党团内来，并要提拔她到机关中工作。发展妇女党团员，至少要占4月份发展党员数目规定的2/10。4月份各区至低限度要发展到下列规定的数目：

区别	城市	赤溪	胡坊	资溪	八都	硝石	三都	中田	龙安镇	西城桥	樟村
数目	36	2	8	8	5	6	8	6	8	8	8
区别	横村	石峡	熊村								
数目	10	6	10								

10. 发动妇女参加赤色戒严、检查路票、盘问行人，以及肃反工作，调查与揭发一切反革命分子乘机活动破坏革命工作的企图等。

11. 苏维埃选举运动要发动妇女热烈参加争选举权斗争，代表成分妇女至少要占3/10，吸引她们参加苏维埃工作。

　　各区接此决议后，应立即详细讨论具体决定执行方法去全部执行，到月终开会检阅。（完）

中共黎川县委

4 月 10 日

二、

革命回忆资料

（一）兴国县

兴国模范师历史材料 [①]

一、兴国模范师的建立

甲、兴国模范师的建立并非偶然，他是在这样的条件和根据下面产生的。这些条件和根据是：

（一）在革命之前兴国老百姓受着严重的经济上与政治上的压迫，老百姓不仅在政治上没有丝毫地位，而且在经济上也到了不能维持的地步。无论工人雇工或雇工自己千辛万苦所得来的东西（农产品、工业品等），都被豪绅地主剥夺得干干净净。只要看了毛主席对兴国农村的调查就会知道，兴国老百姓是在过着如何使人痛心的牛马生活，这种黑暗生活当然他们是不愿意这样继续下去的，因之在共产党领导之下，到了 1928 年，就有一部分的工农和革命知识分子与当地的豪绅地主进行斗争，而且逐渐将斗争扩大。到了 1929 年的冬天，兴国的群众已经如火如荼般的起来了，而且推翻了国民党的县党部和县政府等〈的〉统治机构，同时在红军游击队

---

① 本文系兴国籍将军李呈瑞写给陈奇涵、罗贵波的回忆材料。李呈瑞（1912—1967），江西兴国人，1930 年参加中国工农红军，1933 年加入中国共产党，历任兴国模范师排长、红一军团连指导员等职，参加了第二至第五次反"围剿"作战与长征。新中国成立后，任中国人民志愿军第六十八军政委、海军航空兵政委等职，1955 年被授予少将军衔。

的活动下面，不但驱逐了兴国全县的靖卫团和警察，而且将全县的土豪劣绅捉的捉，杀的杀（他们逃走的除外），完全被搞干净了。因之兴国老百姓是在共产党的领导、红军的保卫和群众自己积极起来斗争的条件下翻身过来的。从此时起，他们自身已经获得了澈〔彻〕底的解放，老百姓都有了衣穿，有了饭吃，有了自己的政府，有了自己的军队，一切都有自由。老百姓自然是非常高兴的，他们在共产党领导下的幸福生活中，更加体验到只有共产党才能救中国，也更加看清了豪绅地主和代表豪绅地主利益的国民党及其政府与军队都是他们的死敌，所以兴国老百姓的阶级觉悟与政治觉悟是在革命之前的痛苦生活里与经过革命斗争获得果实之后逐渐发展起来的，并走向〈到〉坚实的程度。

（二）兴国的老百姓不仅认清了国民党及豪绅地主是自己的死敌，而且更加看清了中国共产党和中国红军是直接解放他们的救星，没有共产党，没有红军，他们就休想得到解放，这是他们亲身看到的事实。特别是到后来国民党军队对苏区进行连续不断的"围剿"时，屡次都被英勇的工农红军给予澈〔彻〕底粉碎，就是说在四次"围剿"以前，国民党都是完全失败的。不但没有消没〔灭〕中国共产党与英勇红军，而且还给了红军大批的枪支子弹，事实上成了红军的运输队。假如五次"围剿"不是李德错误路线指导的话，当时英勇红军的力量是足够可以粉碎敌人的进攻，所以兴国老百姓屡次看到红军粉碎敌人的丰功伟绩，不仅给了他们〈的〉兴奋和愉快，而且进一步的看清了只有坚强的共产党武装——工农红军才是巩固工农利益的有力保证，因之红军的影响又一次的在兴国老百姓的心坎中发展而深刻了。

（三）兴国老百姓不仅对英勇红军的认识和对反革命的仇恨提高了，而且他这种高度的革命热忱还表现在兴国党、兴国政府与群众团体的各种工作上面，他们不论执行什么任务都有争先恐后的责任心，一切工作说是不愿落在其他县份后面。由于他们的精神是这样，所以在各种工作上都能够取得优胜，模范兴国的光荣称号是

〈建筑〉在坚固的工作基础和高度的热忱上面得来的。仅从上述材料中就可以明白，兴国模范师的产生并非偶然，而是〈建筑〉在群众的实际斗争，高度的阶级觉悟，英勇红军的胜利和兴国党与政权高度的工作基础上产生出来的，这就是它能够产生的条件和根据。

乙、兴国模范师组织的根苗及正式建立的状况

（一）兴国模范师的建立是有他的组织根苗的。这个根苗就是赤卫队、少先队在原有的组织基础上把质量最好的分子抽出来参加模范师，而且经过抽出的赤、少队员有很大一部分（都是 1928 年兴国党的工作方针转到农村，农民协会建立之后已经就有秘密的赤卫军、少先队的组织）都是经过秘密斗争的赤少队员，只有后来到 1929 年冬、1930 年春农协在兴国公开，因之赤少队也随着农协的公开而公开了。在这个时候，全县进入了普遍大量发展的阶段，成了后来建立兴国模范师强有力的基础。这种基础不仅表现在组织成分【上】，同时还表现在政治认识与工作经验上面，这就是说不仅表现他们参加过赤少队的组织，而且是在这组织中做了许多工作（如送信、放哨、担架、运输等），而且还接受过共产党与苏维埃在该团体中所进行的教育，尤其是高兴、永丰等区的赤卫军曾经到过万泰和赣县一带去配合红军打击敌人和经常担任对兴国西南、西北敌人的警戒。这一切活动都〈是〉成了后来建立兴国模范师很好的基础。

（二）正式建立模范师的过程是这样的：〈当〉1932 年的夏天，省委对兴国提出了严重的扩红任务，而且这个任务是在不断的扩红中提出来的，上级要求的数目是在一千数百人左右。省委的同志知道兴国完成这个任务是没有问题的，但也不是一个号召所能完成，而是要有较长的时间，并经过一定的组织工作才能够达到目的，所以利用模范二字是省委指出的，兴国全县建立一个师是县委他们决定【的】，他们认为有这样的组织形式和这些时间，是可以完成一个师的任务【的】。因之就在这样的情况下，兴国党作了决定后发出了指示，还〔凡〕是 18 岁以上、35 岁以下的男子，只要他阶级

上不是富农地主，政治上没有嫌疑，身体上不是残废，一概要参加模范师。全县编制三个团，数目字分配情形是这样的，西北面永丰、高兴等区【为】第一团，东南面上社、光背、杰村、龙沙等区为第二团，东北面崇贤、方太、枫边、龙岗头等区为第三团。各团编制人数不等，有三三制也有四四制。例如高兴区就编成了四个连的营，而且有一个乡编制一个连的；崇贤区就不同了，全区只有三个连，而且【有】一个乡只能编制一个排的。全师除直接指挥三个团之外，还有直接指挥着一个特务营的组织，这个营完全是警卫部队、通讯部队。我记得当时还没有教导队，整个全营只有两个连的人数，合计全师五千五百人左右，模范师组织情形简单说来就是这个样子。

那么组织之后他的任务怎样呢？ 1.配合红军作战；2.警戒兴国西南、西北（赣县、万泰一带）团匪的骚扰；3.红军的后备军，随时准备参加前线。在这三个任务中，参加红军是他的基本目的。这个组织建立之后已经成了健全的地方武装，表现在组织之中有了健全的各种制度如政工制度（连以上有政工人员与组织机构）、政委制度（营以上有政治委员）、供给制度、文牍制度等。在当时这种情形下这个组织若能很好培养，是能够完成保卫地方、配合红军作战的任务（因政治质量好，保卫家乡热情高，有一部分武器并有部分的军事人才）的，内部的质量也是很好的，就以其年【龄】来看，都是 18 岁以上、35 岁以下；从阶级成分来看，都是工人、雇工、贫农至中农，没有一个富【农】、地主豪绅的子弟，贫农占全师 80% 以上，成了兴国模范师的主体，工人、雇工成了模范师下层的骨干。仅从崇贤、高兴两区两个营来看，连长、副连长、指导员、营长、政委完全是工人和雇农成分。至于团师两级及其他地区，这里没有材料不敢说。但根据当时情形来看，不是工农就不能担任营以下的干部，若从此推论，连营干部完全是工人雇工成分。再看战士和干部的党团数目，也是很大的，除干部完全是党团员外，战士们的党团数字也占 40% 以上，虽然还有半数的非党团员群众，但他们也参加过革命团体和经过一些锻炼，如加入过工会、雇工会、贫农团、反帝大会〔同〕盟、拥苏互济会等，并进行过查田、查阶级、捉土豪、分田、放哨送信、担架运输等，也就是说这些同志不但加入过这些团体，而且在其中作过不少的工作和接收〔受〕过不少的教育，他们能懂得很多革命的道理。

丙、模范师建立后的军事教育与军事活动

（一）模范【师】建立后，就有比较严格的军事训练，这种军事训练后来成了制度，如排操半月一次，连操一月一次，营操两月一次，全团会操由师部临时规定，以上这些都是战士们必过的生活。干部方面，在当时也有一定的规定，尤其对带〔待〕军事经验者更加严格。我们所记得起的连长以上的干部常到军区教导队去受训，但具体规定忘记了，训练内容有基本教练刺杀，教练射击，教练利用地形、队形变换。营以下的战术这一〈功〉课目都是干部先学回来，再教大部分课目，战士们都是学过的。为检讨学习成绩和养成军人习惯，全师曾举行过一次野营演习，运用兵团战术，十八团（即三团）防御，一团、二团担任进攻，完全是以运动战法作战的，除进行过这些教育之外，各团常配合过红军作战，如第一团配合〈过〉红军打击过万泰白匪第二、第三团，也抽过几个连到赣县、信丰一带配合红军，打击敌人。出去的时间都是一个月以上，这样以〔一〕来不仅提高大家的胆量，逐渐打破了家乡观念，而且在配合红军打击敌人上亦是起了极大的作用。

（二）动员兴国模范师上前线。动员模范师上前线，根据当时的情况需要，因为当时红军所处的环境，正是英勇将敌人四次"围剿"的主力击溃，获得了很大的胜利，然而自己的伤亡亦是不小，只有得到后方兵员的补充和物质的供给，才能将敌人的四次"围剿"彻底粉碎。在这种情况下，动员一部分武装补充前线是正确的，但全部拉走是不应该的。同时上级并未说出全部拉走的要求，然而兴国县委的负责人站在逞英雄、出风头的意思上，决定动员全师上前线。虽然县委有了这个计划，但当时他们还不敢当面的提出来，恐怕会碰到钉子，后来才出了一个计划，首先找到第二团首长去谈，说第一团打游击，这次要求你团到前方去配合红军作战（实际上并不配合而是参军），三个月以后再来轮换。第二团首长听了之后，当时提出要去大家去，不去一个也不去，单独叫我们一个团我们不干。二团首长提出这个意见，正适合县委的估计与要求，县委、县区就利用这个要求，但怎样利用这个要求扩大红军，又如何使大家不知道县委这个计划，于是到后来又用了一个妙计，有一次集合全师打县城到竹坝，一、二团集合，最后师部提出要第二团出去配合红军，因为第一团才打游击回来，以后再派人轮换，但当场二团就大闹起来不去，"为什么单调我们，其他的团不调，坚决不去，如果一定要去就大家去，不去就一个也不去"。后来师首长即问一团同志，二团同志都愿去，但要大家去才去，你们有不〔没〕有这个勇气，他们立即回答"有"，愿不愿意，"愿意"，结果一致通过，不是配合即全部参加红军，要求组织不编散，结果上级答覆〔复〕了这个要求。从此县委很快就召集了区委书记的联系会，传达一、二团同志全部参加红军的要求，并在该会会上进行讨论，结果一致通过，并且还在会议中提出了超过数目字的竞赛，以致区委即将这个决定与一、二团同志的意见与要求，回去传达，进行酝酿阶段。当时群众都在议论纷纷，我们现在学习苏联，实行义务兵，人人都要干三年军队，迟早都是跑不脱的，家里的事情，我们走了之后，地方党与政府总是要管自己，在家也没有多少时间耕田种地，还不是老是替人家累，大家都去自己不去也不好，而且也不行，如果到前方真不编散，也是好过日子。这是绝大多数人的意见。县委看到条件已经成熟，即决定在 5 月上前线，因之在这决议下区委提出干部要领头，党员起模范，做到每个模范师同志都要全部集中开上前线，因之将目前的环境、红军的胜利、上级的要求、我们的责任以及动员的政治口号早都提出来了（口号的内容是扩大红军，澈〔彻〕底粉碎敌人的四次"围剿"，扩大红军、保卫苏区、保卫兴国、巩固模范、加强优待红军家属等等），并在党团组织中（首先动员）、群众团体中（如工会、农工会、贫农团等）进行动员，造成热烈的参军运动。的确动员之后取得了很大的成绩，绝大多数的同志都是愿意参加〈老〉红军去，虽然大家对家庭有些顾虑，对当兵不大〔太〕愿意。然而在上级的要求下，群众的平均下①，组织的解释下，最后大家还是高兴地去了，将个人的意见完全服从了组织的利益。当红五月部队集中时，母亲送儿子、哥哥送弟弟、妻子送丈夫的例子是一种普遍现象。尤其是政府的慰劳（有很多水菜、猪牛肉等），妇女的欢送（如唱歌、献花、放边炮〔鞭炮〕），弄得非常热闹。从动员开始直到开上前线，绝大多数的反映都是很好的，这种整师的参军热潮，可能在我们党史上都是很少见的。兴国群众这种高度革命认识，在我们全党都是值【得】效仿的。当然水准并不完全一样，除这些好的表现外，也有个别不好的反映（此处略去数行，编者注）。

（三）走上前线和英勇杀敌的表现。

1. 模范师集中以后，是在 1933 年的红五月的 × 日开往前线。当他们离开家乡，开往前线的路途上表现得非常活跃，指战员们唱歌的唱【歌】（兴国山歌），讲故事的讲故事，似乎忘记自己一天走路的疲劳。当然这种情绪的表现，一方面反映了他的政治觉悟【和】革命的认识，另一方面与当地群众、当地政权的慰劳欢送是分不开的。当我们高兴地到达大湖坝休息时，一路的群众都烧有开水，大部分地区煮有稀饭，并贴着欢迎标语和进行慰劳与慰问等。指战员们过去没有过过这种生活，看到群众这样的热爱与慰劳红军，所以大家感到特别的愉快。由于他们的情绪是这样的高，精神是那样的愉快，因之走路不但不掉队，而且更没有什么逃跑的。仅从崇贤、高兴两区来看（后来是编成三个营），由兴国出发到达目的地大湖坪，都是没有什么逃跑的。据当时的少共县委同志谈，在大湖坪之前，全师都没有什么逃回家的。

---

① 原文如此。

2. 他们能服从纪律和虚心学习，当部队到了大湖坪之后，上级就决定了把部队进行整训，这个整训计划是一个半月以上，不到两个月的样子，训练科目有基本教练、刺杀教练、射击教练、防空防毒，利用地形、队形变换直到连的战术动作，并且还有政治教育计划（这计划回忆不起【来】了）。教军事课【的】是前方来的连长，教政治的是原来的指导员，由于当时指导员了解的不算多，怕上课不了，所以似〔事〕先营部召集预备课，政【治】指【导员】将疑难问题提出来后，政委解答后回去再教我们。现在〈就来〉看〈一〉看〔来〕，这样多的内容，在短短不到两个月的期间完成是很困难的，因之只有采取勉强的每月进行三操两讲，从早上到游戏，战士们忘〔忙〕得不亦乐乎，【除】吃三顿饭和午睡时间以外，再也没什么时间休息，甚至游戏时都还要练习打手榴弹和刺枪等，当然从这里可以看到，那个时候的组织上对时间是抓得紧，而战士们是否能够消化，上级是不太管的。除了忙于整训之外，也还要忙于其他事情，因为这个时候已经建立起各种制度——如守卫、放哨、公关、勤务（堆米、采办等）、内务、卫生、会义〔议〕、会报等。战士们都一一参加，忙得不亦乐乎，但他们愿意锻炼，不仅在当时没有反抗行为，而且说怪话的现象也很少的，虽然发生过一些不满意见，但并不是他们不愿下操上课，而是新来连长的态度方式不好，大批调换原有的干部。部队到了大湖坪之后，驻了一个很短时期，全师都进行了调换干部的工作。当时调换的情形是这样的，军事干部连以上90%都调走，留下的不到10%，降任副职。如营长当营副（十八团一营），连长当连副，只有个别连长继任原职（因他当过兵）。但由福建转回江西以后，即全部换光了。政治干部营以上绝大多数换走了，只留下了个别营政委降任工作（十八团一营政委调去团部特务队当政指），只有连指导员在当时还留了一部分尚未调走，所有这些被调走的同志，下由连长起，上至师政委，都是送到瑞金红军学校学习。但这些人调走，除师政委一个人以外，从来都没有宣布，就是被宣布过的师政委，也没有说明〈为什么〉

调去学习的原因，至于其他调走的原因，是谁也不知道的。由于是绝大多数干部的调动，又未说明其原因何在，所以战士们对〈他〉一块生活、语言易懂和一块出来的首长调走表现恋恋不舍，当时全师的情绪受到了极大的波动。但调换的方式他们都是注意的，例如全部营长并个别连长和团政治委员，在兴国还未出发之前，已经就来了，而且都是担任副职，（如政委当主任，营长当营副，连长当连副），到了大湖坪之后，才转为正式的。同时连长也已全部到齐，派去连上住了几天才调走的，因之原有连长调走之后，他们对部队调走情况仍然是了解的。一方面是因为一部分指导员还在，另一方面由前方似〔事〕先派来的干部已经和战士们生活了一个时期。

3. 杀敌英勇，生活艰苦。模范师到了大湖坪之后，已经正式宣布参加三军团，第六师的番号是自大湖坪正〔整〕训完毕，即开上前线，经过广昌抵福建将乐，到福建之后兴建的六师，也像当时的四师、五师一样担任了攻坚任务（四师打洋口，五师打顺昌，六师打将乐）。这个部队虽然年轻，但他们执行命令很坚决，并表现他【们】充分的吃苦耐劳的精神，当时攻将乐的计划，不是爬城而是爆破，因之上级决定挖坑道。当时红十六团在城北，十七团在城西，十八团往洋口搬运东西并【做】掩护工作。挖道已经挖了三个星期，战士们不怕天旱地热，也不怕没有经验，白天晚上都在轮着挖。当时保守秘密，但被敌人发现了我们的企图，有一天早晨敌人自动打开城门用全部敌人向我们袭击，把我们在城西、城北所挖的两个坑道一炸而光。但战士们并不轻易的放过敌人，一看见敌人出了城门，即开始射击，在敌人将进到坑道之际，我们的火力已经发扬得特别激烈，给了敌人不少的刹〔杀〕伤（据后来老百姓说，敌人回城时担抬十几个）。当时因为敌人占着优势，所以我们就有计划的撤退，除了十六团有几个人在坑道边尚未跑出外，其余的人员就没有什么损失。虽然敌人破坏了我们所挖的坑道，但战士们并不灰心，更没有垂头丧气的表现，在上级重复的计划下，又在积极的工作着，可是将到完工不久时，上级就命令我们撤回江西，我们攻将乐的任务是在这样的情况下结束的。当我们回转江西之后，又在水津、八角、洵口、黎川等地阻击敌人并配合四、五两师，在洵口战斗已获得很大的胜利（消灭敌人一个旅），尤其是从黎川回到广昌、会昌【作】战时，第六师在此时已经担任了严重的战斗任务，表现了他高度的勇敢坚决、英勇牺牲的精神，就以十六团为例，全团人在广昌西北守着阵地，敌人突行猛攻，空中有飞机，陆上有大炮，步枪、机关枪火力也特别激烈，虽然情况是这样，但十六团的同志们没有一个怕死、向后退却的。直到战斗结束，已经伤亡三分之二，全团只剩下四个连了。十八团也是如此，有一个第三营，守着一块阵地，几乎没有逃出什么人来。干部伤亡也是严重的，只拿十八团为例，就牺牲一个团政委、一个营长、一个团政治主任，师政治部主任也是这次牺牲的。因为手里没有材料，还不能说明其他各团的情形。部队虽经过这样残酷的战斗，自己有了这样大的损失，然而战士们的情绪仍然很高。不仅由广昌开到龙岗，尤其表现由龙岗开到兴国，保卫家乡士气特别旺盛，没有表现出什么人靡靡不振，个个都〈像〉生龙活虎，他们从泰和 × 村起，以至〔一直〕打到兴国、高兴，在这距离中，不及 100 华里，就阻止了敌人将近三个月的时间，虽然敌人有飞机、大炮，并采用堡垒政策，然而【在】六师同志们的顽强阻止下，敌人没有一次前进到十几华里，由此可知六师同志们是具有高度的革命热忱和为人民牺牲的决心。

我们对兴国县委、江西省委以及红军三军团领导同志关于处理和使用兴国模范师党的问题，提出以下四点意见：

甲、我们认为建立兴国模范师如果不是建筑在一把送走（上前方）的意图下，是正确的、需要的，因为这样强大的群众性的武装应当是愈多愈好的，他既能配合主力，又能单独与团匪作战，小可担任家里生产工作。然而据当时少共县委同志谈，原来中共县委提出组织模范师的意图，就是为了全部参加红军，并且省委同意这种精神，既然是为了这样去组织模范师，那是不对的，就是完全单纯的主力观念,完全依靠主力粉碎敌人,对地方武装力量没有正确估计,这种错误实质是"左"倾机会主义。他不了解没有强大地方武装的活动,没有广大群众的支持,单靠主力是不能战胜敌人的五次"围剿"的。未能粉碎【"围剿"】,红军退出了苏区就是生动的证明。虽然退出苏区主要是指导路线的错误,然而在当时新"立山〔三〕路线"下各种政策的"左"也是重要的原因。从此来看,他对模范师的处理,兴国模范师成立不到一年,就全部调上前线参加红军,将兴国民间所有的枪支都带走了,18 岁以上、35 岁以下的健康男子也空了,虽然还有一些个数目字是很少的,因为扩红已经过三年,模范师未集中以前就走了很多,这次不过是最大最多的一次。因之后来在兴国的农村中缺乏大量的劳动力,兴国西北,靠近万泰的边境上有些土地无人耕,就是有人耕种的土地,也是非常马虎,例如冬季不翻水田,春天缺少粪料,这是兴国老百姓普遍的现象。比起过去的收成,已经相差很远。问题还不但表现在生产力上的削弱,尤其表现在地方武装上,而后来万泰七坊的团匪,往兴国边境来抢夺粮食时,老百姓感到没有办法,政府也感到特别困难。因为武装已走光,再不能像过去一样来打击敌人了。在这种情况【下】,兴国的老百姓对当时的县政府、县党部已经产生不满,尤其是对于抽走了他孤儿独子的,群众对政府是更加不满的,甚至发展到对革命表示失望(主要是人空了)。这种被抽孤儿独子的事情不少,仅〈至〉崇贤、东富一带,就有王道景、李迁祥、王成材、李桂洋等十几户,因之其他的农村也就可想而知了。

乙、当时建立模范师,党对参加模范师组织成分的决定,也是过左的。他们在注意质量的口号下,千遍〔篇〕一律的不要富农子弟和被 AB 团咬过的分子,【不论】是否确有物证材料,一句话不要这些人参加,表面看来他们【是】最革命的样子,实际上他们的本质是过左的政策。事实上很多被咬的工农分子,出身很好,年岁又轻,家产也很少,政治上纯洁,他们不问任何具体情况,一律拒之与〔于〕门外,对富农的处理亦是如此,甚至有些中农已到了部队，工作表现很好，非常老实，后来家里经查田升为富农，马上来信就调走了，认为这些人当兵不够资格，思想上也不能改造。我们认为这种决定是错误的，他不仅削弱了我们革命的力量，而且【放弃了】党与政权对他们改造的责任。

丙、部队到了大湖坪时，三军团领导同志大批抽调六师的干部，我们认为也是错误的。地方武装既然上了前线，参加了红军，无疑的要执行军事任务，因之调整干部是正确【的】，派遣大批有军事经验【的】干部来也是需要的。然而上级并不是作全部的调整，而是作全部调走，把土生土长与群众有密切联系的干部调走了，将被调的干部即送去了红校（瑞金），只留原来个别的营连指挥员降任副职，并还有部分的指导员留在工作。自这次大批抽调之后，部队情绪受到了极大的影响。在当时，干部们不愿离开，自己很愿意做些工作，只要上级能够培养，哪怕是降级使用，他们也是愿意的。但是上级的领导者并没有照顾到干部和战士们的情绪。

丁、模范师到了福建第一次作战，就给予夺取将乐【的】攻坚任务，也是过早的、不对的。我们认为在这时他不能像四师、五师一样的执行任务，一方面受训时间太短，学习的东西不多，应当利用战争空隙进行比较长期的整训，之后再到前方去做实际的活动，开始也不应当攻坚，应当担任所【能】完成的任务，如佯攻、警戒、群众工作、小规模的战斗等，逐渐经过锻炼之后，再来给予严重的任务。由于这个是新的部队，缺乏整训，军事素养不够，所以在战斗中的伤亡总是很大。在广昌会战和兴国×村一带的战斗中就是例子，如果能使他们在战术素养【上】提高一些，伤亡就一定会更小，而且一定会【使】他们的忠心和勇敢得到更大的效果。

4 月 11 日

（注：本文系陈奇涵同志赠送，江西省委党史研究室翻印，1959 年 5 月 13 日）

胡家彬 [①] 同志谈兴国党史

1926 年以前：

一、兴国党未产生之前有些什么特点

（一）末期在北洋军阀统治下，群众反对军阀。在 1917 年，东乡民众反对方本仁军队，如不是钟家通敌之故，军队是可以全部被消灭的。又在 1925—1926 年，打死邹老六。又如龙江头人民反对刘参攻，是兴国群众反对军阀的典型例子。

（二）姓氏斗争：为曾、黄因祠堂打仗，还有许多大房压小房等〈甚多〉，东乡曾、张的斗争。

（三）城乡斗争：城市人欺压乡下人。具体表现在，组织有城区自治会，乡下有乡区联合会，曾发生要打洋川中学（1927 年）。

（四）三点会：邹老四等十兄弟到处都有（口号是杀富救贫），其次在辛亥革命组织了赴闽军、自动军，这是知识分子做的。

（五）豪绅地主的压迫剥削：过年时把民众的肉、鸡都拿掉，使群众不敢在家过年。

（六）知识分子无出路，革命党的深入：如陈奇涵、段祺瑞、邱月兴、邱会培、胡杰等，同时他们逃到黄埔，当然有些去做反革命的。

---

① 胡家彬（1908—1985），即胡嘉宾，又名胡承享，江西兴国人，1928 年加入中国共产党，历任兴国县第九区苏维埃政府主席、中共兴国县委代理书记、中共万安县委书记、中共胜利县委书记、中共乐安中心县委书记兼江西军区二分区政治委员等职，参加了二万五千里长征。新中国成立后，先后任中央民族学院院党委书记、国家民族事务委员会副主任等职。

二、兴国党的产生和当时的活动

1926年就有县委的组织，胡灿、黄家煜、李藻，工会谢云龙，农协×××。党还帮助国民党〈建立〉成立县党部，如陈壁和就是做这个的，口号是打倒贪官污吏、土豪劣绅。

1927年：

三、为什么会打垮总工会？主要是工资增加太多。（1927年）党的负责人跑了，跑得是否对？那是值得研究的。那时就肃杀了，后来到八一暴动，奇涵同志才回来恢复。在羊山开了个扩大会议，就重新整理党，决定由城内转到乡村，又决定打进土匪内去活动，并搞武装（地主武装、靖卫团武装怎样作）等，并分派干部到各山头去。

怎样转到乡村去：邱会培在崇贤，陈奇涵在竹坝，邹子邦在江背洞，黄家煜、温叔民在东乡等去〔地〕活动，也是经过知识分子做桥梁的阶级，他们是经过姓氏斗争转移到阶级斗争的。争取土匪，永丰县派出赖经邦，兴国党派出黄家煜、刘在芝、余石生、张汉超。那时土匪就被争取过来了（段月泉、管开炳）。白天土匪还能进城边去打戴口等。为什么能走城边过呢？就是陈奇涵同志在靖【卫】团有关系。

到1927年底，段月泉队伍就编成七九纵队了，桥头又组织了个游击队，20余条枪，即十五纵队前身，以后刘士毅来"清剿"了。

1928年七九纵队包围东村。

东村又组织了一个游击队，张文焕任桥头特委书记。

1928年二十四【日】团在东固和四军会合，以后在青塘打了一个败仗后，县委又组织个二十五纵队应付局面。彭德怀就从雩都来了，1929年3月就成立县革委会，肖芳全任主任。以后金万邦来"围剿"了，敌人就提出了自首口号，但是我们东村莲塘圩根据地未被消灭。同时为了应付局面，组织了一个假靖卫团（如龙岗、东村等地）。稍好时组织赤少队，放哨很严。

陈补充：在羊山会议后，派人去做靖卫【团】工作，1927年交张振招。

赣南特委要兴国党准备年关暴动，是否对情况研究，当时兴国党不同意。

七九纵队 1927 年未来，曾炳春 1928 年四、五月间在冰心岗传达八七会议。1928 年打兴国城，还烧了刘××、刘××、谢远巷的房子，他们都是 AB 团。杀 AB 团就从此开刀，邮政局杀了李庚仔，罚粮打城王庙，县城空了。后钟老槐来任县长，二团两次进城，把他杀掉了。

二团七九纵队、富田游击队在永丰成立，四团负责人李绍九。

四团管十五纵队、兴雩〔于〕游击队，在东村成立。

1929 年：

井冈山朱毛下山，前委指示要赣南特委准备暴动，朱毛到东固。

1929 年 2 月间彭德怀到了桥头，雩都和兴国先发生了关系，兴国党帮助军队子弹和枪。

1929 年 3 月成立了兴【国】县革委会，颁布了纲领：①成立县及乡革委。②创立保卫赤色政权的武装。③分配田地、山林、鱼塘、房屋。④取消一切高利贷。⑤焚烧田契借约。成立一月后，敌人两个团来进攻革命，烧了许多房子，组织一些靖【卫】团，到处驻军队，镇压革命，进行"清乡围剿"。在枫边摧残了革委会，死者十余人。在我们方面，由乡村工作打回城市，组织了城郊革委会。在各处进行妇女剪发、打菩萨、讨论土地问题。二十四团自青塘失败后，跑到广昌去。即组织了二十五纵队，各处组织游击队，于本年该纵队打入兴国城，该队党代表肖以佐，队长邱超群。兴桥宁行委会陈①、钟声楼、李占明等三同志，本年 × 烧毁田契借约、打破迷信，组织红心白肉的靖卫团，打垮了鼎龙的靖卫团，击毙团总兰向其，烧了城内一些房屋，其中有谢×炳等。

1929 年未进行分配土地，曾受到赣南特委的批评。

---

① 应为陈奇涵。

1929 年有东村的邓祖富自首，统治阶级于本年通缉陈奇涵、黄家煌。1928 年刘士毅曾派五连捉陈奇涵同志，未捉到。

1930 年打到南昌、高高〔安〕、九江，会师武汉，扩大红军，在富田开二七会议，由前委三人来主持，指出兴国分田过迟。主要问题是：搞根据地，苏维埃、红军对土地问题要快分，出席这次会议赣西有刘士奇，提出杀了四大党官，这是由赣西去检讨。兴国革委会的土地委员钟祥元坚持到 1930 年 1 月间分田。二七会议后取消了兴桥宁行委，由东固刘经化同志任兴国县委书记。本年 2 月间六军到兴国与自卫军汇合，后到 × 村、× 布等地，朱毛红军经过兴国，打赣州去，这是第一次。兴国与七坊形成严重的赤白对立，桥头的工作对开展宁都工作是有很大的帮助的。

6 月 1 日李文林由上海回来，开赣西南的工作会议，撤退了刘士奇的职务，由李文林接任。赤白对立肃反，本年兴国成立一个独立团，人数七百余，邹文模为团长，编入总司令部警卫团。

由于肃反的结果，有兴国的宋 ×、高村圩，雩都的银坑等地群众反水。一次战后，武装了各处群众，并派有一批军事干部到各处去。

兴国县委曾讨论过在竹坝等地组织农场。

本年冬，陈毅同志到兴国来传达反"立三路线"的决议，并布置二次战争。他来后对盲动路线是有指示改正，但对肃反问题未曾提及。

1931 年初送难民回家，是以自愿为原则，并经过训练送回去做兵运工作，找〔扰〕乱敌人等工作。肖志曾[①]、徐立言等，调至省委杀了。两次【反】"围剿"胜利，蒋、蔡撤退，县委撤回县城，我因此离开兴国到万安，贺昌任县委书记。到此后对肃反问题更为严重，造成了东江事件，改造兴国党的领导机关，重新提拔干部。东江事变后，该地党的态度是反对教条宗派，肃反跑到中央告状。

---

① 应为时任兴国县委主要领导人肖自峥，又作肖志征。

邓振询提拔为中央政府劳动部长，并在五中全会选为中央委员，这是在不要留连〔恋〕老干部，大量提拔新干部的口号下做的。

1932 年：

进行查田查阶级，红五月的扩大军队，五、六、七三个月的冲锋运动，兴国成立模范师，大量发展组织。兴国苏维埃代表大会成立，县苏公债与借谷运动，成立对外贸易局、合作社和劳动感化院〈的成立〉，劳役队的组织，优待红军家属及其情况，发生城江事变。

三次"围剿"结束，四次"围剿"开始。

1933 年：

进行七次查田运动，动员少共国际师、模范师上前线，反罗明路线，公债，公开争取党员，动员夫子，优待红军家属，党员不准与豪绅地主的妇女结婚。第一次开县党代【表】大会，模范赤少队整连整排加入红军，国民教育与社会教育，群众组织的活动。

1934 年：

各县成立独立营，冬成立兴胜县，杀豪绅地主，追出境，清〔坚〕壁清野，归队运动，杀叛徒，成立秘密党，准备打游击战。组织秘密武装到敌区去打游击，区乡组织游击队，红军退出江西苏区。星期六帮助红军家属做工。

开始群众力量攻赣、攻吉，邱会培、陈赤凤等以 AB 团的罪名被杀，李文林继续执行这个错误的路线，他反对打吉安又打九江。

前次决定二十四团要保卫兴、雩、宁、永四县，而二、四团离开后，就未回来，由此成立了二十五纵队。

李文林在二七会议上是反对抽多补少，抽肥补瘦的，他的主张是要以劳动力为标准，进行分配。

本年兴国桥头等地，平均土地，苏维埃〈的〉成立，群众组织建立起来了，排除本地干部，杀了很多本地干部，吞并地方武装，主要是预备队。本年冬兴国组织了一个赤卫军师，以县主席为师长去攻赣。

党团合并，党内开始注意成分，成分不好的及 AB 团怀疑者，送了一批到红军中去了。布置一次"围剿"的工作，并决定在边界区转变组织形式，与进行坚壁清野、侦察联络等，在富田事变时，兴国党始终是拥护毛主席的。

富田事变后，进行一次战争，消灭张辉瓒整军于黄陂、小布，并进行肃反。

（下面内容与前面大体相同，但细节略有差异。编者注）

1926 年前未产生党。

在北洋军统治下、捐税剥削下群众斗争特点：

（1）1917 年在东乡反方本仁军阀铲烟二个营兵力。

1926 年、1927 年反邹老六统治，坝子上、东岗捐税八千元银洋，万余群众用石头打死邹老六，县长走的快。

（2）姓氏斗争：反对大姓欺小姓，大房欺小房，竹坝陈与肖斗争。姓黄的与姓曾的斗争。【姓】廖、【姓】曾【的】与【姓】钟的斗争。

（3）城乡斗争：城市人看不起乡村人，乡村人又看不起城市人，有城区自治会和乡区联合会，平川中学代表乡区联合会，吴大鹏等。

（4）三点会组织的群众性和普遍性，在兴国几乎成为土匪事件，段月泉当时统治阶级也表示无办法，口号是打富救贫。

其次是 1927 年辛亥革命时某些进步的知识分子，接受了新的思想，组织自动军。

这说明群【众】的反北洋军阀的激烈性。

有些进步的知识分子找不到出路，受马列主义的侵入，有的到黄埔去，有的到南昌去。一方面走向革命，一方面走向反革命。

兴国党的产生和当时的活动，1926 年产生县委胡灿、李藻、黄家煜，县工会谢云龙，县农协会、县妇女会，并帮助成立县国民党部，口号是打土豪劣绅，打倒贪官污吏，增加工资。

1927 年四一年〔二〕前后，各种组织被打垮，原因是口号过左。临时县委负责人站脚不住，跑往南昌，整个形势也不好，当时县【委】是跑好还是不跑好呢，那是值得研究。

八一南昌暴动跑去的人又回来，如陈奇涵又回来，在羊山开了活动分子会议，主要决定：

①党应由城市转到乡村。

②做三点会工作，打进到江〔洪〕家内去搞武装工作，组织靖卫团。

③怎样消灭姓【氏】斗争。

④县委派人到段月泉、管开炳土匪内去工作。

由城市转到乡村，首先由知识分子作桥梁。

消灭姓氏斗争，利用党内同志自己解决，从姓氏斗争转到阶级斗争，孤立豪绅地主，今天看羊山会议的决定是正确【的】，争取了段月泉、管开炳土匪头，他们在1927年打龙口回来，经兴国城下过，靖卫团没打，团长胡灿撤到阳〔瑶〕岗脑，陈奇涵暗中利用竹坝陈家最有势力的陈某不打，以后土匪改编为七九编〔纵〕队——游击队。打上堡、马安石以后，又由刘士毅回击配合民团曾德贵打莲塘，包围东村，打死管开炳侄子。

1928年冬，在东村又成立一游击队，党代表，成立四团，副团长吕德贤，在东固与四军会合。

接着五军彭德怀从雩都回来，二、四团离开兴国，县委又成立二十五纵队。敌人两个旅"围剿"（1929年二、三月），长期镇压，稳扎稳打，成立十家联系，当时兴国党应付敌人，镇压到最严重时，退到东村莲塘作根据地，同时在富田办党员培训班，怎样搞武装，对付敌人等。基本上反对组织靖卫团，但在某种特殊情况下还允许办，曾经在东村莲塘组织过假靖卫团，白皮红心，土炮在这时各地游击队都有。

陈奇涵补充：

①在羊山会议后，党内派了些人去做土匪工作，城岗余石生，鼎龙张汉超。

② 1927 年关斗争赣南暴动，桥头抗租抗息、抗捐。

③ 1928 年四、五月间，曾炳春来传达八七会议决议。

打兴国城烧衙门，分粮，烧了刘文齐、谢远巷、刘旭初的房子，杀了县府科长、邮局联【络】员李庚仔，捉了吴大鹏，罚款缴枪，缴兵工厂，靖卫团经西乡到王〔黄〕塘、五〔武〕索走了，第三次钟老槐死了。

二团的成立是七九纵队，富田游击队于 1928 年五、六月间成立于永丰。六七十人，五六十【条】枪。

四团的成立是赣南打兴国城一部武装，兴雩〔于〕游击队党代表金万邦，副团长吕德贤，团长段月泉，成立于东村。

1929 年：

（1）朱毛红军下山，前委指示要赣南特委准备粮食衣服，但未到兴国，只到东固为止，又到福建。

（2）二月十八日彭德怀五军由井岗〔冈〕到雩都，与兴国党发生过关系，兴国党帮助了些子弹，兴奋了群众。

（3）三月成立兴国革命委员会，颁布了纲领：

a. 成立县区乡革委会。

b. 创立保卫赤色政权武装，赤卫队、少先队。

c. 没收和分配土地、山林、池塘、屋宇。

d. 取消一切高利贷租息。

e. 焚烧田契借约。

政府成立〈的〉一个多月后，敌人两个团来进攻革命，谢维新镇压，杀了些革命同志，组织了反动靖卫团，烧房杀了陈振帮，搜山清乡，在丰〔枫〕边打死革委十余人，这是反革命的一方面。

革命方面的，组织城郊秘密工作委员会，每乡村组织赤少队，剪发，打迷信，讨论土地，成立新武装。二、四团在青塘失败后，逃信丰、安远，兴国成【立】二十五纵队，有一次未打进城，二三次打进一次去，党代表□□□，队长邱超群。

十二月焚烧田契借约，组织红心白皮靖卫团，打垮了鼎龙靖卫团，打死团总蓝祥其①，烧了城东街谢×炳房子、店铺。

1930年一月进行分田，但没有在1929年分田，还受过批评，今天才检讨，按当时情况是否对？

东村邓祖富在形势严重下叛变，自首。

黄家煌、陈奇涵被通缉，赣州派一个连来抓陈奇涵，借名收编土匪，闽西日报说赣南土匪首领未获。

在1930年扩大百万铁红军。

富田开二七会，由前委代表团毛主席、张鼎丞对兴国批评是田分得太迟。

决议搞根据地、武装，搞红军，对土地是采取"快分"二字。

在赣西四大党官被杀，刘士奇提的，兴国革命会土地委员钟祥元坚持要在1930年分地，二七会议后取消兴桥宁县委，兴国县委书记掉〔调〕换东固区书【记】刘经化。六军成立后，到兴国会师全县赤少队，三四万人与他会师，非【常】踊跃。朱毛红军第一次打赣州经过兴国城，对兴国群众有何影响可研究，自此后即形成赤白对立，肃反开始，攻大城市。六月间李文林由上海回来传达"立三路线"，撤换了刘士奇一切职务，李文林等反对红军打吉安，要打南昌。

前委决定二十五纵队保卫兴、雩〔于〕、宁、永，因那时二、四团根本不到赣南来了，后又将二十五纵队调走了。

第一次分田原则是以原耕为标准，抽多补少，抽肥补瘦，以劳力为分配土地标准，在这一年兴国的土地分配了。

以肃反名义排挤打击本地创党干部，虽然还不是有意的，但客观上是形成这样，并吞地方武装，单兴国就有一万多人。

1930年冬，兴国组织了一师打赣州，胡承杜②当师长（兼县

---

① 前文记作"兰向其"。

② 应为胡承享，即胡嘉宾。胡嘉宾在另一份回忆资料中提到，1930年底第一次反"围剿"前，中共兴国县委书记兼独立师政委肖自峥率部队配合主力攻打赣州时，胡代理中共兴国县委书记。

主席）。

党〈的〉提出注意党内成分，不要富农地主专权，军队中的成分不好，送地方工作。第一次战争时毛主席曾写过信到兴国县委，要报告分配土地情况，群众武装情形，攻打赣州情形。兴国县委决定在接敌区（赤白交界）建立公开和秘密支部，建立后方，组织侦察暗杀。

富田事变时兴国党是拥护毛主席的主张的。

在东村莲塘，因贫民买不到粮食，组织了平粜局。

富田事变后，进行一次战争消灭张辉瓒整军于黄陂、小布，并进行肃反，每次群众大会必杀人，引起中州、宁坑、高兴圩之豪绅地主反水，兴国县委曾讨论过在竹坝割禾坪建立农场。

1930 年兴国县成立了一个独立团，邹〔周〕文模为团长，后又编入了总司令部警卫团。

1931 年进行二次战争。

1930 年冬陈毅在龙岗传达反"立三路线"，他来后在军事上停止了盲动冒险，但肃反仍在继续进行。

1931 年初二次战争时，开始带出许多难民，后没粮食，又经训练回到敌占区〈去〉,【到】方太、崇贤、高兴圩一带去作白军工作，探情报、扰乱敌人等。徐立源[①]、肖自峥等调到省委被杀了。陈毅来对肃反加了油，把徐立源杀了，贺昌来任县委书记，又加了油杀了肖自峥，造成东村事件。

改造各级党特别是区委，〈反肃〉改造政府，重新提拔新干部，补充如谢名仁、钟谢仁、邓振询。

东江事变后，东江党当时的态度反对教条，反对宗派，跑到中央告状。重新划分行政区域。

1932 年：

全县普遍进行查田查阶级，深入土地斗争，五月扩军冲锋突击。

---

① 前文记作"徐立言"。

四月搞兴国模范师，大量发展党。

一月份在平川中学开兴国第一次苏维埃代表大会。党团活动分子会议，购买公债，对外贸易局、消费和信用合作社、劳动感化院〈的〉成立。

送豪绅地主出境，是〈否〉1932年还是1933年可研究。

组织劳役队修马路。

红军家属，当时情况可再研究，但确实优待红军家属，是提出来了，【成立了】代耕队等组织。

三次"围剿"结束，四次"围剿"开始。

1933年：

七次查田运动，反机会主义，反罗明路线，二个动员。

兴国模范师上前线和扩大少共国际师。

买公债票，长期民夫，优待红军家属，公开征收党员，群众大会中〔上〕摆木桌子设报名处，党内不准同地主富农的妇【女】结婚。

扩大百万铁【的】红军口号提出到最高峰。

1934年：

各县成立独立营，划分兴胜县，对豪绅地主坏者杀，较好者送出境。

归队运动。

雩都和兴国建立秘密党。

烧苏维埃纸票。

组织秘密游击队到白区去活动。

坚壁清烧〔野〕，组织区游击队。

红军退出江西，苏区结束。

（注：本文系陈奇涵同志赠送，江西省委党史研究室翻印，1959年5月13日）

关于桥头樟木山革命斗争历史

李书彬 [①]

1945 年 2 月 25 日

　　我是兴国县樟木山傅令恼〔脑〕村人，革命运动爆发【于】原桥头雩〔于〕北特区，以后改为胜利县，我任少共县委书记，所以将樟木山桥头斗争经过略述于下。

　　（一）我知道雩都北部、桥头、兴国西北部、东固的革命运动是很早的，1927 年、1928 年有桥头朱学玖、钟盛楼 [②] 组织了武装游击队起来暴动。兴国方面有段其芳 [③]、李绍九组织了武装队伍。1928年秋冬朱学玖的游击队因环境恶劣被反动军追剿过，曾把武器藏起来避难一个时期，李化富是我们家族谢光场的亲戚，避难在我家里最久，朱学玖也曾来看李化富，到我家里两次。1928 年陈奇涵、陈其兵也来过樟木山，到谢宗祠高小来过一次，我见过他并知道他是革命活动的人。

　　（二）我乡上党的产生是由李化富发展的，即是 1929 年春先后发展了李青权、邱任丰、李青彬三人组织了支部，由邱任丰担任支

---

①　李书彬（1911—1992），江西兴国人，1928 年加入中国共产党，历任兴国樟木山游击队军需、少共胜利县委书记、少共乐安中心县委书记等职，1934年参加二万五千里长征。新中国成立后，曾任中南军区军需政治部主任、中南军区后勤生产部政治委员、中南军区驻武汉办事处副主任、武汉市兵役局局长等职，1982 年享受正军职待遇。

②　即朱学玖、钟声楼，下同。

③　应为段起凤。

书，以后樟木区有了革命委员会的组织，有了党的组织，由谢国南当书记，统一了樟木区各乡党的领导，受雩都特区领导。

（三）1929年春，朱学玖、钟盛楼的游击队又恢复组织起来了，游〔到〕过樟木山驻扎，被桥头来的白军袭击了一次，打了一仗，双方都有伤亡，以后游击队退走了。

（四）1929年春，樟木山也成立起游击队，由过去邱老七当过土匪藏下的枪七八支拿出来组织的，由邱当队长，谢某任副队长，成立起那天即出发打杀了樟木区最反动的头子谢光贞及其子谢立过，全家被杀了，没收了财产，发了些东西给穷人以后，区乡革命委员会都公开出现了。

（五）桥头革命爆〔暴〕动领导是朱学玖、钟盛楼、朱学湘、钟铁青、李化富等，他们都是大革命运动的中学生、大学生，桥头、樟木山、平安塞〔寨〕等地区联系组织了特委特区革命委员会，朱学玖、钟盛楼主要领导队伍，朱学湘当了特【委】书记，钟铁青当革委会主席，樟木区委谢国南当书记，邱××当区革委会主席，1930年改为向忠县，以后正式改为胜利县。

死难列〔烈〕士被杀原因

桥头革命暴动领袖朱学玖、钟盛楼，也是死在1930年，或1931年，由前方传来后方消息，当AB团杀了，但我们没有见证据，朱学湘、钟铁青及樟木山主要的领袖谢国南、邱老七，全被说是AB团杀了，但是朱学湘、钟铁青领导雩〔于〕北区时，执行了"立三路线"，最左的是以AB团恐怖杀了很多人，参加革命暴动领袖及干部差不多被他杀尽了，单是雩〔于〕北区AB团杀了够千数以上人，造成地区群众大为恐怖，反水逃跑的很多，以后听说朱学湘、钟铁青、谢国南也是AB【团】领袖被杀了，那是很多人都高兴的。不过朱学玖、钟盛楼在前方不知怎么被杀了，他们为革命领袖，暴〔遭〕受了很多苦。

土地政策方面

关于土地政策，第二次什么地主无分地、富农分坏地，到今天我认为是错的，后来还要把地主赶出〔到〕白区去，在苏区不能住，我认【为】这更是错误政策，我家【族】里有一家双寡妇地主，其不可能做反革命的事了，但硬还要把她赶出境去，对于查田运动，其本身我认为是正确的，因为许多地方分田没有分好，再来一次查田运动政策，发动阶级斗争，把田彻底分公平是对的，可是在执行查田运动政策〈内容〉中许多地方弄错了，执行过左了，即〈是〉把贫农当中农，中农当富农，富农当地主去了。

中央对于罗明路线问题

我在宜、乐、崇（三县）任少共乐安中心县委书记，胡加兵①任党中心县委书记，同被党团中央及省委检查，同样犯了罗明路线，与胡加兵同被撤职了，都受了打击，以后我们到了党校②，由中央征×去少共国际师了，把我们当成罗明路线处分了，我是非常不满意的，但到今天，江西的罗明路线错误处分是否正确我是弄不清的，我的处分仍然是认为受过处分，所以这个问题仍要请示上级指示。

（注：本文系陈奇涵同志赠送，江西省委党史研究室翻印，1959 年 5 月 13 日）

---

① 胡嘉宾，又作胡加兵。
② 指瑞金中央党校。

周爱民 [①] 同志（江苏省监察厅厅长）关于兴国县革命斗争史的谈话记录

1958 年 11 月 10 日下午谈，1958 年 11 月 12 日整理

一、兴国县革命组织的建立与发展情况

兴国的共产党组织是在 1926 年建立起来的。首先是陈奇涵同志从黄埔军官学校回到赣南来开始发展组织（陈自己可能是在黄埔军校入党的）。最初在县里发展的党员有胡燦、邹子邦、温叔民、鄢日新、余石生、肖芳全和肖能岩等，较后一段时间团里发展了萧华、刘玉堂、曹冠斋等。第一任中共兴国县委书记刘××（是外地人，名字不详），团内记得是萧华担任第一任（也可能是第二任）县委书记。

行政组织和群众团体在 1927 年 3 月后才开始建立。因当时属于秘密活动状态，所以在各种组织名称头衔上都冠有"秘密"两字。当时的行政组织是秘密革命委员会（1930 年以后组织公开时为苏维埃），群众组织有秘密赤色工会（国民党搞的叫黄色工会）、秘密农民协会等分别领导工农群众进行秘密的革命斗争。当时全县分设为东益区、古龙岗区、丁龙区、崇贤方太为一区（名称不详）、龙沙区、均村区、高兴区等。（周爱民同志当时任东益区秘密工会

---

① 周爱民（1911—2001），江西兴国人，1928 年加入中国共产主义青年团，1929 年转入中国共产党，历任兴国县江背区团委书记、共青团兴国县委书记、中共兴国县委书记等职，参加了中央苏区一至五次反"围剿"战争。新中国成立后，历任中共扬州地委书记兼军分区政治委员、江苏省交通厅厅长、江苏省监察厅厅长、南京市人民政府副市长等职。

委员长）区内设有各种组织，均配备了一定干部领导工作，以驻在石门坳的东益区为例，第一任区委书记是邹子邦，农协主席李行浪（又名林中虎），组织部长周甫成，宣传队长温××（名字记不清了）。

大约是 1928 年县里开始有武装组织，其名称是秘密赤卫军。丁龙区反动靖卫团总吕德贤，被我们争取投诚过来，把这支反动武装改编为红色警卫营，吕德贤当营长。此人枪法很好。崇贤方太这边也成立了第七大队，可能是谢象晃同志任大队长。在此同时，毛主席、朱总司令率领四团，李绍九率领二团从井冈山、东固一带过来，在同年 8 月间兴国县城第一次获得了解放。当时县里成立了二十五纵队，队长邱会培，政委肖以佐，参谋胡灿，副官刘在兹，纵队下面分设三个大队，一大队的成员大多数是王〔黄〕陂人，二大队以兴国人为主，三大队泰和人居多。以后这个纵队改编为红军三军团。1929 年以后，我武装组织较为活跃，各区都有秘密赤卫队、秘密工人纠察队，执行着党委提出的"打土豪，分田地，斩劣绅，一个不留情"的斗争任务。但是这些都带秘密性质的。

1930 年以后革命组织逐渐由秘密活动转为公开战斗了。组织头衔都去掉了"秘密"两字。名称也有所变更。如原来的"秘密革命委员会"称为"苏维埃"，县苏维埃政府第一任主席记得是肖能岩。肖芬全[①] 也在县苏工作，县书〔县委书记〕还是刘××担任。

苏维埃的任务如下：

①打土豪、分田地。兴国第一次搞土改（当时叫查田运动）是从 1929 年开始的，有些地方从 1930 年才开始，时间不一律。口号是"抗租抗债"，不管什么阶层都平分土地。但有问题，好田被地富自己留下了，故以后又连续进行多次查田运动。

②武装组织。普遍组织赤卫军（分男女组织），17—35 岁都编入赤卫军。其中 16—22 岁编为少先队，16 岁以下组织儿童团。在

---

① 前文记作"肖芳全"。

赤卫队和少先队中有几个兄弟而身体又较好者组织预备队，准备随时开往前线。

③扩大红军，扩大苏区。当时县南部社富、留龙、九山一带为"七坊"，包括上堡，作为第一个发展地区对象，其次为龙岗、江口、东村、枫边等地。

由于组织公开了，武装普遍建立起来了，群众组织也严密了，在这个基础上，1930年我军便开始攻打吉安、赣州等地。吉安一共打了四次才打开。随即攻打赣州。就在这时，有些预备队编入了红二十军。另外在东益区组成了半地方性质的武装"东河指挥部"，徐先楷任总指挥，陈达三任政委（肃反时被杀了）。配合红二十军打赣州。攻打"七坊"较为顺利。但上堡土围很坚固，据说是桐油、石灰筑的，费了很大的力量，终于在1931年攻破了。记得是由陈毅同志带兵去打开的。"上堡"是较晚攻破的一个封建堡垒，各地一些较大的土豪恶霸都躲藏在里边。直至该地攻破后才一一归案。江背靖卫团总张修贤、李家林等反动头子，抓回后牵去各乡村游行示众。群众见之极为痛恨，当场给予毒打，以出〔发〕泄多年之积气。

经过几年来的土改、查田查阶级、扩大武装、扩大苏区等一系列的革命斗争运动，群众发动起来了，政治觉悟更加提高了，各项组织更加健全与壮大，至1932年春统计，全县发展党员17000多人，团员24000多人，党团组织普遍在各个乡村建立起来，群众组织到1930年开始公开，其形式有赤色工会、农民协会、贫农团、妇女协会（1932年有一段时间在党组织内设妇委，党外有段时间叫妇女解放委员会）、赤卫队、少先队、儿童团等组织。所有的人无论工人、农民、妇女、壮年、青年、儿童等都分别参加到相应的组织中，可以说没有一个人在组织外的。在乡村中也成立了工会，剃头的、打长工的、裁缝等都参加工会，不入农会，打长工的加入雇农工会。

二、革命的群众运动

广大群众当时最迫切的要求是打倒压在自己头上的地主封建阶级，实现耕者有其田，提出了抗租抗债，"打土豪，分田地，斩劣绅，一个不留情"的响亮口号。1929年开始（有些地方是1930年）第一次搞土改，当时叫查田运动，过去的老债一律不要还，土地是打乱平分，不论什么阶层，每人都平均分得一分土地（东益区每人平均8担谷田）。这次分田虽由农协主持，但没有另行建立贫雇农核心组织，有些地方的领导权并非为真正贫雇农所掌握，故出了些偏差。地富富裕户分得好田，贫雇农民还分得坏田，因此在1930年秋季进行了第二次查田运动，接受了过去的教训，在农协中成立贫农团为核心，领导新组织的查田运动委员会，进行查田查阶级工作，从这时起，我党在农村的阶级路线更加明确了，群众基本真正发动起来了，发挥了核心作用。1931年进行第三次查田运动，当时县委书记由贺昌同志担任，坚决贯彻了"抽肥补瘦、抽多补少"的政策。1932年进行第四次查田工作。因为反对罗明路线，他提出的路线是贫雇中农分好田、富农分坏田、地主不分田，并驱逐地富出境，以后还进行过第五、六、七次查田工作。

扩军参战是当时一项最严重的任务，全县人民在党中央和毛主席的直接领导下，最出色的完成与超额完成了这一光荣任务。兴国的扩大红军工作是最为出色的。除1928年成立的二十五纵队和由伪丁龙靖卫团投诚改编的红色警卫营，以后（约1930年）正式编入部队外，由于战争频繁需要兵员补充，每年都有一两次扩军工作，但规模最大的要算工人师、模范师和少共国际师三次扩军运动，组成了历史上有名的三个铁的队伍，使我县获得了模范县的光荣称号。1930年底反三次"围剿"以后，中央提出了"扩大【一百万】铁的红军"的号召，兴国人民热烈地响应了党的伟大号召，这年记得是纪念红五月（也可能是纪念南昌暴动）时，领导上作了动员报告，发起组织工人师，立即在全县范围内掀起了参军热潮，其成员主要是工人，在工人纠察队中身体较好的差不多都去了，这次参军共2000多人，由兴国县单独成立一个工人师，师长、政委是上面派来的。第二大规模参军是在1931年，主要成员是青年、少先队，全县动员了1000多人，组成了有名的少共国际师。第三次大规模扩军运动是在1932年，这是三次中规模最大的一次。在红五月一个月内就动员了6000多人参军。全县的青壮年男子基本上都参加了部队，以乡为单位组成一个连，一区或两区组成〈为〉团，就这样整连整团开到县里集中，组成了历史上有名的"兴国模范师"。因此兴国县也就获得了"苏区模范县"称号。这个光荣称号一直保持到1934年底红军撤出苏区。当时全县（不包括现在良村区、社富区，只杰村乡一部分归我县所辖）有24万多人，从党的秘密活动到红军北上长征，估计参军参战者就有8万余人。这是我县人民在党的领导下发挥了革命的无限热情，对革命事业作出了巨大的贡献。

苏区革命的特点是全民动员、全民参加战争。除青壮年男子直接参军参战开赴前线外，妇女、老年〔人〕、儿童等都在各个不同岗位上发挥积极作用，有力的配合前方作战。广大妇女都先后参加了赤卫队、游击连、洗衣队、缝衣队等，直接间接地配合主力部队打击敌人，妇女最出色的工作是动员参军与慰劳军队。如当时最流行的山歌小调"十送郎""十劝郎"最为动人，很多地方出现了"父送子、妻送郎、母亲送儿上战场"可歌可泣的动人事迹。妇女利用自己的双手做布、草鞋等慰问红军，每逢有驻军和红军路过时，妇女们组织欢迎、欢送、唱歌、跳舞、背背包等，对鼓舞士气起到很大作用。老年人（45岁以上的）负责担架运输和耕田队工作（优待红军家属）。不仅如此，那时儿童团也是一支很宝贵的革命力量，他们年纪虽小，负的责任却很重大，平时站岗放哨、检查行人、抓赌博、抓抽大烟、打菩萨等。有军队过往时，组织欢迎欢送，很有礼节，并为红军叔叔倒开水，献礼物。红军战士很受舞〔鼓〕动，都表示要更加英勇作战来回答〔报〕广大群众的关怀和小朋友的热爱。

三、对兴国县取得"模范县"的光荣称号的感觉

兴国之所以取得"苏区模范县"的光荣称号，除了首先应归功于党中央毛主席和省委的正确领导外，我认为主要是由于以贺昌同志为首的中共兴国县委会坚决领导全县人民进行了艰苦复杂的斗争，出色地做好了以下几项工作：

1. 坚决贯彻了党的农村阶级政策，依靠了贫雇农的核心力量，完成了土改、查田查阶级工作。1930 年以前农村具体领导土改运动的是农民协会，因为没有在其中建立核心力量，故领导权不尽为真正基本群众所掌握，此后接受了此一教训，便在农【民】协会中建立贫雇农核心组织，因而党的农村阶级路线就更加明确了，建立了以贫雇农为核心的领导力量，广大群众全部发动起来，使这以后的几次查田运动和各项工作都能顺利开展。

2. 出色地完成了扩大红军任务，组成了历史上有名的模范师、工人师和少共国际师三个铁的队伍。全县先后参军参战者约 8 万人，单这三个师就有 1 万人，参军参战为什么这样迅速、踊跃呢？这是由于有严密的组织基础，把群众都组织发起〔动〕起来了，他们经过党的艰苦细致而又较长时间的培养教育，政治觉悟大为提高。比如赤卫队、游击连、少先队、工人纠察队等，这些都是扩军的主要源泉。在三次大规模的扩军中，各个乡少先队、赤卫队、工人纠察队等大部分都先后自动报名，组成为连队开往前线，对于其他各种组织，如妇女、赤卫连、洗衣队、缝衣队和儿童团等，也都有力的支持了扩军运动。

3. 优属工作做得好也是取得模范的重要条件之一。当时绝大部分青壮年男子都直接上前线去了，家里的生产生活一样获得保障。最主要者是组织耕田队，帮助无、缺劳动力的红军家属耕田（代耕），负责优待的群众都是自己带饭去吃。机关干部每逢星期六作为优属日，帮助红军家属耕田，在购买货物、完粮等方面，红军家属都有享受优待之权。因此每一次扩军号召一来，广大青壮年都是争先报名参军，毫无后顾之忧，这样，便直接鼓舞了参军情绪和战

斗士气。

4. 创造性地培养了大批的革命优秀干部，为开展各次革命工作创造了重要条件，并输送了很多干部支援别个地区。县委书记贺昌同志对培养教育干部独特地具有一套创造性的方法。早上叫干部下乡去，晚上回来会〔汇〕报工作，他最后加以归纳总结，指出今后方向。第二天早【上】又下去，晚上回来，这样循环下去，干部很快得到教育提高，培养出很多优秀干部，并往上输送了一大批。这使哪个地方（包括别县甚至别省）都有兴国人当干部。

关于兴国鼎龙茶岭木田村革命史（土地革命时期）

周爱民

关于兴国鼎龙茶岭乡上木田村在革命运动中的一些具体情况，提供给今天检讨江西苏区路线的参考，这些材料是过去在农村中看见和所见群众的呼声，今天加回忆出来的一些群【众】语言，但这些语言也许是一部分群众的思想，但是可以反映出苏区当时的好坏情况〈中〉来检讨那时的政策正确与否，那是更丰富〈的〉明显了。

1928—1929 年东固莲塘、东村革命运动很热闹，游击队都有了，而我们那里因为龙江头靖卫团未消灭，群众不敢起来干，害怕土豪劣绅勾结民团来镇压，所以这时期没有什么群众组织，但是群众对于东固游击队，莲塘、东村（当时所谓土匪）打富救贫的主张是有很大影响的，到后来有胡嘉谟同志来组织农民协会，最初在晚上秘密的（四周放哨）闹了几次会议，会员大约有五六十人，有次说今晚出发去吊羊，于是那晚集合了有百十人，农民仍大家一个传一个来，都将自己家里的菜刀斧头，带上插在腿上，而头上绑了两竹桶洋油火，这天晚上真热闹，每个人都精神充足的干起来，而且自己内部很团结，大家在彼此间都【是】好同志了，遇见了就叫某某同志（是新名字）。那时所谓吊羊不吊本地方的，而到外乡去调查，主要是免得暴露而且群众也愿意这样干，要不害怕，对本村地主还采取不伤害，由外面来搞的办法。

木田村有一户地主名叫赖福太，他家十多口人，土地大部出租，小部土地雇人经营，下面有一批走狗，最坏的是丁荣方，他是忠实走狗，农民很讨厌他，赖福大（原文如此，编者注）本人较温和些，最坏的是他的大儿子赖世昌，其户有几户富农，这些人在农协搞得轰轰烈烈时也参加到农协来了，其目的是想掌握领导权，保障自己性命、财产的安全，企图以农民运动战为防范土匪的民团组织，把革命变成〈为〉改良主义，如在农会中威胁农民，不要搞得大（原文如此，编者注）厉害 × 来，提出不要"抗租抗税实行减租的办法"。但这些论调都被农会反对并在会议上公开斗争，到龙岗头靖卫团被消灭后，农会更大胆的干起来了，〈在〉每天公开的开群众大会，把那些【土】豪劣绅及其走狗们都打下去了。赖世昌被东固游击队捕去在罚款后即杀了，那些富农走狗也都低头，到分土地进行选举政权时完全被打下去了。

最早是赤卫队武装得很好，有土枪，子弹带，绑带，帽子，一方面是自己搞的，一方面是公家搞的。赤卫队共有百人左右，有号兵有伙夫，他们出发前面有三个人组成的先兵，随后，高举着一面有镰刀斧头的大红旗，飘摇着，每个同志都威风凛凛地前进，引起沿途每个观众〈的心〉都兴高采烈的说"是穷人翻身的时候到了"。

随着而起的是小学，建立了新的小学校，宣传免费读书，但也有的家庭宁愿留孩子在家放牛、务农而不去读书，后来规定七岁到十六岁的儿童，一定要读书，于是儿童全部读书。这个小学成立后，推广了全村政治文化的发展，如宣传、歌据〔剧〕、夜校等都搞得起来了，首先是儿童团有了组织，出发到本村内普遍的进行募捐运动作为办公费用，其次是各种革命歌子中〔的〕影响，推广到家庭男女中去，当时的歌子都是很有现实意义的，而且也有教育作用，又通俗又好听易懂，最初是《暴动歌》《十二月革命歌》《打倒贪官污吏歌》，后来要妇女剪发，又有《剪发歌》，要做套鞋子有《套鞋歌》，但这些歌都思意〔忆〕不起来了。若昌〔唱〕起来真有意义，现我想起来十二月革命的头尾两段："正月革命是新年，无产阶级笑连连，好比拢中谷 × 子，脱掉拢 × 出头天。十二月革命就一年，松松爽爽来过年，个个杀鸡来焖肉，拥芦〔护〕红军万万年。"还有《打倒贪官污吏歌》，也好几段，现将想起来的一段写在下面："× 打倒打恶厘，金厘金做事不公平，一个钢钱三点汗，还要拿钱上他身。"这些歌正〔真〕是起了很大教育作用，而农民群众也很愿意唱，因此小学校起了影响教育群众的桥梁作用。

禁赌戒烟打破迷信是对的，但是在打菩萨运动中，把所有祠堂上的匾、族谱都弄了，这点就起了不好的作用。今天看来对这些应该保持，如匾是老人的寿匾应尊重，但那时不但搞了，而且还拿到厕所里去作踏脚板，使他们感到是污〔侮〕辱，其实匾挂在房子上对我们的革命是没有什么防〔妨〕害的，但是当时为打破封建，故意放倒〔到〕地下或厕所中踏来踏去，而不愿意老百姓自己拿回去。至于族谱，他是有好几代历史存遗下来的，对于了解历史也有很大的作用，所以这些是不应该这样毁了的，因为对革命没有好的影响，反而使群众说："革命好，连祖宗都不要了。"

打破封建男女平等婚姻自由，是对的，但错误的是在于没从政治上来解决，因此在执行中发生许多不正确的现象。

把打破封建男女平等单纯从生活上和男女关系上来看一个妇女的封建与否，例如：男人在语言上行动上来问女的意思与玩弄，而女的不拒绝不害羞，就叫"打破了封建"，否则就帽〔扣〕上封建帽子，在群众大会上会议日程有一条，捉游戏，这个游戏是把年轻漂亮【妇女的】名字写在纸条上卷起一团，而工作人员和参加会的同志，都摸拿纸条，谁摸到那个名字，就归谁来采弄，这个影响是不好的。后来在开会时，在没散会时大家就跑，特别是青年妇女，但是那些负责同志不去觉悟，反而采用放哨闭门的对策办法，开口是打破封建，闭口也是打破封建，开口是男女平等，闭口也是男女平等，把这口号随【意】歪曲，不知提到政治水平上来了解，在初期我以为是本地人搞的，后来看到区里也有人参加，乡政府的主席都在旁边，主张这样干，于是我想这不是一个地【方】性的问题，现在和一些同志谈起来时，更证实了这一事实的普遍性。

提倡婚姻绝对自由，这"绝对"二字本身是有毛病的，无求〔怪〕乎那时错误的认识。正因为这是绝对，所以就无限制的自由，可以随结随离，今天结婚明天离婚，家里一下不好，就要离婚。女的借此武器来威胁和顽抗家属和丈夫，造成对立。有些女的借此可自由活动，家中不敢管她，因为妇女会的权力很大，害怕被报告了会受处罚，或戴高帽子游行。当时在群众【中】有的说："现在真翻天覆地呀，【哪】还像一家呀？"解放妇女是应该的，但那时脱离了政治意义。

我的革命回忆——老同志谢高选口述

当第一次国内革命战争失败以后，领导中国革命的中国共产党领导人，不但不因革命失败而退却，而【且】更振奋精神，继续奋斗。正如毛主席所说的："中国共产党和中国人民并没有被吓倒、被征服、被杀绝。他们从地下爬起来，揩干身上的血迹，掩埋好同伴的尸首，又继续战斗了。"为了挽救革命的失败和继续进行革命的斗争，所以，周恩来、朱德等同志，根据中国〔共〕党中央的决定，在 1927 年 8 月 1 日举行了南昌起义，举行〔起〕了反对帝国主义和国民党反动统治的大旗。这一起义，更鼓舞了革命阶级和人民武装的斗志，加上毛主席在井冈山根据地的建立，从此，更有了革命的领导核心。接着，江西、湖南各农村的农民起义和秋收起义叠〔迭〕起，就在这革命由低潮到高潮的革命形势下，我们高兴、崇贤亦联合组织了高崇农民协会。当时，许多力求解放的高兴、崇贤的贫苦农民都参加了这个组织，在这一组织机构的领导下，进行了不少的革命活动，如写标语、发传单、暗地打击豪绅地主。

到了第二年，兴国的各个革命组织又联合组织了第二十五纵队，由肖以佐、邱会培等同志负责领导，李韶九二位同志来兴国指导革命斗争，所以我们又和芦林联合，成立了兴国、芦林二县编组的第二十四团，因此，我县的革命武装力量日益扩大，境内的豪绅地主纷纷逃窜，这样一来，国民党反动派企图扑灭我们这支〔颗〕革命种子，便立即派来反动军队第三十五旅开往兴国和我们新成立的二十四团作战，可是这支革命力量在当地农民协会的支持下，越打越强。使这反动军队无计可施，迫不得已而退回赣州。

反动阶级非常害怕农民的运动，各地也纷纷组织了地主武装，如罗炳辉组织的第八、九区的联防指挥部，自命团总。但是〈在〉当时势不可抑的革命声势和革命政治的宣传，不但唤起了革命阶层的人民，而且被组织起来的罗炳辉也看到了革命的远景，所以他也放弃了本阶级的利益，投向革命，他的部队开到了东固，便宣告起义了。这使革命力量进一步的壮大了。

这个革命胜利的捷报，传到了白匪区内，使白匪军慌忙地派了第十八师的一个师的队伍，师长张辉瓒来"进剿"我军，当时敌军自命不凡，认为可以马到成功。这支敌军尚未尝试红军的味道，不料结果杀得他们头破血流，只在龙冈的一次战役里，全部被红军给歼殁〔灭〕了，师长张辉瓒被活捉，缴了敌人的武器，装配自己。此后这支【队伍】从简单装配的农民军已变成正式的陆军部队，准备迎接以后的革命高潮。

当英雄的苏区红军粉碎了国民党的第一次进攻，也就是我们取得了一次战争的胜利。可恨那国民党匪军又卷土重来对苏区开展了二次战争，在此次战争中，敌人更增加兵力又加强了装备，更疯狂地向苏区动火，其时英雄的苏区红军在一次战争胜利而长了的斗志，更加怒火冲天，更坚决要给敌人第二次的迎头痛击，可以接二连三地继续粉碎敌人的进攻，在兴国、莲塘十万〔里〕外的一次战役里，就歼灭敌人第五十师，师长张道元毙命。接着在宁都又消灭一个旅的敌人，再如泰和的富田战役里又击败敌军第二十八师，歼敌〈有〉全师大部分，伪师长公炳藩狼狈逃窜。这支打败的敌军〈将〉逃至东固桥头冈碰着我们红军主力，在毛主席亲自督战下，全师被扑〔歼〕灭了，由此缴获了的敌人武器又一次的充实了革命武装。当时英雄的红军战士们满怀信心地唱着一只〔支〕歌曲说："红军不愁无刀枪，敌人手里夺得到，敌人的枪，就是我们的枪，敌人的刀，就是我们的刀……"这足见当时的革命声势了。

国民党反动派受了二次战争的失败，又重卷干戈，大规模的调派五个师的兵力驻守兴国，发动三次战争。当时从短期中发展壮大起来中国工农红军第一军团和第三军团，加上二十一军，声势浩大，胜过敌人百倍。敌人眼看到红军的声势浩大，难以留守兴国，便企图退回吉安。当时红军便在〈从〉高兴、泰和一带，布兵迎敌，敌兵先头的两个师行至老营盘，英雄的红军第三军团第八师与之奋勇作战，消灭敌人一个旅，阻止匪军前进，【使其】迫不得已而退回兴国。同年旧历七月廿三日，伪六十和六十一师在东固地方进行烧杀屠抢，使该地 80 里境内的居民遭受灾殃，其时伪军从东固西下进攻高兴，企图和兴国城驻的敌军接通，在高兴的红军战士和敌军接连苦战了四昼夜，毛主席在竹高山，彭德怀将军在上西龙亲自督战，战线漫长约四十〈余〉里。这此〔次〕战争由于有毛主席的正确领导和战无不胜的英雄红军，所以最顽强的敌人也不例外的打败了，等于鸡蛋碰石头似的打得他头破血流。更因我们领导上的战略战术，敌人莫测，所以潜伏在东固一带准备出击的敌兵第五十二师，又同时在东固张家背，被我军迂回在敌人背后而消灭了。使敌军腹背受击，所以全师被歼殁〔灭〕，伪师长韩宗珠①也送了命。轰轰烈烈的三次战争又在红军的炮火压力下，献出了惨败的丑态，经过这三次战争考验的中国工农红军已成为战无不胜攻无不克的钢铁军队。在群众中已有了坚强的威信，苏区境内的各种革命组织健全了，苏区政权巩固了，红军在毛主席"战时集中力量，平时分散作群众工作"的战略政策指导下，我们轰轰烈烈的进行土地革命，"打土豪、分田地"已成〈立〉了三岁儿童的口语，农民的革命热潮空前高涨，红军更日益扩大。

经过三次失败的国民党反动军队，毫不甘休，又向我们进行四次战争。这次战争的焦点，移向抚州苏区。我们打宜黄、乐安后，我队开回于都，当时于、兴、宁的二十六路军赵博生同志、顾锦同志起义成立五军团，红军的第一方面军在宁、会、于等县，和地主武装开展了战斗，缴获土匪枪支弹药不计其数。当1931年冬，在瑞金成立中央临时政府时，工农红军南征北伐，先后在赣州、南安，福建的漳州、广州等地，跟敌军开展了数以百计的大小战争。其中最值得回忆的是梅岭崇的一次战争，我军五军团跟敌人开展肉搏战，杀得敌人尸首遍野，在四次战争中，我们跟敌人百次开火，红军则凯歌百奏，真是红军英勇扬天下。

通过这四次战争的国民党反动派，则孤注一掷，集中百万大军向中央苏区进行围攻，苏区军民在党中央的英明领导下，亦大鼓革命的奋斗精神，为了保卫家乡、保卫胜利果实，差不多所有的壮年男子都纷纷报名参军，我也【是】在这次革命高潮中投笔从戎的。入伍后，编入第三军团第三军第三十一师九十二团，不久我对〔队〕开往广昌进福建，打建宁，在打开建宁后，我奉命在此做群众工作，发动当地群众进行打土豪、分田地等的革命活动，把当地的农民政权巩固了，重回部队。接着进黎川，其时敌人已逃往南城，我

---

① "韩宗珠"应为"韩德勤"。1931年蒋介石调集国民党军发动第三次"围剿"时，第五十二师师长韩德勤在东固附近的方石岭被俘，后化装逃脱。

队既攻临川、打金鸡〔溪〕、东乡等地，接着我军第三、五军团攻福建的韶抚府，时已寒冬大雪纷飞，我们在雪地上生活作战。为了革命，我也不觉得雪是冷的。我只记得在打金鸡〔溪〕县的封山普^①〈林〉时，我军和敌军苦战六小时，敌人偶施毒计把银圆、皮鞋等物品撒在路上，假装而逃，企图回击我军，我们在上级的教育和正确领导下，没有上敌人的当。

在这艰苦的战斗里，我军又和赣东北方志敏同志的部队联系了，由此又振作了我们的士气。其时兴国组织了模范师，瑞金组织了少共国际师，我们力量也空前壮大了，堵住敌兵向中央进击，这两支新编部队，只在乐安罗背圩学习一个月的军事技术，便出发打福建的沙县。这支优秀的农民子弟兵——兴国模范师，后改红六师，便旗开得胜，在沙县消灭敌人两个旅，敌首卢兴邦毙命，不但缴获了敌人的全部武器，可〔更〕值得可贺的是夺取了敌人的兵工厂，把敌人制造武器的机具连零件都没有少了一样，全部送往红色首都——瑞金。毛主席〈把他〉在此建立了"红色兵工厂"，从此手榴弹、马尾炸弹、五子炮等人民的革命武器不断地创造出来，源源不断地供应红军作战，同时许多在苏区久被敌人封锁得不到〈敌人〉供应的物资，如食盐、布匹、药材等，也从此可以大量供应内地了，这是我们兴国模范师首次为革命写下的光荣历史。

1934年三月间，我军开到福建大田市，遇敌军主力部队，我团为了夺取大田市，团部命令我连担任冲击敌兵三个堡垒，当时我连连长因病休假，我任本连一排的党支部书记，代理该排排长，那天又是值星排，所以要担任连长职务。我接受命令后，立即回到阵地，动员全连官兵奋勇作战。我自己一马当先，带领全连战士，冒着敌人炮火，在枪林弹雨中奋不顾身地冲去，将冲到敌人碉堡下，我不幸被敌弹伤了右腿，血流不止，几次昏倒了，我几次都挣扎起来用手榴弹炸击敌堡，接着我连指导员贺灿同志××带花，我幸

---

① 应为1933年1月金溪战役中的枫山埠。

被全连同志救护回院。

不久，我被送往中央红色医院治疗，因伤口过重，难以保全全腿，所以我的右腿便捐献了革命，我回忆起这段斗争历史，真是可歌可泣的。

（尚积明记录）

一个千磨百折的老同志

徐顺理口述

在一个明月如镜的晚上，我同几个小同学散步到厚富村，会见了一个老干部夏家廷同志（在 1930 年参加中国共产党，担任过江西省特击队排长），他一见我来了，殷勤地招待茶烟，要我们坐下，寒暄以后，他开口便说："毛主席真是英明，人民的生活不断地提高，祖国日益繁荣富强起来了。可惜我年纪老〔大〕了，身体衰弱，早年受伤的脚疾又还未好，【不能】为革命事业效劳了。"我问他脚是怎样受伤的，他说："说来话长了，〈当〉1927 年毛主席和朱副主席在江西领导我们打土豪分田地，建立苏维埃政府的时候，我便参加了当地农村工作，经常同曾山主席工作在南丰、广昌、建宁等县，这时国民党反动派曾经先后发动了四次'围剿'江西，都被我们铁的工农红军〈，把他们〉打得落花流水。可是反动派四次失败后，还是〈无〉不服气，接着又来第五次'围剿'。我随着曾山主席转战到了兴国的长岭下，这时敌人疯狂地把我们紧紧地围困了，在敌众我寡的形势下，我们的队伍被冲散了，我与曾主席断了联系，我和几十个战友，顺着山势退却到兴国与永丰边界的均福岭炭子坑大山区。敌人看到我们上山了，便狠狠地在山的四围纵起火来烧山。我们被熊熊烈火围困在山坑中，我的右脚受伤了，猛烈的火逼着我们跳入山涧的水潭里，仅露出半个脑袋来呼吸，在水潭里蹲了大半天，没有脱险，被敌人严密的搜查给抓住了。

"地狱般的生活，就从此开端了。被抓后，敌人把我们送到泰和田塅后，转解到伪兴国县军事法庭，伪军把我们关入牢狱里，手镣足铐，拷了八十七天。因此，我的受伤处被水浸坏，一直到现在医治未好。在监狱中遭受残酷的审讯后，又解到割禾坪伪军的别动队，再受百般的拷打，威迫利诱，使尽了种种刑法，后来又解到宁都什么休养所，这个休养所就等于断头台，每天要屠杀三批革命人士，这时我与同难钟连兴、叶显祯、周英雄等同志，在狱里商议着，抱着宁愿牺牲，坚决不在敌人面前说真话的决心。在那里审问之后，又解往九江，由九江转介〔解〕汉口，在汉口罚苦工九个多月，才逃回家中。回到家中，又受当地地主和反动分子的欺凌和压迫，无法在家落脚，又只得逃往枫边（家族）夏若林大恶霸家中做长工，年年月月做了十三年长工，我时刻在想念党和毛主席，盼望他们打回来，盼望盼望，终于盼到了。伟大的救星毛主席率领大军回来了。黑暗的日子又重见光明，我才回到离别十三年的老家，若不是毛主席和共产党回来，我这条老命虽在敌人千磨百折中未被国民党反动派折磨死，也会在地主家中累死的。如今好了，我回到自己的家，回到党和毛主席领导下过生活。亲眼看到了那帮反动派的下场，我心里是多么的高兴呀！只要我们共产党万万年，我虽年老，在世不长，但我们的后代以及时时〔世世〕代代都在共产党领导下，永远过着幸福美满的生活，我是多么愉快呀！"

（杨经文记录）

奋战七昼夜　歼敌一个团

钟华沅口述

这是 28 年前的事了，不过，今天还深深地留在我的脑海里。谈起来又要使我兴奋和骄傲。

1930 年，蒋介石带领白匪军，向我南方的红色革命根据地发动了狠狠的第三次围攻，梦想在短时期内，摧毁我革命根据地。我英勇的红军在毛主席和朱总司令的英明领导下，和敌人开展了激烈的反围攻战役。

当年，我正在第十二军三十五师一〇〇团第三连当战斗员，亲自参加了这次战斗。4 月间我三十五师驻在广昌县境内，我们的任务是歼灭广昌县的敌人，要和赣东北的义勇军取得联络。敌人有三个团，盘踞在广昌县很久了，它们已经筑起了坚固的防御工事，占住了各个主要据地〔点〕。所以这是一次比较艰巨的战役。

4 月初，敌我双方已经接触，战斗开始了，敌我互相穿插，战斗越来越激烈，接连打了七昼七夜。炊事员已经送不上饭来了，七天内，我们才吃了两餐稀饭，只有嚼着干粮。虽然在这种艰苦的情况下，可是，我们的意【志】坚定，越打越强。

敌军三个团，伤亡很大，斗志逐渐消沉，越打越弱，眼看支持〔撑〕不下去了。

4 月 11 日，这是战斗的第七昼夜了。天空密布着黑云，天慢慢地黑下来了，田野一片黑洞洞的，战地上寂静无声，似乎要停止战斗了。

漆黑的天，敌人怕死，不敢出动。他们整个团的残兵败将便宿回山头古庵中休息了。敌军以为我军也不敢出动，谁知我军便在深夜三点钟，分头包围了古庵，深入敌巢，等到敌军从睡梦中惊醒过来，全团敌军已经全部做了我们的俘虏，七百多支步枪，三挺机枪和无数的弹药也都全部变成了我们的胜利品。

我军消灭这个敌团后，继续攻下了各个据点，其他两个敌团眼看自己伤亡过大，难以支持，便向南丰窜逃，躲在南丰县里再也不敢出面了。第二天我们便打进了广昌县城，并和赣东北义勇军取得了联系，完成了我们战斗的光荣使命。

（王建涛记录）

从头陂到南丰

徐顺理口述

头陂是广昌附近的城镇，在五次"围剿"时，敌人的一个最主要的军事基地兵工厂，就在这里，当时敌人把那××市把守得非常严密，四周城墙上都挂着高高的铁丝网，城门做好了堡垒，这样一时就不容易打开。我军一、三、五、七军团，由彭德怀将军亲自指挥，事先开好了战争准备会议，将附近所有的楼梯都集中起来了，一切准备好后，就在一天凉爽的早晨，太阳正在东方升起，战争开始了。首先我军在离城二里的地方做好备战工作，使敌人不能在城墙上站住他们的鬼脚，由一支炮击队就在城墙脚下挖地炮，一支就用楼梯上城墙。等到地炮一响，我军就从四面八方向城里攻打敌人。经过半天时间，就把敌人全部消灭。有一部分做了我们的俘虏，缴获了许多枪支子弹，和其他军用品，只记得三万多夫子挑送，也送了三四天之久，接连着胜仗又向南丰开展。

（杨经文记）

英勇红军粉碎敌人第三次围攻

张英湖

我是在 1928 年参加过苏区革命，经过党和毛主席长期培养和教育下成长起来，我首先应该感谢党和毛主席。我记得 1928 年^①夏天，英勇红军粉碎敌人第三次围攻时，我军取得了伟大胜利，所以把这次战役写在下面：

1928 年苏区红军在兴国建立了苏维埃红色政权以后，白色区的反动国民党〈将匪军〉害怕苏区红军的发展和扩大，就接连进行了对苏区的五次围攻，毛主席和朱总司令根据当时敌我情况，英明的采取了防御运动战、游击战、坚壁清野、诱敌深入等灵活的战略战术方法，来消灭敌人，打击敌人，粉碎敌人的五次围攻，在 1929 年^②第三次反围攻的战役里，红军早就知道敌人六十、六十一师要由兴城全部开赴吉安，企图逃出苏区范围。毛主席和朱总司令亲自指挥第三军团主力部队，从文洒到浪川、西洋山一带布置阵地四五十里，准备在高兴全部消灭敌人，不让敌人逃走一个。敌人到了高兴附近，我军开始出来激战了三昼夜，战争激烈的时候，我苏区人民送饭送粥给红军吃，【有】做向导的，有抬担架的，也有做慰劳的，也有热烈地支援红军作战。正在将要消灭敌人的时候，不料天下大雨，河水暴涨，红军截击部队迟缓渡河时间，尾截不够紧，敌人第十二师、第九师增援上来，企图突围。这时我英勇红军

① 红一方面军第三次反"围剿"战役发生于 1931 年 6—9 月。
② 同上注，应为 1931 年。

又把敌包围，用冲锋战消灭敌人大部分，有一部分向崇贤方面逃窜，逃到高兴拱桥时，因桥面窄，敌人既拥挤又慌乱，掉下河里被水淹死的不知其数，总计这次消灭敌人有两个师以上，缴获枪弹、被服、军用品无数，逃亡军队丢掉【的】东西沿途都是。

我感到在第三次的反围攻的高兴战役里，不仅表现了红军英勇善战，同时红军能够以少胜多、愈战愈强。毛主席在论美帝国主义是纸老虎的文章里告诉我说：解决战争不是在武器，而决定在人。这次战役里更加充分表现了我们人民力量的伟大啊！

驻在兰花山上

杨宜宽口述

1928 年 5 月间，工农暴动军在我们苏区兴国组织起来了，我就是其中一名。

我那时就得到了组织的信任，加入了共产党。我们一个大队有170 余名，大队长丘会培，指导员是一位姓朱的同志，我担任宣传员，大队中有一个很有智谋的班长名叫赖香华。

1928 年 5 月某日的傍晚，我部游击队驻在新寨北坑兰花山山腰的一个茅屋上〔里〕，第二天，反动派晓得了这个消息，便调集了两千五百多名反动军，把我们的驻地兰花山包围起来了，当时的情况是十分危急的。摆在我们面前的道路只有两条，一条是硬干，一条是撤退，胜败取决于片刻。朱指导员主张往山顶爬和敌人硬干，班长赖香华献计说："敌人众多，我们人少，敌人占了有利的阵地，我们处在四面受敌的孤山上，如果和敌硬干，是一定要受到损失的，对保存我们的力量是不利的。我们应该往山下撤退，山下小坑很多，可以找一个地方冲出去。"我把这个意见反映到大队，取得了一致的同意，便率领本部撤离兰花山，刚退到一个山坳上约百步许，便被敌人发觉了，集中火力弹向我包围，我们虽然冲出到了乌石坑，但还有一重包围没有冲出去，敌人2000多人，敌众我寡，要全部冲出来是有困难的。大家一研究觉得敌人虽然人数多，但都是乌合之众，没有战斗经验。我们一定能够冲破他们的包围线。

恰巧泰和的反动军也刚刚开到了此地，他把兴国的反动军作为是红军，便开起火来，自己打自己，打得乌烟瘴气。我们便乘这个机会向敌人猛冲，敌人四面倒退下去。我们一百多个人没有受到一点损失，还缴获了敌人两条枪和其他军需品，胜利的到达了我们革命委员会驻地——东固。

（赖福彬记录）

两次战役前后的回顾

王照×口述

时间过得真快，不觉〈苏区革命〉我在红军二十四师当排长的时候到现在有20多年了。虽然时间过得这样久，但我还清楚地记得起我在1931年跟红军外出以后，于1933年调红军二十四师侦察连担任一个排的排长。二十四师是由中央直接领导的，党中央领导同志对〔与〕我们下级干部的联系非常密切，真是亲如一家人，特别是对负伤的同志无限的关怀。如有某同志负了伤，首长就立即告诉班、排长好好的安排，有时还亲自把负伤同志的背包、枪支给别人挑或者背去，给负伤同志很好的安置，那时真是官兵没有什么区别。现在我回想革命之所以能胜利，也就和领导同志关心群众，得到群众的拥护分不开的。我还记得，毛主席、朱总司令和彭德怀同志，他们也和我们一样的生活，穿的粗布衣服，吃的同样的饭菜，平常吃生烟叶，这一切都充分的表明，这些首长的艰苦朴素的精神。

那时候和敌人作战的次数难以记清，有时一天曾打过两三次，有时晚上打过仗，一天亮又和敌人进行了战争。在每次战争中，首长战士都是奋不顾身和敌人搏斗，在任何困难的环境下都从未表现过屈服萎缩，屡次都能把敌人打败甚至消灭。

在一次多数老革命同志所了解的福建南阳战役里，充分表现了官兵对敌斗争的坚决勇敢。这次战斗的任务是要我们侦察连冲到一座高陡的山上去消灭白匪一个营，当时要完成这次任务是十分艰难的事情，敌人在山顶，我军在山下，如果被敌人发现就有被消灭的危险，但是又无可隐蔽埋伏的地方，山上连小树茅草也很难觅到，四周都是光秃秃的。上级命令在四点钟以内就要把山上的碉堡攻破，歼灭敌人，怎么办呢？当时侦察连长要求〈要〉亲自到山顶把敌人碉堡攻破，于是就叫各连的火力分散为三四处，向山顶攻击，使敌人的力量分散。我们的连长选择敌人火力较弱的地方爬去，经过大约二三十分钟连长就出现在敌人碉堡的跟前，忽然传来轰的一声，手榴弹爆炸了，顺眼望去敌人碉堡里冒出白烟，随即，我军冲到山顶，把敌人全部俘虏，获得了战争的全胜，我军未受丝毫的损失。

在福建汀州战役里，〈一个〉指导员刘金光同志对我的影响最深刻。这次战争也是要攻碉堡的，山岭的周围都很难使我军隐蔽，更〔只〕能向敌方冲锋。但我们侦察连的指导员刘金光同志都〔却〕要求亲自要去攻破敌人的碉堡，我军分兵几处向敌人开火，以掩护指导员和几个战士前进，不幸在中途指导员中弹负伤，但指导员同志仍忍痛继续前进，未走多远又一处中弹。这时看样子指导员伤痛厉害难以支持，但坚强不屈的指导员仍忍痛往前爬行，直到【到】了敌人碉堡跟前，用尽力气站起身向敌人扔去两颗手榴弹，打哑了敌人的机枪〈声〉，使山下战士很快地赶到山顶，把敌人歼灭。这时候，指导员同志已经相当难受了，伏在地上让医生给他医护伤口。但忠于革命，忠于人民的指导员同志还忍着痛，向战士们举手高声喊道："同志们！为了土地，为了自由，为苏维埃政权而奋斗！"战斗结束后，指导员刘金光要到后方治疗，同志们都流泪送前了一里多路，直到现在我还深深的记着刘金光同志的话：我们要为革命的最终目的——共产主义社会而奋斗。

（陈道赞记录）

苏区革命大事纪要

钟顺渠口述

（一）党在高兴地区的初期活动和组织情况

高兴地区的土地革命开始于 1927 年，初起，组织秘【密】的农民协会，1928 年才公开〈的〉成立区政府，当时全县分东南西北区。

1928 年在高兴成立革命委员会，管辖一、二、三乡。1929 年高兴成立苏维埃政府（当时未公开），区下有乡、村两级苏维埃机关。当时高兴区委会的党代表高克迪，第一乡党代表曾前展，第二乡党代表曾进展，第三乡党代表曾开展。这些人的名字都是代号，真实姓名不详。当代〔时〕都用 C.P.、C.Y. 来代替党团符号。

同时区委会组织，区委书记曾力生，第一乡支书许敬上，第二乡支书王信，第三乡支书钟循仁。当时党的中心工作是一切为了战争，扩大红军、打土豪、封仓开仓，以及号召抗租、抗债等，从而激发人民的觉悟和革命的斗争意志。

当时，乡、村的行政领导一律称主席，下设文书或有正、副主席之称。各级政权机构中都有妇女委员会、儿童团、少年先锋队、雇农工会、工会、贫农团会、革命互济会、反帝同盟会等组织。

（二）关于反"围剿"战争的情况

1929 年发生第一次反"围剿"战争。地点有龙岗、东韶，这次战争活【捉】伪师长张辉瓒，并砍下其头，用门板钉好顺水放下赣州。

第二次反"围剿"是在沙洲、富田进行的。

第三次战争即在高兴地区进行的。参加这次战争的国民党军队有六十师、六十一师和一个独立旅，敌人采取"三光政策"（烧、杀、抢）。红军参战的有三军团，军团总指挥彭德怀同志等指挥作战。这次战争的准备工作由党亲自动手，地方普遍组织游击队，党政机关均包括在内，乡以下支部书记，每人只带三支枪，进行扰乱及阻敌工作。中年人组织担架队，另挑选一部分勇敢的人组织救护队，青年人组织先锋及运输队，妇女组织慰劳队、洗衣队，儿童组织跳舞队、山歌队。参加上述各种组织的人员，都自动地到前线去参战与送饭、送茶等〈工作〉。成了全民动员。

战争共进行了十天左右，在这次战争中贡献最大的是黄群【村】的人民，主要阵地是在牛牯崚。这次战争俘虏敌人一个旅，另外零星俘虏的还很多。

在这次战争中黄 × 勤的团支部书记张中扬，率领 12 名青年，只有梭镖十多支，便缴到了敌人一个排（36 人）的武器。文洒桥头一个农民用锄头曾缴获敌人 6 条枪。

这次战争敌人是从富田来的。从富田一直到崇贤、方太，大约 15 华里左右的地区房屋全部烧光了。当敌人败逃时，被当地群众杀死敌人很多，丢尸河中，使崇贤河的水〈已〉变成红色。

（叶德峰记录）

第三次反"围剿"竹篙山战斗概况

丘才焕、修升春口述

竹篙山战斗

参加战斗的敌我军事力量：敌人有九、十二、五十六、六十、六十二师；我军有三军团、四军【团】（林彪军长属一军团）。战斗地区从老圩巩桥头、竹篙山到老营盘。

在战斗前红军到这里通知老百姓说，过几天敌人要从这里逃往吉安，叫老百姓搬走。打仗前一天，人都走了。

敌人第九、十二师从兴国城来，我们队伍从茶园岗、教富、鳌源等地赶来时，黑漆的天气，下着倾盆大雨，连枪声都听不清楚。敌人用五六挺机关枪封锁着老圩〈巩〉桥，又回涨水，我军冲不过去，隔河打了两昼夜，敌我双方都没有了子弹。敌方累战不得逞，三十一旅旅长便自杀伤【身】亡。当时敌人士兵架起枪来，表示怨〔愿〕意缴枪。我们的队伍没有去缴枪，回到原地去了。

我们在老圩桥打仗的时候，在永丰的敌人五十二师，在崇贤的敌人第六十、六十一师都到高兴送命来了。我军埋伏在从竹篙山到老营盘的山沟里，当敌军一到，四面燃起了炮火，敌方乱了，经过三昼夜的围击，歼敌两千多人，在老营盘缴了敌人一个旅的枪，敌第九旅旅长自杀。敌人被打败的残兵弱将却串同〔通〕敌第九、十二师一起窜逃吉安去了。

当时，毛主席和朱总司令在石壁脑指挥，林彪在竹篙山指挥。竹篙山战斗后，我军往东固、永丰、乐安一带去消灭敌人去了。

当时，地方上的区、乡干部也一齐参加了战斗。我们的口号是

"优待俘虏，穷人不打穷人"。事前，红军还通知我们群众进行疏散〈东西〉，将老人、小孩、妇女、病人都送往茶园一带，青壮年组织担架队，送茶、送饭、抢救伤员，使我们的红军要什么就送什么。

抢救伤员都是冒着枪弹。有一个修升昆做担架运输，抢救伤员同志很积极。也有的为了抢救伤员，不顾一切的自己亦光荣的牺牲了。

第一次革命战争时，伪党〔军〕在吉水富田设立"剿共"总指挥部，企图迅速扑灭人民革命的烈火。曾派匪军三个师，在兴国东北部的龙岗一带疯狂地进犯。我军虽然兵【力】不足，装备简陋，可是并未因此而不与交战。当即集合地方武装，组织三个兵团，还提出了三〔一〕个口号："龙岗活捉张辉瓒，富田活捉龚炳元①"（张是匪军师长，龚是总指挥），又利用机智的战术来克服敌众我寡的困难。在战争一开始时，就采取了边打边埋伏的办法，乱军只顾往前冲击，还满意〔以〕为可以取得胜利，因此提防不严，我军便乘隙反攻，在他前进的中途轰击，将敌军队伍断为两截。两〔这〕样敌人突然慌乱，军士各自逃散，有的团还整个降服。该死的匪军师长张辉瓒被我们在龙岗附近的一个山坑里深深围住，肉搏了一阵子，便把他活活的捉住了，斩首后将其脑壳钉在门板上，又插上讽刺的标语红旗，使敌人认识我红军的英雄、勇敢，并感到警〈惊骇战〉惊。不几天富田也传来捕获伪总【指】挥公秉藩的消息。

这样我军在以上两地，苦战了几天几夜，终于实现了自己这雄壮的口号。

不堪一击的大刀会

可耻的白军经过了一、二、三次的战争，用尽了一切奸谋诡计，都无法战胜人民的革命力量。因此，第四次战争又在福建边境组织所谓"大刀会"，进行求神拜佛，妄想学习不怕刀枪的魔术来取得胜利，经过了一段时间的练习后，真信法术有灵，能使刀砍不

---

① 应为国民党军新编第五师师长公秉藩，第一次"围剿"战役中被红军俘虏后逃脱。

断枪打不进，便卜日出战。

那天见他们身带符咒、肩披红布、头扎红巾，一手执旗，一手持刀，摇摇摆摆地朝阵地走来。起初我看见这种愚昧可耻的行为不觉发笑，幸未被其迷惑，连即开枪射击。结果前来的十二人，被打死了三个，活捉九个。匪军还意〔以〕为乘红军在饭后疲倦的机会，来了一次凶猛的突击战。在这样恶劣的情况下，我们所有的官兵，都抱着一个念头"为革命事业受苦是光荣的"，同时〈并〉提出了口号"宁愿牺牲一切，也不愿后退一步"。我们在这个地方和敌人进行了三天四夜激烈的斗争。在这几天的战斗中，敌人抵挡不住，结果大败而逃。这时候我军为了歼灭这股凶恶的敌人，就分了一部分兵力插在敌人的后尾，截断敌人的退路。结果〈敌人〉真出不〔不出〕我们的意料，就在宜黄的草鞋【岗】歼灭了敌人。

在战斗结束之后，我们缴获敌人的枪支和其他的各种武器，真是堆如大山，还有其他的胜利品不计其数。我军在这次战争中充实了我们革命的强大力量，同志们唱着愉快的歌曲："蒋介石来是乌龟，亲自带兵到江西，主力军队几十万，做了红军的运输队！"

（叶德风记录）

夜战赤鹅村

林×× 口述

在突破敌人两次"围剿"以后，敌人对老苏区人民的监视有加无几〔已〕，造成一片人为的恐怖局面。这时候革命的高潮所在，已经开始从瑞金移向会昌。因为过程是秘密的，总是使得敌人处于被动的状态下，尤其是我们的游击战术，更搞得他们一筹莫展。

我们这支队伍一进会昌，便被伪军探听了讯息。扎在会昌的一个守望队，一个赤卫队，还有一个团，便回击巡视。我们的游击队只好晚上通行。

一天，游击队刚好走到一个比较平坦的地带，四处都没地方藏身。天已濛濛亮了，路上开始有行人，对面是一座堡垒，怎么通过去呢？不通过去吧又不能到达预定的地方，组织更多的兵力，林队长他们想出了一个计策——把自己的短枪藏好，队伍打算从堡垒的右边穿过，自己和另一个队员便化装成两个农民，因遗失一两块钱被后面这个人拾得而到左边路上大吵一顿。结果把右边守望岗哨的伪军引了过来，等我们的游击队走小山背后穿过，两个打架的，便以一个败〈的〉一个胜的形式，一边大骂，一边死命的追赶，最后才得顺利的追过去。

不久敌人××到了，便调动大队人马，四处搜查，我们的游击队，因为还有〔未〕走到预定的地点，一时也慌了手足，立刻加快脚步。这时林队长发现旁边有一条小沟，堤上一×竹，于是大伙儿就跟着林队长的指示藏在这条沟内。

敌人以为我们走远了，便快活往前面跑过去，但也留了20多人在后面搜查，其中有一个伪军往这崩〔边〕走来，可是刚要上堤时×了一下，一个队员正想开枪，谁知他却改道往前面走了，就带几个人冲进巷里去。刚一转弯，便有个敌人抓住了林队长的枪死命往前推，林队长马上开枪但没响。怎么办呢？巷子小，如果林队长过不去，其他的队员也不好过。这时急中生智便用左手拿出了另一支枪，才结果了敌人的性命，便冲过去了。

这时敌人刚好往窗外跳，窗户外是一口塘，不上两分钟，淹死了十几个敌人，这时第三条门边的队员，也把两个房间的门打开了，里应外合的把三十多个敌人全部消灭了。

（王为祥整理）

关于兴国鼎龙茶岭木田村革命史

李贻树^①

3 月 25 日

　　土地分配后，人民生活改善了，不交租税，所收的都归自己所在〔有〕，因而头一两年人民是富裕了，因为不缺吃穿，人民对革命工作就要更加积极。为了前方的胜利，后方作了很多工作，如兵源的动员上有许多妇女鼓动丈夫上前方，父母送儿子当兵，政府【除】对报名过红军的家属〈的〉优待外，还对其本人以精神上的安慰和物质上以慰劳。在上前方的时候，打锣打鼓，妇替背包袱唱歌欢送，到了各政府又发日用品，开茶话会，买很好的糖果招待。同时后方还进行捐献运动，捐送各种果品〈的〉，做套鞋慰劳前方是经常怕〔的〕，组织妇女慰劳队、洗衣队去慰劳和帮助前方的战士和后方的伤兵，掉队的伤兵到处都有很好的招待，总之各种慰劳是滔滔不独〔绝〕的。为了配合战争组织了担架运输队，后来困难时，后方进行普遍的节约运动，提出节约粮食送上前方的口号，但是由此政府事先没有注意休养生息，培养精力，节约人力，使后来苏区人力物力枯竭，当时有些物力经济建设，但因领导上只有计划而没有检查效果如何，究竟经济是否有所改进，结果也失败了，因

---

① 李贻树（1918—2000），江西兴国人，1930 年在家乡参加儿童团，1933 年参加中国工农红军，任少共国际师战士，参加了第五次反"围剿"与长征，1935 年加入中国共产主义青年团，1936 年转为中国共产党党员。新中国成立后，先后任兴国县县长、县委书记、中共江西赣南区委副书记、赣州专员公署副专员、中共赣州地委副书记等职。

此当时苏区：

①打土豪分田地后各种浪费很大，且又没鼓励发【展】生产，奖励劳动生产的模范和英雄，大家认为田地是自然发展农村生产，积极与否对于整个无关，但仍然有积极的和消极的二流子，在收获下就饥不得食，出公粮等公债就一无所有，岂不是影响了整个苏区的财富。

②人力浪费很大，经常开群众大会，一开就一天到晚，也不管农忙与否，照样开很多的大小会，使开会成了农民的负担，要开个会起〔去〕必须带几个钱来买东西吃。而其教育则是微乎其微的。群众说："天天开会是否可不吃饭？"有次正在栽禾，马上动员全体去打赣州。群众把"打倒赣州去"的口号改为"打倒赣州气"，把"去"字改为"气"。意思就是连气也闻不到，因为好几次动员打赣州没有打进去。

③不断地动员壮丁上前方，而红军家属就多起来了，于是受优待的人就太多了，并且加上开会、出差、担架等，平均起来三天才有一天给自己生产，于是群众〈产生〉宁愿当红军可以减轻负担，这时不但山田无人耕，使其荒芜了，就是平田也有荒了的，群众说："现在什么都不要紧，将来有田无人耕、有屋无人住。"

因此可说上述三个问题是苏区财物、人力 ×× 的主要原因。

肃反问题。肃反是对的，但是路线不正确，在当时造成群众异常恐怖，尽量死气沉消，连集上都不敢叫自己的亲戚朋友吃饭，甚至于熟人相逢都装得互不相识，各自低头而过，各走各的路，怕咬到是 AB 团。

在过"左"的阶级路线下，影响了苏区，是有破坏而无建设的，有钱的人不敢拿出来用，装作无钱，到处在借钱，无钱的人更不要说，于是大家叫苦连天。木田有几家人因老屋不好住而自做了几间新屋；还有些【做】小生意的，自己劳动打了廿多担劈柴卖到几十元，但在写公债时就受攻击，说他有钱，这样造成市上卖〔买〕猪肉都不拿在手上公开提回来，而是藏在筐子里，甚至炒肉都要把锅盖盖紧些，害怕别人嗅到。群众中说："至今世界不比从前，现在越穷越好，今天搞到明天吃最好，今天搞到今天吃，谁知明天又怎样呢？"所以那时就是怕人说，有钱怕变更成分。那时有些二流子好吃懒做，借当时逍遥，逼当红军，时常是被人买去当兵，当了红军家中又受到优待，到了收获时又跑回来，这些人自称无产者，好像无产者应该没吃没穿似的，老百姓说："他们仍感过去没分田地会饿死，现在分了田地更会饿死。"

过"左"的劳动政策，〈在〉小手【工】业工人规定八小时工作制，青工六小时，童工四小时，是自讨苦吃的，其结果失业无人请，同时对师父老闆是打倒的，规定师父老闆一定要带学徒，并且除给一定的工资外，还有初一、十五会餐，年节费，鞋袜费，于是师父老闆宁愿不做，把一套工具卖掉，另找别的生活。实际上工人与工会是脱节的，不但不能代表工人利益，反而加重了×。这种政策是失利的，师父老闆不干了，而新的学徒没出师，于是各种匠人〔手艺〕要失传。

〈总的〉革命的总方针是对的，打倒压迫阶级，解放被压迫阶级，实行了土地革命，建立了苏维埃政府，粉碎了敌人几次"围剿"，但是执行这个方针时犯了错误，有的是路线上的，有的是政策执行上的错误，我觉得那时苏【维埃】政府对于真正到群众中去了解群众的呼声是欠缺的，因此当时群众的意见得不到反映，特别是后期老百姓有许多意见压在心里。

上述情况说明是我个人的回忆，不能没有偏向，而且又是些零碎的事情，没有系统，同时本人文化很低，不能把问题表达清楚，内有句词不适当的可以取消〈的〉。我这些材料只〈是提供〉当成不主要的材料做参考。

兴国革命史座谈会材料

一、刘英生同志（三日）谈兴国模范师情况

动员方式：以"配合红军作战三个月任务完成后回家，由乡集中区、县训练后（约一个月），开黎川樟村"，进行第二次动员，所谓"打破乡，参加正规军"。许多人兴起来"不干"，加上敌机轰炸而动摇军心。

提出"不干"后又在党中进行动员，所谓"党团要起模范作用"，党员又起来反抗，"要参加正规军就不干"，党员出来反抗就用威胁办法说"谁不干谁就是破坏，应当场捆起"，打击了一下以后，群众又说"好！干了三个月再说回家吧"，结果干了三个月，整团整营开小差，后剩下一个团。俗说"这模范团是模范的模范"，但模范团还是有组织的逃跑（三连），写假公函，借口有任务整连逃跑，后被二军团追回一部人，清查【党】员干部，士兵同声借口说"这里没有干部，干部一个都跑了"，其原因是家庭保守观念。

动员方式不好，许多独〈儿〉子都动员去了，家里无人生产，弄得许多家庭父母哭哭啼啼起来。其次，到正规军去动员过早不得入，因此到正规军去也不巩固。

打七坊。1930年赤少队打七坊，由于农民的报复，因此赤卫队一次打进七坊，把白区群众的东西、农具全部搬回苏区，并进行一部烧杀政策，造成赤白对立。

二、郭德林同志谈（莲塘人）

暴动前的准备：秘密农民协会在1927年准备暴动，把〈所〉

最反动的地主豪绅利用（逢圩）秘密的方式暗杀掉。其他不大反动的吓得要命，举行了胜利、东村莲塘的农民暴动。

干部政策：罗有兰说他是"富农对革命动摇"，其实他从未动摇。

武装斗争：①联防有时间的出发；②联【防】有时间的调防；③联防的警戒（以号炮报告有敌情）。

扩军方式：1932年动员参军，名义是"自愿"，实际上是收买方式。如参军的发动区、乡募捐运动、欢迎等。

土地问题……

三、邱会虚同志谈（高兴圩人）

①革命前群众斗争情况：斗争性很强。民国十一年（1922），北洋军路过兴国，军纪不良，被群众缴枪十多支，〈那〉谣言：北兵回来要血洗兴国。群众又把尸骨掘起，火焚来毁灭证据。其次，群众反对粮差迫粮，群众起来打粮差，后来粮差再也【不】敢迫粮了。

1927年三点会活动，段起凤称"大哥"，老百姓都称他"大哥来了"，还有李龙九在内。至1928年下半年，农民协会公开活动，公开的贴标语，口号是"打倒土豪劣绅，夺取武装，武装工农"，夺取了曾贞越的武装。区革命委员会之方法上是邱会培同志致信曾贞越回家，信的内容：我们要共产，没收中，保证生命，保证一部生活财产。1930年把曾争取回来了，没收了他的武装，发展了高兴圩的武装游击队。政策上因当时不懂，但方法上仍采取一拉一打的适当方法。统一战线上利用三点会的组织形式，改变成我们的组织方式与斗争方法，奠定了党的活动基础。其缺点是"立三路线"使群众的斗争转向左的方向。

区苏主席邱光兴，区委是曾景堂（县邱会培），后1930年邱会曾、（县）邱会培、曾景堂都被县肃反委员会杀了（区扣了十余名干部），蔡家华、黄大海乡主席杀了。

四、郭 × 俊同志谈（江背人）

秘密农民协会的活动方法，利用夜学开会。教育口号是"打富救贫"，进行暗杀反动的土豪劣绅。在暗杀中包含有"以公报私"，如陈德湘是贫农会员，被【杀】了。如乐江陈祖兴小学教员被赶跑到香港。另一方面组织青年禁赌，捉赌，老头子到处"抓土豪"，张修贤逃往赣州。

肃反：1931年区肃反委员会到处抓到一百多名男女犯人，晚间杀了。犯人都是做小【生】意的，问他犯了什么罪，也不知道。肉刑追〔逼〕供说是"AB团"。有的犯人说："现在的天下是一朝天子一朝臣，世界是你们的，但东西没有了怎样办呢？你叫我去讨饭，也要有个碗，现在碗都没有，你叫我怎样活呢？"犯人内〔里〕面也有党团员，在动员扩军时说怪话的。

五、苏明同志谈（上石人）

区革命委员会最初有谢发生【等】二人（1931年肃反时被杀了），在群众斗争中很有威信，工作很积极。还有李玉智（党员），被河岭靖卫团杀了。还有蔡茂运，任少共区委，与地主女子结婚，政府说"有勾结"而杀了。他对革命很坚决，群众威信很高。河岭靖卫团经常说"要捉他"，赤少队曾缴过十九路军一个连，并缴有机枪、迫击炮，经常扰袭兴国飞机场。

氏族斗争有李、陈斗争（因争阴山），刘连换（地主）被三点会杀了验尸。

六、黄华珍同志谈（城内人）

大革命时候兴国令 × 拥护北伐，蒋介石叛变时高喊"打倒蒋介石"。其次，平川中学的学生运动，"清党"运动。赣县派了一个连叫"清党"军，解散了兴国总工会与工会【合】作社，杀了几个老百姓，以后城党便转向秘密活动。

后（1928 年）灵观音峡，东固东村莲塘，三点会活动，白天经过城来，靖卫团枪不放，准其借路经过。灵山三点会到港口、白沙然后回到灵山，刘士毅部也无法剿灭。三点会以外的人叫"风古"，后成立秘密的农民协会，到各家填表说加入农民协会，实行打富救贫。

七、钟龙元同志谈（木坑人）

革命前地主与农【民】的斗争尖锐，王成榜（叫双金）压迫农民非常厉害，拿食锅捉人卖，王成珠放账多，放高利贷，农民起来，半天工夫分了王成珠四百余担粮食，口号是"打富救贫"。分田地，农民希望分好田，要分近一点，都向贫农团请求。那时贫农团相当响亮，贫农有什么事都到贫农团去了。

肃反：群众都说"嗯，有吃就吃一点吧，你晓得是今天死还是明天死"。群众非常恐慌。例如赖福求（参加四军二纵【队】回来的）、钟书元（开小差），在肃反时被杀了。木坑 300 余户，除地主外（钟学瀛全家被杀），有 50 多户被杀了。

1928 年 11 月二十四团攻开兴国鸣锣，"红军先生来了，纪律严明，公买公卖，大家回来做买卖，不回来以 ×× 论罪"。商人回来，肖芳全为县革委会的主席，组织各种工会，收缴枪炮，学徒不受地主、商主的威胁。学徒向红军、向革委会报告枪支和〈钱〉罚款。

八、陈祖云同志谈（崇贤人）

1927 年陈芳成、谢芳成（学生、地主）二同志参加革命最早（1926 年入党），发展党的组织。群众团体有反帝大同盟会，后有农民协会的组织卅多人，口号是"打富救贫"。口号一提出即组织革命武装，名称"农民武装"（即 1929 年），率领武装到大龙打朱石桃（反动地主），分发东西，发动群众，回来后，农民协会和武装都解散潜伏。

1929 年东固出现了兴大〔泰〕游击队（60 多支枪），打土豪行动过左，群众非常害怕，后配合兴大〔泰〕游击队，公开活动起来。谢芳成、陈芳成由东固回来到处宣传，"朱毛军来了，是我们自己的队伍"，成立政权。

肃反：小坑陈祖汗（父亲是反动地主）报名加入党，所以 1930 年上半年发展党的组织是过右的。许多地主和流氓都混入到党内来了，1930 年下半年又来一个肃【反】，又把这些人杀了，如陈祖甲是赌博的。

动员参军，动员参加少共国际师，上级的指示是：动员三丁抽一、五丁抽二，自动报名有优待。大龙乡原规定十九名，后动员廿名，所以超过计划，是动员青年团参加，后编四十四团（兴国），四十五团（泰和），开到宁都整训，编为十五团，开到福建洋口。四十三团开赴前线作战，一个营被敌人全部消灭，影响了新部队，使军心动摇。后又攻顺昌，后又开往黎川，四十四军二个营被敌人打垮时，敌人打来他们都不愿走，都说"情愿给敌人捉去，反正是死"。

1934 年的动员民夫，凡 18—45 岁无条件的参加，年后，准备红军搬家期间，没有宣布、宣传出去，发草鞋费可以买盐。到湖南大批逃跑，国民党的烧杀政策改变（如官田），苏区警戒疏忽，所【以】逃跑的更多了。

模范师的口号是武装上前线，模范师〈的成立〉于 1932 年三次战争结果后成立〈的〉。它的前身性质和现在的民兵的性质是一样的，是由赤卫军中年龄合格者抽出来【组成】的。抽出方法各组织工、农，以作保证。成立了三个团，人数有 6000 左右，集中训练。一团是城区的，二团是龙坪的，三团是……打野外回来，师党委决定调二团上前线，当时二团提出"要上前线大家都上前线"，后经各团思想上一致，不愿去的采用强迫斗争，"少一个也【不】行，各个组织负责"，工会的〈不去〉由工会负责。

模范师上前线，则到大平〔湖〕坪，部队交三军团，干部说：

"我们的任务完成了。"干部回家给群众的影响是："你把母猪子卖完了，您〔你〕们就回来了呀。"

干部的调换，按当时情况，许多当地干部不需要调却调换了。因此模范师许多干部都是湖南人，说话又【听】不懂，与地方部队脱离。本地干部是很能巩固的，战斗力是很强的，如十、七、八、九攻将乐、洋口、团坊、广昌，战斗都是很强的。

根据模范师的情况，检讨苏区过去武装政策上的缺点：

①只顾眼前，不顾今后，不顾群众的生产和生活，如许多孤〔谷〕子都拿出去了，不顾群众的生存。

②兴国出风头的思想是非常浓厚的，从全苏大会受奖后，兴国的风头思想更加浓厚。不论买公债、派夫子动员参军、优待，口号是"一切争取模范，一切为了巩固模范"，结果不顾群众利益，人力物力受到了很大的损失，如荒地是无法统计的。

③扩充军队〈是〉只要数量不求质量，如1930年动员独立团围攻吉安，许多男女大小〔老少〕都去凑数，开到东围，毛泽覃点验后，洗刷很多，后编二十军去了。

④不顾及生产时间的训练，如模范师集中训练，正是群众生产时间，半月排连，教练一个月的团操。

⑤动员结果：（此处略去数字，编者注）许多青年妇女都不愿与青年男人结婚，宁愿找老人、找残废结婚。

婚姻政策：口号是"离婚绝对自由"，"打破封建"。在执行中，男人走妇女脚下窜过去，就叫打破了封建，这完全是胡闹。在"绝对自由"口号下，一个女人在一年中找几个男人的很多，影响群众，也影响了社会秩序与妇女的解放，形成无政府、无组织的混乱状况。

劳资政策：口号是"增加工资，减少时间"，按照当时的情况，许多徒弟不熟练，又不敢剥削，所以许多师傅不敢带徒弟。许多师傅说："带徒弟干什么，有什么好处呢？""带徒弟还不是捡麻烦"。在减少时间上，手工工人做了八小时就不做了，妨碍了群众的生产利益与生产数量，工人也分土地……

财政经济政策上：

①出了纸币。②收集银饰伪造银币，但很难流通、巩固信用、稳定市场。没有从经济生产上着手，许多荒地没人种，许多熟地缺乏肥料，没有人过问，或提倡生产〔土地政策：红军公田，由公地（学租田、公堂田、社地）分了，有剩余的零头地作为公地〕。

财政经济政策上没有长期打算，吃的吃了，吃不了的丢掉。如县政府、区政府许多金钱浪费了，许多干部的伙食和土豪的伙食无【异】〈一定的开支〉，干部大发财，大吃大喝，大摆其官僚架子。

政权政策：口号是"工农民主专政"，开始政权掌握在工农及进步的知识分子手里，雇农工会〈在〉掌握政权〔上〕，富农地主不得作声反抗。

九、邱云飞同志谈（均村人）

1929 年均村的群众〈的发动，〉组织是由均村十大队发动起来的。后十大队又与茶园岗的游击队合编十一大队，经常与王塘、浪川的靖卫团作斗争。在作斗争过程中，有些过左，赤白斗争中相互残杀，"杀过去，杀过来，烧过去，烧过来"。浪川有两家人，连小孩都被杀掉了，房子都烧了，结果群众对革命感觉没有什么保障。

武装斗争发动群众起来以后，政权有部分由投机小地主出头露面，"烧契约"，组织革命政权，这种政权在后来是不巩固的。

分田开始，没有跑的地主，都"按人口平均分地"，每人分得八担地，八担木梓，分田开始地主富农霸占好田，贫雇农分坏田。

后来改造政权，"把真正的贫雇农【吸收】到政权中"，从这时起"按人口好歹平分土地"，贫雇农才真正的得到了土地利益，政权也就巩固起来了。

武装斗争上编为暴动队、预备队等二队，不自愿参加暴动队的，就参加预备队。肩〔扛〕土炮采用强迫，指导上不健全，打胜了蜂拥而上，打败了各自逃走。

肃反：捉到人就叫"开页子"、跪杠子、肉刑逼供，没办法时就乱供乱杀。如陈长发是一个木工，在十大队任一排长，对革命坚决积极，也被杀了。

在杀 AB 团时一定要胆小的去杀，不去就叫"对革命不坚决，对反革命留情"，如二十二军六十四师、六十五师，杀了剩下一个六十四师在五坡。

对三点会。均村的头子是曾老四，革命开始利用三点会闹起革命，革命起来了，又把曾老四杀了，房子烧了。

钟云元同志提出几个问题，我们回去如何解决：

①残废很多，这些人存在残废证〔症〕，生活困难，向我们要钱，在秘密工作的环境下，经济上如何解决？

②肃反路线错误，错杀了不少革命同志。我们回去后，如胡灿的老婆向陈军长要人，提出为什么把胡灿杀了，群众要求还人，我们怎么办？

③叛徒自首〈我〉随从分子很多，他们害【怕】参加革命，一方面怕敌人，一方面怕我们重复过去的错误政策，他们对革命消极，我们怎么办？

④国民党强迫妇女与反动地主结婚，我们回去后，这些妇女提出要和原来丈夫结婚，我们怎样解决？

解决办法：

①对残废人员的处理：A.有相当必要的经费发给。B.从政治上给他们解释鼓励。

②对肃反错误的处理，以〔把〕毛主席的自我批评的精神搬到群众中去，一方面党向群众承认错误，另一方面发动群众检讨过去的错误。

③对叛徒〈的〉问题的处理，要调查研究，分清是非轻重来处理，他不是一概而论的，都是"叛徒"，就是死心踏〔塌〕地的叛徒，也要进行一打一拉的争取政策，从政治上由打到团结他们。

另一个问题，征兵政策过火，破坏生产力。因此许多群众说：

"红军是好，土地是分了，工人农民也得到了利益，可是得到利益又没有了人，有地没有人耕。"另外有许多人跑到山上当大刀会去了。

④对婚姻问题要说服群众，"要服从民族战争，不是一个人的老婆问题"。

问题：由于"立三路线"的错误，我们回去后，具体向群众承认错误。在承认错【误】中要向群众说：〈还〉是说〈是〉毛主席的领导错了？还是说我们县的负责领导错了？县的领导人很多到底是谁错了呢？

答复：这个问题"谁的领导正确，谁的领导错误"，群众能看清楚。如县主席刘起浪，少共书记刘玉堂（贺昌用几本折子点名），在肃反中到东村乱抓人，群众起来包围了他们。贺问："为什么乱抓人？有什么理由？没有理由不准抓人，要抓人不准他们走。"一方面质问一方面控告，造成东村事件。这可说明群众的认识是正确的，当时把东村的群众看为反动都是不对的。

肃反：1931 年在竹坝陈家祠，开干部大会，李韶九、王生等大批逮捕干部，兴国县委县府、区干部全部捉光了（只逃出谢有泉一人），引起干部〈神〉警〔惊〕〈神〉恐，群众对革命也起恐慌。

思想斗争推动工作，都以"机会主义"〈的〉恐吓人，再加上肃反的恐怯心，来推动工作。

1932 年以后，就用"模范"二字来【作为】推动工作的武器。

发展党【员】在 1933 年，最高点是 123 名。

农村生产不能发展的原因：

A.扩军过左。B.劳役过多。许多军队、政府人员一动就叫群众，自己不动手，完全依靠群众。C. 会议过多。不是群众不愿生产，如上石 ×× 利用迷信 ×× 洗金，洗了几十两以后就成了地主。

农村军事警戒严密，白区的侦察很不容易打听苏区的消息。

（注：本文系陈奇涵同志赠送，江西省委党史研究室翻印，1959 年 5 月 13 日）

兴国座谈会

徐青山（莲塘人）

群众的组织斗争性的好处：1929 年有游击队，当地土匪多，1928 年过年时不敢过，游击队把土匪杀了，就是有钱人都拥护红军。以后农民起来了，二十四团发动群众斗争，热情很高，离二十里地有民团，来打红军赤卫队，游击队打龙山也没打下，三军团才把它打下来。红军的纪律是打进城去不捉人，不烧房子。郭子新当游击大队长。

群众起好的办法，放炮时群众就丢下一切东西，集合起来打民团。

打时自己要带粮食自给，打得地方后，才分到土豪的一点东西，这时正值冷天，但群众都一直坚持到底，没有一个回去的。

当地粮食太少，群众自动送粮食，抬担架。群众不肯抬富农，政府强制他们抬，群众要抬没有钱的人，这些都说明他们是相当自觉的。

群众打到武器，都连子弹枪送到政府去，政府本规定一块钱，但他们都不要钱，群众在路上拾到一批败白军丢下的钱，都到政府去，斗争的热情很高。

第二个好处：群众的政治觉悟也较高，1931 年肃反捉 AB 团时，群众自动起来保证说县委不是 AB 团，这时由于教育制度把他们教育的,1931 年开东村军民联欢大会，杀了 13 个，是最多【的】。这行动引起了议论（里面很多是知识分子，今【天】看起来或者不是 AB 团），以后就转变了。

群众的斗争对富农地主也是很高的，我们把富农像对地主一样，群众是反对的。有一地主，在群众中信誉较好，政府捉他，他说我死也要死在苏维埃政府，地主把〔对〕农民的东西都不要，群众要求不要把他送走，他一家十口人都被杀〈或〉死，只剩下他一人，因此群众要求不捕他。

第三是优抚工作，1933年政府做得很好，动员壮丁十几人都可以动员到。这是由于我们的优抚工作做得好，贫苦者不担负公粮，群众认识到应替红军家属耕地。1933年后做得较差，最好的田作为红军公田，分给群众种都能按期完成。

坏的方面：1933年群众怕抬担架，做长夫因一年也回不去，他们口上不敢说，但老百姓中间确是说了。

郭德林（莲塘）打仗时（打了一天一晚），群众都没有跑，都送饭。

地方斗争：（1931年）旧历八月十五，打莲塘打了三天,〈都是〉当地群众都参加作战，头天是自动去的，第二、第三天是政府下命令去的。

1929年分曾家里的东西，全体群众都起来，一共分了两天，情绪很高。

邱会习，群众斗争情况

组织问题：七坊民团势力很强硬，群众的组织分两方面，一方面对付东面×团，赣县是对付×坊的龙口，与敌人对峙，每个乡都组织了赤卫军，起来放哨，还有检查所，很严密。清查户口是群众自动起来的，比如一家人来了一个客人，一定要到城里（城大队）去报告，然后再报告乡政府，反革命分子很难混进来，敌人如要来到内线，也等于瞎子、聋子，因此他们只能打败仗，不能打胜仗，这种严密组织是从哪里来的呢？主要是发动了基本群众，他们在斗争里面起了作用。当时打土豪分田地，给基本群众很大的利益，得到了生活改善与民主的权利，觉悟程度是由此来的，就发挥了群众斗争的积极性。群众的武器是土枪，使用地富少，但也有，如【破】坏路口，但不普遍，还不是群众性的。

1932年二次战争是群众自己创造的，没有武器，拿耙挂在门顶上，民团来了就丢在他头上。坚壁清野也做得好，山地藏东西方便，本地不能挖地洞，但也想了办法，放在莲塘里。因此敌吃的粮食只能从赣州运来，吃洋白米，用具也很难找，群众把用具放在鱼塘里。

刘宗坤，群众斗争情况

主要发源于东固，因北伐以来，农民斗争性转强，他们参加战争，就有他的斗争经验。南北兵经过，纪律很坏，群众起来反抗。大革命失败后，1928年由〔又〕重新在此组织武装，都在东固起源，1928年大队住在那里，群众能维持他们。有一老财，他二儿子去过苏联，回来搞革命把自己家产先分，影响很大。1928年就开始分地了，国民党看到这里革命发动起来，就开七个保安团。群众夜里给我们送粮食，后再坚壁清野，大良同样给我们帮助，把保安团打得没办法，都回去了，只丢下一个保安队。我们下山走到青塘，又到东固，因政策错【误】革命失败了，女人把油烧开炸饼，把油乱泼，把敌人的脸都搞得起泡，一家伙就拿起枪来，这都〈是〉说明群众的创造性很高。群众对军队很拥护，因军队给他田地，他就巴不得军队把民团搞掉，要多×款子地主、富农都会自动送来的。

1929年到高【兴】乡等，群众很兴奋，一百几十挑大洋，群众都自动来挑，老百姓很可靠，他去作侦探，消息很可靠，他们去挑盐，挑盐中能侦察情况来告诉我们，军队的群众观点也好。

七大队在莲塘牺牲了一个人。

1930年打了吉安，又回东固，去福建，这情形我就不清楚了。

钟云光，讲两方面：成绩与错误缺点

1931年我参加部队，以后回家，1933年才重新参加。

讲群众觉悟性问题：

第一，我地区是老革命地区，群众觉悟性很高，一致呼声要分田，分好田。比如我村子，很多雇工没土地，革命后，就向地主要土地。有人姓黄，致富裕雇工，对革命有认识，很积极，开会、跑腿都干。开始成立贫农团与雇农工会，党是准备分配土地，但他就首先在里面要了土地。以后他在雇农工会负责。另一方面，有些地方起来反抗，有一地主叫王生保，因土地太多，没有跑出去，他不愿把田拿出来，只愿拿瘦田，勾拢他的租户、佃户、× 出些田，雇农工会、贫农团都不肯，要拿好田，地主是不易拿出来的，群众和他斗。

第二，得到土地后，如何保护利益问题。

斗〔武〕装斗争，群众对参加红军很热情。第一次是二十军红军拿一面旗帜招军，我村子就有七个。第二次是参加少共师（十八岁至二十三岁）。第三次是参加模范师，1934 年要扩大三万，兴国要占一半，兴国是模范县，大家一举手就去了。另一方面，群众搞敌人的枪也有。六十师、六十一师（十九路军）住到我们的村子，在兴国买不到米，群众不卖给他，他们到南雄去运米，他们拿老百姓的狗，老百姓革〔跟〕他说拿到广东去换米吃，军队里有北方人，怕吃广米，要吃面包，北方【人】偷米与兴国流氓换面包，流氓挑了米就不给他。

第三，精神动员问题，开一会群众不知有几万，大会很多（以区、县为单位）。几十里都来开会，当时敌人主要是国民党、豪绅地主，斗争的对象就是他们。

〈第三〉群众的任务和号召：兴国是模范县，一方面在〔有〕党的领导，另一方面群众的觉悟高。

比如买公债票，政府号召本来每人平均五毛，后来群众平均买一元，五元的也有，甚至有买不到的，他买〔们〕的认识也很好，不是认为抵钱，而是认为买到是很光荣的。

动员慰劳品：1932 年有伤兵回来，兴国动员水果、鞋子很多，都是女同志挑后去慰劳。

三、五次"围剿"，群众的工事做得很好。

其次讲党的领导，我当时是青年团，政治水平很低。缺点和错误：肉体消灭富农地主，地主只有一点不对，只有死路一条。我族一地主把他的池塘、山地、房子都分了，他母亲起来反对，就把她拿到工会去专政去，群众说声"杀"，就杀死了。还有就是驱逐出境，到白区去，如不走就流浪，到亲戚家里也不敢收，土地也不分给他们。他们的儿女给谁做女、做老婆，谁也不要。我的未婚妻是富农女儿，我不敢和她结婚，因一结婚红军就不要【我】。另外一方面是武装上前线，开始时这样做是对的，因我们一定要有强大的武装，去反对武装的反革命。群众大部都是自动的，因他们为着保卫自己利益，1931年打赣州以后，武装上前线有几次是做得过大的，如扩大红军3万是过火的，因为动员来是强迫的，不来不行，一个村子所有赤卫军都要上前线，如不去就扣在区公所，就说他革命不彻底，不是从政治上去动员。我〈村子〉叔叔家里，叔叔死了，叔母亲婶母只有一个儿子，也把他动员上前线。其次是影响人民生活，优待军人家属没有办法做，影响群众；群众说他愿意他的儿子残疾回来，一来可得优待，二来可娶媳妇。1934年扩红军3万，很随便，武装上前线，从整个阶级来看，那是对的，以后做的有些过左。

对工作人员家属问题，过去是没照顾的。村子上、区上做党的工作，是搞不到饭吃的，不要说家属，就是他自己也是没饭吃的，有些支部书记工作是积极的，饭吃不吃随便，两口子打架，母亲不让儿子工作的很多，因此很多干部都愿意去当红军，人走了，把地方工作都放弃了，这缺点是地方工作的办法搞起来的。

肃反问题：肃的〔得〕错不错还不能做结论，开江西会议，陈奇涵同志说百分的〔之〕九十是错的，我希望这会议能讨论，摘出大概的数目。

邱会奎

我地方组织城里没有支部，只有小组，因此并没有支部书记。

兴国政权机关缺点：

① 1931 年三次"围剿"，卫生工作做得不够，六十里路死人很多，但都无人掩埋。有政权机关不管，下面也谈不上什么自动，后来发生瘟疫，死人很多。

② 武装斗争方面，有它的偏向，一切为着前线；这方针是掌握了，但拿游击战的方针来测量是有偏向的，这就是地方武装。另正规红军，这就是不久〔仅〕没有组织地方武装，而且是相当【于】取消了它（1930 年地方武装很普遍，1932 年以前，就把地方武装编完了）。兴〈太〉国的游击队，170 人，是 1931 年取消的，编到模范师去了，这种取消地方武装是不对的，当时我们主要是游击战，根据当时兴国形势，还是需要的。

其次是没有很好的组织群众，群众没有自卫力量。军队一离开，老百姓一点力量也没有，如去领导他是有办法的。比如我们那一带群众打来福枪，朱同志 × 组织没有好人去领导它，没有发挥群众的力量，不像今天能去帮助他们造炸弹、埋地雷，主力部队是要的，但地方武装在兴国一带是靠近边沿的，还是需要。

好的方面：优待红军家属是好的，对退伍军人、残废军人提得很高，这是需要的。残废军人回家，政权人民都很爱护他的，有公田退伍下来的就可以 × 到帮他耕种，在群众中很有威望。兴国红军每次扩大都能超过，这是一个极重要的原因。

其次，对妇女工作领导抓得紧，"反对老婆拉尾巴"口号成了当时的运动，这〈是〉说明当时对妇女工作是视为重要的，退伍军人妇人是认为光荣的，愿意和他结婚，送男人上前线是普遍的，拉尾巴的现象是没有的，妇女是否就开始进步呢？不是的，是因为妇女工作抓得紧。

领导方法上，虽有群众强迫命令，但还是群众路线的，开始是动员命令。但同群众一开会就说要去大家去，是群众路线的。

模范师出发后，有个别开小差的，但还有组织保障，如雇农工会有人开小差，这组织就负责找回来，各组织都互相竞争，不愿落后，开小差的都送上来。组织模范师首先由各系统各组织动员，保障百分之百参加，县主席下命令恐怕没有这样整齐。

兴国政府〈的〉掌握在工农手里（雇农工会），当然也有过左【的】地方，如 1932 年就是以成分为第一，不管工作能否担任，提出一定要工人、雇农来负责，其他成分在选举时要选〔筛〕掉的。

肃反后杀掉了一批，×起来的还是工人雇农。

1931 年八、九月肃反时杨其宽、杨宜加都捉起来杀了，杨宜加是雇农，当乡政府主席。邱生人是中农成分，是破产的，×口人。他革命很早（1929 年），学生出身，也杀了。杨建尧是贫农出身，1928 年从农协会去的。杨义宽是贫农。

当时人杀得很多，是因没有领导，群众过左是必然的，把贫雇农都杀掉了。

兴国各种组织是较健全的。比如洗衣队、慰劳队、担架队，女的抬单〔担〕架也抬得凶，平时通信站岗也组织得很好，二次"围剿"还有兵站的组织，军队到哪驻，要什么就有什么，吃饭买卖如合作社性质一样。儿童团也组织得很好，对富农地主他们什么事情都干得来，这都是说明组织的健全，军队到哪里，洗衣、缝衣队都来了，力量很大。

丘应辉

全城的情形：斗争中的缺点错误，谈过了，优点也要谈。

第一，群众的革命运动，1929 年、1930 年群众发动起来，过去是无武装的，1929 年地方成立十大队，开始有卅几人，已〔以〕后有一百多人，群众自发运动相当高涨，群众在没有武装自卫中，对地主搞得很凶。十大队开始只有十几条枪，好多群众，没有军队在那里，还是自动起来的。对豪绅地主的斗争，特别是对黄 × 汗老财，编了一些歌，说只有把黄 × 汗脑袋消灭就好，这都是表示老百姓的斗争情绪。

另是群众自发起来打菩萨，把家谱、香炉等都搞掉，烧香是完全禁止，对迷信完全打破。

群众斗争情绪虽然受了摧残，但还能坚持下去，全城房子烧的很多，群众 ×× 没保证，但群众斗争情绪还不低落。

1929 年、1930 年有地主自动的把地拿出来，如 × 城李源姓陈的、姓林的是相当大的土豪，群众起来，他把地拿出来，并把契约烧掉，这主要是投机，群众力量把他压倒，他这样做可在政权中搞点地位（有些政权是破产地主搞起来的），地主向农民斗争是采用这样的办法。

第三是分土地，开始因地主占住〔着〕政权，土地分得不均，地主是分得到一部好地。两个月后，农民向地主斗争，实行查田运动，后把土地分为上中下三等，群众把政权里的地主搞掉了，查田后地主就没土地了，富农就分到一些最坏的田，贫雇农为上等田，这些都是好的例子。

第四武装斗争除缺点外还有优点：

群众不怕牺牲，武装斗争情绪很高，不管儿子打死，第二次老子还是去的。靖卫团武装斗争是很残酷的，十大队并没有什么武器，老百姓都拿土炮、鸟枪，坚持武装斗争，有些房子被烧掉，人被杀掉，留下一个人还是继续参加。

地主还有一些武装，王家三兄弟有十几条枪，群众在他那里巡出枪来，还把他房子烧了，谁也不下命令，但群众一看到土豪房子，就把它烧了。

妇女会斗争【情绪】也很高，洗衣队是跟着我们一起走，对军队慰劳，物质上的供给鼓动了军队的情绪，我们在家也是受女人的鼓励的，这些都说明了群众情绪的高涨。群众是发动起来了，但党对当时群众斗争的掌握是不够的，采取盲目的【方式】，没有什么组织，如加以组织，群众 × 城不会遭到那样残杀。另外，对群众斗争情绪没有很好的保证，引起 1930 年地主在里面搞鬼说："还不是互相残杀。"

（注：本文系陈奇涵同志赠送，江西省委党史研究室翻印，1959 年 5 月 13 日）

苏维埃时代革命烈士传

——谢芳成、陈芳成二位同志的史传

首先申明两位【烈士的】革命史传，我那时年龄小的缘故，所回想到一般经过情形介绍组织作参考，他们两位烈士传大部分是一样的，从小在一起念书，革命活动、牺牲都在一起。

一、籍贯：江西省兴国县崇贤区大龙乡茶岭村人，谢芳成按 1945 年【算】是 45 岁，陈芳成是 46 岁，家庭成分在革命前是小地主出身，革命后破产了，参加革命前他俩在一块念书，高小程度。

（一）革命斗争史：1926 年入党，因为那时党的组织是很秘密的。1928 年知道他是一个共产党员，因为他俩人在平岭庄介绍过一名新党员陈长良入党，到了下半年长良同志【与】我谈入团问题。

（二）革命斗争经过：1926 年开始创造〔参加〕革命，地区是在东固小坑村平岭庄，开始组织农民协会，组织革命起义，提出打富救贫等口号，革命的对象是大龙乡最反动的地主朱石桃，民团作为斗争目标，先把农民协会武装组织起来，开到朱石桃家去，把所有家产都没收了，〈而〉分给贫苦农民和武装起来的农民，但过〈后〉了几天，石桃的反动武装——民团回来了，把谢、陈两同志的家产和房子都烧了，时间是在 1928 年五、六月间，所以这样一来，〈对〉当时的革命受到了很大的损失，因为当时农民协会的武装散了，在平崖庄还杀掉几位老百姓，陈长良、陈万良都【因】是共产党员而被捕了，但是当天把房子烧了，到了晚间，谢芳成和陈芳成已经发觉了，民团的口号要活捉这几位，他俩感到无法存在，在当天晚上从×后×一个山林起身经过东固一带，听说到南昌去了，但那时地方党员知道小坑村和平崖庄的组织是秘密存在的，到 1928 年下半年，已经从东固那方面组织起来了，一个兴奉〔泰〕游击队都是在平崖庄一带活动，打沙村民团数次，这个游击队在东固大龙都是和当地民团作斗争。

那时候这二位出去活动，我是不清楚，缺少一段。[①] 但到 1928 年南昌暴动以后，他两位化装先回来了，在东固【一】带宣传〈农民〉这次红军是自己的军队，红军过几天开到东固一带驻扎，陈、谢带领一部分军队去报复，把朱石桃的〈全部〉财产又全部没收光了，打地主豪绅，连石桃的房子都烧了，在大龙附近有两家（名字忘了）地主的财产，同样被没收而分给当地的贫苦农民。

1929 年他们两位在革命活动地区——东固大龙乡一带打土豪分田地，组织苏维埃政府，同时有兴泰游击队的武装活动。

1930 年在兴国县和雩都那方面开展活动，那时我已参加了红军后方医院，招护兵工作，不大清楚，但是到了 1931 年二、三月，那时还是肃反整杀 AB 团过程，他们两位在雩都那方面，还是为了革命工作而被杀掉了，接了他两位的信，所以这点是特别值得研究，因为他俩〈位〉一贯都在地方做秘密工作，〈还〉是被白色反革命杀掉了，还【是】杀 AB 团把这二位杀掉了？但是我和钟坪同志交谈（他是兴国县委书记）、研究的结果，谢和陈绝对是反革命利用 AB 团杀掉的。

今大我们应从那时所住〔在〕的坏境去研究，因为开始创造〔建〕苏区，特别对〔在〕打土豪分田地的实行中有几家反动地主，

---

① 原文如此。

因我们有些过左,〈因为〉把地主财产没收后,〈然后〉把几家地主的房子都烧掉了。另外从 1929 年到 1931 年,政权方面大部分还是贫农和中农办事,这时的组织是非常右的现象,一般的贫农无产阶级革命情趣非常低,有些地方干部和地主的女儿结婚。

其次,由于过左而右的现象,在那像〔样〕的一种斗争环境中,政权的不巩固,很可能利用当地的反动地主杀害我们的革命同志。因为苏区的地主都还有许多,就是杀 AB 团吧,在东固方面,并未杀到地主的什么人,大部分杀的是农民,比望〔如〕有老百姓什么都不懂,陈祖甲是我一个庄的人,对革命是非常忠实的。

革命先烈的活动分子是在肃反中而牺牲了。

三支陈祖仁
3 月 21 日

（注：本文系陈奇涵同志赠送,江西省委党史研究室翻印,1959 年 5 月 13 日）

（二）宁都县

宁都革命简史的初步材料（土地革命时期）

1945 年 4 月 1 日

（一）革命前后的一般概况

宁都是〈偏僻在〉江西东北[①]的一个县，人口略有 37 万之众，全县过去封建制度下分为六个区（国民党现在仍分六个区），六个区分上三区、下三区之称。上三区多是山地，下三区多半是平原、河流。宁都的封建势力相当严重，每个区、区〔乡〕或每个村至少〈总〉有一个或几个富农地主（不过是大小而已）统治着本地（农民）人民，统计〔治〕者有支配一切的主权（例如贪污、负担等问题），大地主统治的方法以势力为据，例如：（1）利用流氓大刀会、红枪会等。（2）利用姓氏斗争（大姓压小姓），例如梅江姓温的大姓，竹差应[②]姓黄的大姓，东绍〔韶〕姓赖的大姓，麻田南岭姓芦的大姓，都〈是〉压迫着本地的其他小姓。其中流氓斗争仍以几种形式包括在内。（3）利用经济势力勾结县府、官兵、地主镇压农民。由于这几种势力的压榨〈下〉，农民敢怒不敢言，而始终过着不自由的奴役生活。

---

① 宁都县位于江西东南部、赣州东北部。

② 应为竹笮嵊，下同。

革命后情况与之前完全两样，部分地区农民〈们〉以暴动的暴力割断了压迫的锁链，部分地区是主力红军来了后才得解放。总之，在1929年革命高潮时，农民都得到翻身的机会，从无力量到有力量，无组织到有组织（凡属苏区，所有人民不论男女老少，都在儿童少队或赤卫军、向导队等组织下）。从无政权到有政权，政权的开端从区村到城里，全县赤化后，共划分为十二个区（黄陂、安福、洛口、梅江等）。

（二）1929年到1934年，革命斗争的几个过程：（1）秘密活动。（2）公开游击战争的武装斗争。（3）建立政权等。三个过程详列如下：

第一,1928年就有秘密活动的组织，如黄陂以廖云同志为首，长胜以黄卓林（南昌读书回来）为首，割田坳 ① 以廖彬为首，竹差应以廖彬、黄坚为首。下三区城里以王进、彭明等为首〈的〉领导秘密活动。这些同志都是早已加入共产党，同时又是有为的知识分子。因此也就散布在各乡村进行革命的秘密活动，秘密活动的方法：在组织上以旧社会的封建组织形式（保甲、结把子）等〈利用〉进行〈其〉革命教育（例如强调我们是〈有〉穷人，他们是有钱人），明显〔确〕阶级界线，促进觉悟，这是一种。第二种，推动群众闹荒（抢粮）。第三种，以合法的保族势力捉坏人、罚款等（即那时的白色恐怖下变相利用阶级斗争）。第四种，深刻同情，体贴农民痛苦，秘密向农民进行阶级教育，如此争取被【压】迫的农民〈，主要的以这几种方法活动出现〉。经过这几种活动方式，结果到了相当成熟机会，就进行了武装起义，例如王进、彭明在城里带出来部分武装上山打游击，以后发展到五六百人。黄陂之廖云空手赤拳领导数百农民暴动，以后搅起了一个游击队。长胜黄卓林准备武装暴动，组织刺杀靖卫团总严为成，将夺其武装武装自己。竹差应黄坚组织秘密活动，但长胜、竹差应均未成功，因反革命发

① 应为宁都县南之葛藤坳，下同。

觉，都失败了。如上，经过秘密活动，部分〈的〉成功，部分〈的
又〉失败了。

第二，游击战争一般的均经过两个过程，如开始暴动到成功，
成功〈又〉到失败。黄陂廖云三百多人暴动，影响千余人参加，以
后仍被击败，剩下十数人，远离家乡去了。割田坳廖彬三支民枪暴
动，搅起三百余武装，以后在〔被〕胜利冲昏头脑，结果仍被敌人
打败，只剩二十余枪，埋藏山谷之上。总之这几支部队在积极的游
击活动下，威胁反动命运太大。因此反动派就以优势兵力常来〔以〕
包围、搜剿、袭击等办法来摧毁我游击队。同时客观上仍有三个原
因：（1）力量不够强大，经验不够多。（2）没有援助力量，群众力
量又尚未普遍的发动起来。（3）反动力量占绝对优势。由于各方面
的种种因素，因之遭受意料之外的惨败损失。

损失虽然严重，但剩下部分的武装力量仍原〔然〕在坚持。经
过一次失败的过程，到1930年又搅起来了。宁都县王进、彭明重
新发展起来一个大队（三个中队），叫赣东北游击大队，廖云从西
边又带回一支一百以上有训练的游击队。从此他们的行动互相策
应，经常会合又分散，以后就保持到宁都革命的完整〔全〕胜利。
其扩大发展起来的部队，到1931年〈仍〉编到三军团去了。

这一次一直到成功主要有三个原因：（1）有了第一次惨重失败
的经验教训。（2）群众觉悟起来了，得到了群众各种斗争配合和拥
护。（3）有主力红军影响的配合。这是成功的几个主要原因。

游击队活动的方针：（1）扩大人员武器。（2）打土豪，启发群
众斗争。（3）积极的打击和消灭地主武装。那时候这三个方针同时
并进。

关于人员武装问题——扩大人是较容易的，而扩大枪支比
【较】困难。除了缴获地主武装的枪支来武装自己（例如上面材料
所见的各个游击队的武器，都是敌人手上夺过来的）外，其余民间
的枪支就根本很少的。可是当兵【的】又不少，不过那时候当兵的
在民间的俗语中所谓"好吃懒做的人"多。民间还有一种俗语所谓

"好男不当兵，好铁不打钉"，但事实是有部分对的，不过不一定都是如此。经过革命的影响，这种现象是完全改变了。

关于打土豪发动群众斗争的问题——一方面是解决本身经济问题，另一方面，着重启发群众斗争，没有〔收〕土豪的粮食、财产给贫苦工农，乘此机会向群众大肆宣传〈给这机会的〉阶级教育。例如廖彬同志的游击队每次以这种〈启发，〉小规模的斗争形式启发变为大的斗争形式。有一次从割田坳出发打洋古塞、老婆街，发动了万余农民。王进、彭明在 1930 年夏天打宁都县，仍发动了数万农民打进宁都县城，捉土豪杀劣绅。这一影响颇大，因此兴奋了群众，发挥了更高的斗争热情。可是另有些地方又不是如此（如竹差应、铲田^① 等地），未被发动起来的群众表示两种态度，一种高兴，一种害怕。高兴方来说，就是红军是为贫苦穷人谋利益，谋解放，解决穷人的困难、粮食问题。害怕方面来说就是怕红军橄〔游〕击队走后，恐怕要倒霉。因此有的太贫苦可怜，终究赞成打土豪、贫〔平〕粮食的办法。如后真正无法在家生存时，就只有打算"当兵去"，还有多数贫苦农民，当游击队在的时候，将土豪的粮食财物假意收得，红军游击队走了以后，土豪回家时，就将粮食财物又送还土豪讨好。这种现象不仅是竹差应、铲田存在，就是除了黄陂、割田坳经过暴动斗争外，一般的地方都常见，直到主力红军〈走〉来后，才〈遂暂〉逐渐消失了。

关于打击和消灭地主武装方面的问题，主要是突袭、埋伏的〔，〕经常打击最薄弱的敌人，以少胜多。强大的敌人尽量的避免。那时游击队以这种原则和办法，经常能夺取敌人的武器，武装自己。廖彬三支枪起义的游击队，一次靖卫团百余人来袭，他从〔曾〕用计退却，另外用那松树做了几架土造大炮，埋在敌进之道，待敌人进入，大炮一放，跟踪追击，一百余靖匪终被打得落花流水。这次缴枪三十余支、短枪两支。以后〈教训〉敌人再也不敢轻易来

---

① 应为宁都县之湛田，下同。

攻。游击就是往往以这种战术得胜,从这样的经常情况下发展壮大起来的。

第三,宁都政权的建立仍经过两个过程。在1929年的冬,开始是革命委员会的名称。到1930年春夏,在革命委员会努力下,普遍严密了乡村苏维埃政府。有了严密的乡村、区苏维埃政府以后,革委会才正式改名为宁都县苏维埃政府。

宁都县的政权是先从农村,后到城市,而乡村最早的是上三乡黄陂、长胜,接着就是安福、竹差应、割田坳等区乡,最迟就是梅江和城里。宁都全县到1931年11月宁暴后,才由对立的政权完成为统一的政权。

宁都各级政权一般仍经过两个过程:(1)秘密斗争以致公开斗争到群众翻身。(2)经过相当的宣传、说服和阶级教育,如此以后才开始着手。

政权工作人员的品质也是经过两次改造,一个开始过程,群众尚未完全觉悟之前,多半是那些流氓活动分子出来办事,这些人品质是很坏的,红军来打红旗,白军来打白旗,以两面态度出来工作。

到1930年主力红军来了,同时农民看见政府分得的土地利益一天一天得到巩固和保证。因此广大的群众才认真出来选派自己政权的工作人员。那时曾有过这样的口号"清洗一切坏蛋分子滚出苏维埃",经过这一阶段,农民才认为苏维埃政权是坚决代表人民利益的,那些早有些存动摇心的农民,〈仍然走上〉坚定的〔了〕信念。

宁都革命的特点:

1. 宁都反动势力比较顽疲〔固〕,宁城虽然攻打数次,但反动政权始终未被推〔摧〕毁(两个政权曾对立数年)。因而,宁都的赤、白斗争经过了比较长期的艰苦,不像其他任何县,只用一次爆力〔暴动〕就达到树立苏维埃政府的目的,这是宁都革命的特点之一。

2. 宁都政权的普及建立,首先是乡村,乡村包围和威胁城市。

先由乡村胜利以致达全县的完全胜利。

3. 宁都革命的领导者（秘密活动到农民暴动）主要是智识分子，例如宁都城里就是王进、彭明，黄陂就是廖云，长胜就是黄卓林（南昌回来），竹差应是黄坚（南昌回来）等。当群众尚未觉悟之前，他们总是以细心耐劳的说服教育，去启发农民的觉悟和斗争。因此宁都革命就是智识分子的桥梁作用搞起来的。

4. 革命时期各种政策实施的优缺点

过去实施各种政策方面，有很多地方值得赞扬的。例如开始创造游击战争的时候，能【用】"以少胜多"的原则去战胜敌人，从这个原则又能有机动的创造性，例如廖彬三支枪的 × 兵部队（用土造松树炮埋伏），打败了靖卫团一百余人的钢枪部队。他们常用此计打击和消灭敌人。那时候各个游击队的伟大发展，〈其〉正与获有这创造能力有关。这就是那时候对敌斗争的方法之一。

另一个问题【是】那时正确的掌握了群众（农民），处处以群众利益出发。如打土豪或做宣传，都从群众利益的观点着眼，所以几次暴动的成功，游击队能得到广大群众同情拥护，这正是群众运动政策的正确，方得到其发挥成功之结果。

建立政权后，扩军运动、缴粮运动都做得很好的，仅拿几个典型例子说明如下。

扩军方面：割田塅一个多月就扩大十一个连（成立一个团，团政委孙文采同志），这一成绩，就是由于少共书记孙文采同志自己报名做模范，加以自己努力突击扩军，〈就是〉做到了全区〈的〉整班、整排、整连的少队加入红军，（少共国际师）这一类的例子，其他黄陂、长胜等区都很多。

随着扩军运动的归队工作也做得很紧张。黄陂、长胜等区很多开小差的军人被一个一个督促归队了。一般的说，除开小差在家的军人，就根本不能存在。

扩军和督促归队的方式：（1）先从政治上、组织上进行深刻的政治动员解释工作。（2）以报名者做模范，同时组织突击队（少队赤军）进行组织上的突击。（3）发动组织的个人的比赛，奖励优胜模范者。（4）推动各种组织的个人去鼓动自己的亲人（儿童鼓动父亲，妻子鼓动丈夫，父母鼓动儿子）去加入红军。（5）优待红军家属做得勤（派人砍柴、挑水、耕田），每天按照家属须〔需〕要给以实际优待。（6）加入红军后，各种组织团体都来庆贺，并打锣打鼓很热闹的欢送。总之大家都感到当红军归队是无双〔上〕光荣的一件事。

扩军运动热潮高，当每次红军来到时，每个乡村的群众都起来烧开水、煮稀饭，送在大道两旁迎接。男女少队儿童列〈整〉队站在红军来道两旁，唱歌高呼口号欢迎。红军宿营时，就帮助找门板、凳子和稻草。其次政府又组织慰劳队慰问。总之各方面给〔让〕红军战士们的精神上是非常愉快的。

在推销公债、缴纳累进税方面，只要来个政治上的号召或动员解释，政府规定时间地点，在竞赛的热潮下，只须短短时期就可超过计划。这种现象并且是很普遍的，这一点在今天来看，简直是很好的长处优点。

上面几个是比较好的显着〔著〕例子，还有很多尚不能一一详述，这些好的就是优点。但仍原〔然〕存在不少的如下严重缺点：

一、扩军中还有强迫命令的方式。在太平乡，主席杨光明提出口号"三丁抽二、二丁抽一"，而有人家有四个兄弟，他又包庇不抽。麻田乡一个少队长因不舍得老婆，不愿离家当兵，因而就说他成分不好，故意捣鬼，等等，以后被扣送瑞金修飞机场。割田坬有个少队不愿当兵，就架上他一个帽子是地主成分，在〔再〕后【家产】仍被没收。

二、用钱收买抵当的办法。梅江区一个少队被指派当兵不愿去，就〈是〉用了30元光洋作抵当。×丰一个壮丁不愿出去当兵，以后勉强出了80毛大洋，在〔再〕后又说钱太少，仍被迫去当兵了。长胜区主席潘古今怕动员政府全体工作人员去参加军队，以后仍带了部分人逃跑出去当大刀会了。

三、督促归队采取算老账的办法。梅江区某些乡村里对开小差的算账（吃、穿和优待的人工），赔偿不了的话仍是归队。再一种办法扣留坐禁闭、戴高帽子（游街做宣传），同时鼓动他老婆离婚，软硬兼施。

军队方面采取武力威胁。梅江区东霸〔坝〕子一晚枪毙八个。梅江村一天晚上枪毙三个。这些被枪毙者不是拖枪跑，也不是组织领导者，而都是贫苦的农民。总之这是一种威胁办法。

以上是说明优缺点的两方面，下面再谈几个政策实施的情形。

第一，土地政策——分土地经过三个阶段：（1）整个的（富农地主在内）分配土地。（2）抽肥补瘦（将富农好田抽出补给坏田），以后接着×出（没收地主财产和土地分给贫苦工农），所以地主所分得的土地以后又更改了。（3）查田查阶级（即1933年）。

这三阶段在第一个过程中是粗枝大叶的，有的虽然分得土地，但是明分暗不分，在背后仍原〔然〕照旧交租交息。第二个过程将富农的好田抽出再补坏田，富农们一般的虽然不满意，但也没有任何表示。正在这时期，群众启发到比较【高】觉悟的程度上来了，因此群众对豪绅地主的斗争也比较强烈，这一阶段在斗争中起了更进一步的推动作用。第三个过程查田查阶级是对的，就是实施中犯了很多过左的毛病，例如割田坳一家养了几口猪，就认为他是土豪。另有一家一个人过去【为】土豪管账目，以后仍以他是土豪给以没收。梅江区有一家人耕作土豪一些田，因革命土豪已跑了，结果在查田查阶级仍作以富农待遇。割田坳××乡崔后尚本是个富农，也在查田中变成地主被没收了。割田坳少共区委组织部长原是中农，被【划】为地主，以后老母被逼自杀。梅江区有一个赖光军请假回家，看见家里分得【田】很坏，要求政府调剂，结果政府在查田中仍说他成分不好，以后仍当地主成分的待遇。宁都县少队长原祖父是个地主，到父亲手里就败光了，结果本人被撤职，家被没收。

以上这一类问题过去没有适当的而多半是过左的处理。对豪绅地主处理，根据实情多半采用两种办法：一种对群众态度过【去】比较好的不杀，而是采取一律驱逐出境。梅江区赶跑出境的很多，事实仍是逼上〔到〕寨子上当大刀匪去了。另一种办法是采取肉体消灭。梅江区一家土豪是 11 口人，除留下一个女人外，其余全被杀了。南团区七个乡同一天的晚上，把所有确定为地主【的】，共同一概实行扣留没有〔收〕。事后将一部分对群众比较好的，都〈被〉驱逐出境，另一部【分】比较顽固的全杀了，在南团一天杀了 30 余名。梅江区本乡一家姓赖的土豪家被没收后，全家人〈口〉仍被杀。因此那时候这个影响颇大，一般的顽固地主都感到只有当反革命是生路，否则只有死路一条，这是地主那时集中的反映。

第二，肃反问题——这一名称的定义是正确的，就是在实施过程中还有相当过"左"的严重的现象。在 1930 年秋到 1931 年杀 AB 团，很多被冤枉死的，军队、政府、老百姓都是如此。红四军在黄陂杨依驻有一个连，除伙夫外，都被咬是 AB 团，杀了头。军队驻在黄陂小布，总之每天都有杀 AB 团的消息，因此【在】老百姓中也造成恐怖情绪。

政府也是如此，太平乡三个乡政府的主席、秘书及其工作人员，一共 16 人都是被咬上 AB 团，三名被杀了。割田圳七个乡政府的主席都说是 AB 团杀掉了。黄陂区政府被咬上 AB 团，死的特别多。如今很难说出他的数目字。

在群众中来说，黄陂南岭乡有四户人家，这个乡发生两次严重问题。有一次召开群众大会，最后〈一〉散会时举行高呼口号，可是有三【个】群众落在最远的后面听不清楚，尤〔于〕是没有喊，这时马上就被〈拿出〉扣押起来说是 AB 团，以后仍被杀掉了。还有一次也是开群众大会，以选赤卫军班、排、连长为名，〈在后〉会毕将 12 个被指派为班、排、连长的农民带到乡政府，全被扣留，以后仍送黄陂区政府，全被杀了。这样的现象，各个区乡都曾常见。总而言之，以后在群众中造成相当恐怖，很多老百姓白天出外耕田，晚上上山睡觉，不但是乡村的农民如此恐怖，或遭惨〔残〕

杀，就是那时候领导农村起义的革命积极分子，都遭到严重惨杀，例如黄陂廖云同志开始把革命搅起来，相当有功的，以后也被区政府扣押，要被杀头，黄陂数百农民痛哭拒阻，但是仍无法挽救。其次廖彬、黄卓林、黄坚等这些都被杀了。那时杀的原因除了 AB 团杀之外，主要认为他们知识分子将对革命是不会坚决的。例如说王进也是 AB 团，弄得王进无法可想，在反动派那边通缉捉杀有赏，而我们又说他是 AB 团，到不久后仍被豪绅地主捉杀，并将头刮〔挂〕到宁都东门去庆祝"剿匪"胜利大会，这样事实证明，实是我方过错呵！

从这里面我们认为，过去杀那样的 AB 团根本是过"左"的行动，当然在其中不可否认有杀得对的（如豪绅地主的坚决走狗和坚决反革命领导者），有些杀的不对，例如逼供性的结果，杀害不少同志。当然反革命的借刀杀人也是一个原因，总之当时所杀的多半是过左政策下被冤枉而死的呵！

第三，婚姻政策——开始主张绝对自由，有个时期相当混乱糊涂，例如梅江区委书记看见一个才娶不久的新娘，他企图和她结婚，尤〔于〕是以后就设法把该女〈的〉调到区委来工作，不久之后就达到其〈企图的〉目的。黄陂区杨依还有一回这样的事情，一个女人一年结婚五次。既〔至〕于一次、两次都是平常之事。梅江区有两个群众，互相偷摸自己的老婆，在〔再〕后发生〔现〕公开时，就互相对换。梅江乡主席原有老婆，可是他在政府公开带两个女人睡觉，总之那时的婚姻问题搞得乱七八糟，影响极坏，直到以后有了改变，才比较好些。

第四，反封建迷信方面实施很普遍，但是缺乏从政治上进行广泛宣传解释，从教育中使群众觉悟，自己废除，而是用少队儿童的武力公开极力摧毁。因此在那时候的苏区，成年、老年都是极不满意。在南团区有很多老百姓自己秘密教训自己的儿子，所谓再不能做这没有恩德的事。

其次，妇女放脚剪发，采取强迫命令的方式。黄陂区妇委下乡召开妇女大会，到会即迫剪发。不到会者，妇委领队上门剪发，放脚不问年龄大小，一律皆行。事情虽然好，但是普遍一律和过左的强迫命令，都引起群众严重不满呵！

以上的材料不全充实，仅仅是我们宁都县十余个同志所见所闻的，部分比较典型的例子综合起来的，此上无法详细批判，当然其他好坏仍原〔然〕尚多，但也无法详尽。

宁都座谈会——土地革命时期宁都革命活动情况

1952 年 11 月 29 日抄

到会者：黄市沛、杨祖昇、孙文采、曾凡友、黄卓珍、刘德胜、龙有利、陈斌、卢文新。

杨祖昇同志意见

在 1929 年的时候，从乐安那边过宁都边界来八十余名队伍，该队号称红枪会（领导人是东韶附近的），他们的武器是梭镖，跑到东韶来要枪和子弹，到我们章 X 村①要到九条枪和几十排子弹去了，这个部队尚不明属何性质。

曾【凡友】同志意见

找家附近有钱人和无钱人时常引起激烈斗争，有一次曾家和宋

---

① 疑为东韶乡漳灌村。

家为婚姻的事打了好几个月，双方死伤惨重，打到以后有钱人搅得没有办法的时候，有钱人就到广昌县搬靖卫团来增援这一激烈斗争。

1928 年由石城那边过来一批大刀匪，来到那〔这〕儿来活动，并镇压农民。农民又起【来】反对大刀匪，尤使斗争走上非常激烈。大刀匪（即豪绅地主恶霸）的口号是〔以〕保家灭匪为名。我们农民的口号是推翻封建势力，消灭反动组织，这一斗争农民吃了大亏，枪支丢了不少，损失人七八十名。

以后我们〈把〉队伍报后〔复〕，到他们的所在地，不论老幼，皆用武力威胁，甚至枪毙不少。

新田革命是 1929 年 12 月间搞起来的，那时三军七师来了，彭德怀还向群众演说红军的胜利消息。

那时候我们刚开始革命斗争，是带着一种温情性质，当红军在打土豪的时候，由于红军的启发，尤其是群众也参加红军走了时，群众将土豪的财物等一律又送还。

黄卓珍同志的意见

我们长胜区那里过去有三个学生从高小毕业后，到南昌读书去了，后来有一个（黄作林）学生从南昌回来了。从南昌回来态度特别不同，特别是对农民和他家的雇工特别好，他同情那个雇工痛苦，甚至亲自照顾，有时受家里限〔制〕止时，他还是避家照顾那些雇农。

这个学生到家里以后，做了不少争取群众的工作，特别是对〔把〕那有钱有势的争取过来了，使之不顽固，也有的在争取过来后，更顽固化。

长胜村有三条枪，黄作林很想搞武装部队，有一次他组织一些人，准备刺杀当【地】的反动豪【绅】地主（严为成），这一刺杀没有成功，反被发觉，尤〔于〕是严为成动员反动力量来镇压他们。这个黄作林、廖彬等都逃跑了，黄作林逃到岳母家里去了。

1929 年红军来了，黄作林想出来工作，不巧得很，红军来了恰到他岳母家里打土豪，黄作林本人仍被红军捉到，红军中有人认识黄作林，以后黄又被释放，于于〔是〕黄作林也就出来工作了（并任区委书记），不久调黄陂区工作，不到三个月被杀，【当作】AB团杀了（据我看此人不是什么AB团）。

长胜区的主席是潘古今，1934年动员政府人员，全部参加红军，此人怕当兵，以后带一部分人跑了。

孙文采同志意见

割田坳老婆坑是（宁、石、瑞、广）四县交界地方（山地），这些地方过去曾经有过激烈的流氓斗争，（赌钱）如输了就不讲道理，尤〔于〕是用势力大姓压小姓，部分的流氓团结起来，你抢我，我抢你，斗到最激烈的时候，烧杀抢无所不为。特别是黄、郭、温这几个大姓，很有压人的势，这是革命前的事。

民国十六年（1927）抢粮又闹得很凶，那里的俗语是闹饥荒，还有一种土匪多，（宁、石、瑞）都有，土匪就是那些流氓组织起来的。

革命活动问题。1929年红军来了，那时纪律不良，拉夫搅东西，因此给群众影响极坏。第二年红军又南下打赖世琮时，这次红军派人向老百姓作调查所损失的东西，以后一律赔赏〔偿〕了，这时才给老百姓一种极好的影响。

这支队伍走后，还留下许多种子在群众中，这些革命的种子就利用旧的保联组织形式〈内〉，又进行革命的活动，如打土豪、捉坏人等等。那时打土豪不宣布而是说出发就是。

捉了土豪以后，外面都说里面有土匪，就〔于〕是那些有钱有势的人就慌张起来，并立即去搬请宁都县靖卫团来打我们，打来打去就变成了一个赤白斗争。

割田坳开始有两条枪（这两条枪据说是廖彬在××部队当秘书时，××嫖了廖的老婆，廖不满意，于是就从那里偷了两条枪跑出来了），这两条枪以后就编成了一个江西游击大队，其余很多没有钢枪的人，就用皮带把土枪背起来了。

当靖卫团来剿我们的时候，我们不但用现有的土枪抵抗他们，而且还用土炮埋伏等候。有一次靖卫团来了很多队伍打我们，我们用埋伏好的土炮等靖卫团到达跟前，放了几土炮，把敌人打得落花流水。这一次缴了 15 支枪，2 支驳壳枪，由此增加了大家胜利【的】信心，队伍也在〔乘〕机扩大了，"剿匪"的失了信心，那里的革【命】就从此扩大和巩固了。在 1934 年^① 就开始建立了下三乡的区苏维埃政府。

此后江西游击队行动更积极，如打戴坊、洋古塞、老婆街，打戴坊把街全部烧毁，洋古塞那次一共万余人。农民跟随出发，以后继续攻打古村，在古村大摇大摆，整驻三天，一面打土豪，一面大〔太〕平京〔享〕乐（似乎有些乐观），而土豪恰巧用计谋、交款拖时间，又故意交笨重的钢片〔洋〕，使之不易运走。另一方面，土豪又搬兵攻打我们，在这种不警觉的情况下，队伍是突然被打败了，以后剩下一些枪支埋了，廖彬跑到山谷里去了。

1930 年主力军又来县城，廖彬又到县城迎接红军，将剩下的一些款子送给红军。一个上士报告红军说廖彬打了败仗，于是廖彬被认 AB【团】杀了。

再说那时打土豪为什么不说明显而〈但〉说是出发呢？主要的是使农民启发到阶级斗争上来，如此就好提高群众的斗争积极性〈方面来〉。

再谈过去那种赤白斗争是否是对呢？这是值【得】考虑的。以后我们那里成立了区政府，区委同时进行分土地。在分土地时，农民尚未发动起来，有的农民报少不报多，第一次分配算是不彻底。到第二次又来抽肥补瘦（抽富农肥田补瘦田），地主不分田。第三次查田查阶级，很多富农变成地主，土地也没收了。

过去扩军造成一种热烈空气，有时指名，或一个逼一个，我那

_____

① 应为 1930 年。

里在这样的方式下扩到 11 个连。有的农民不去当兵，把成分不好
的帽子戴上并且没收。

肃反问题。1934 年^①廖彬被杀后，政府建立了，曾建七个乡政
府，可是七个乡的主席都被【杀】掉了（【当作】AB 团杀掉了），
特别是只要有一点知识的高小学生都杀掉，那时候区委书记〈责任
的〉是四军团 × 同志，杀了那么多人，他是有责任的。

1934 年^②开始组织各团体时比较混乱，尤其是漂亮的女子都要
选派出来作工作。

1931 年有了彭湃县委，这县委并与赵博生有联系，正在那时
杀 AB 团杀得很厉害，廖彬就是此时杀的，戴坊一共被杀卅余名。

建立政府开始的工作人员多半是较活动〔跃〕的流氓，群众选
拔也多半注意这些人，这些人在工作中也有毛病，包庇土豪、自己
腐化、报复等。因此革命斗争群众真正起来了，群众仍就〔旧〕极
力反对，甚至〈然后〉报告红军，如此以后被杀了的也有不少。这
些人中有些是杀对了，但不一定是 AB 团，有些既不是 AB 团，也
不是坏人，他们就在这种混乱中【被】杀掉了。还有一个最大的缺
点就是没有很好的宣布说明，甚至有些雇农也在工作的混乱中被称
为反革命而【被】杀了。那时肃反中是采取逼供性的威胁来杀害真
正的革命同志，有的杀对了，有些杀错了，有些在杀得利〔厉〕害
的时候吓跑了。

我们今天认识到，过去有的是主观的，有的反革命分子利用弱
点，借刀杀人。那时候的妇女工作，一般老头子最反对，尤其是妇
女的剪发、放脚。这里面有些是好的，如放脚。但有些是太一般化
了，老娘们也还要剪发、放脚，这是不很〔好〕的。

对土豪的政策过左，我们那里有个姓赖的土豪，田被分了，财
产没收了，以后还把他的人杀了。

---

① 廖彬于 1930 年冬被错杀。
② 应为 1930 年。

　　1931 年分土地，原则上一般的还是好的，但是到下半年就来了一个抽肥补瘦，这一步是更进一步的打下了土地的基础。〈把〉富农分坏田，分荒山，把好的抽出补给贫农。对中农的政策，不分出，不分进，这还可以。就是 1933 年查田、查阶级，有一家富农变成地主打了，使得以后家破人亡。还有中农变富农打的。

　　1933 年农民那里生活下降，中农动摇。

刘德胜同志的发言

　　梅江区 1930 年的时候，红色的游击队常常来往。这支队伍的领导人就是王进、彭明，〈他的〉人数五六百〈人〉，根据地在山东坝①以及宁都的西北方向。他们这支队伍红军部队不承认，说他是 AB 团，于是红军又捉，靖卫团又捉，王进、彭明受到两面夹攻，王进被靖【卫】团的严为成捉杀了。在今天我们的眼光来看，王、彭并不是什么 AB 团。

　　1930 年那里已建立了苏维埃政府，事后红四军也来了。1931 年二十六路军又来了，于是我们那里的工作又成了一个秘密的〈环境〉活动，到宁都暴动以后，政府的组织形式都公开了，全县的政权才真正的统一起来了。宁暴是 1931 年 11 月间宁都兵变后，大部【分】问题算是解决了，但是还有顽固的寨子坡，孤立的固守起来了，如塌面寨、马面寨等寨。

　　宁都过去最显的是姓族斗争最厉害，大姓吃得开，小姓是受欺的。

　　1930 年那时候乡苏维埃（政府人〔仍〕是豪绅地主的走狗拍马等组织起来的）对阶级成分是乱搞的。我母亲很爱猪，结果政府也把我当土豪打了一次，我吓【倒】了，哥哥很老实被捕了。那时不但是把我当土豪打，就是连那以前帮土豪家管账的也捉起来了（这个乡叫作刘坑乡）。

---

① 应为东山坝。

我家过去耕了别人一些田，以后土豪走了，所以在查田的时候又说我是个富农。1930年秋季时，我到土地部打官事〔司〕，土地部派人来调查，结果不是富农，最后直到群众觉悟后，把这些人拘捕起来了。

我们过去把这些把持政权的干部，替换成工农分子，这些分子多半觉悟起来以后才选入，由此就改造了以前那些把持政权、成分不好的人。

我们那里分土地【是】1934年①开始的。

1932年查田运动，群众的斗争起来了。我们那里有一个团支部书记，以自己公事来报私仇，说少共区委组织部长是富农，于是上面也来调查研究，把区委组织部长撤职。以后组织部长又申书〔诉〕控告到县、省等领导机关，在〔再〕后来才把问题搅〔搞〕清楚，这个团支书与反革命分子勾通，群众也对他不满，此人以后仍拘捕枪毙了。

我们一个县少队长，原来祖父是地主，父亲手里已经穷了，他自己手里更没有什么东西，可是以后把他当地主打了，少队长的职务和共青团籍也开除了。

还有的不是地主也被逼成地主而逼死了，有的中农搞成富农，富农搞成地主，崔后尚本是个富裕中农，也被打成地主。孙家林儿子当区委组织部长，以后说他是地主，逼得没办法，家母逼死了，他自己也跑了。

赖光明是当兵【的】，因家中土地不好，在〔再〕后回家向政府要求分好地，政府负责人（温家大姓）说他不是为了革命，而是为了自己发财而当兵，于是就把此人搞起来送区政府，结果被搞死了。

过去地主女人【被】逼迫结婚，向结婚后又无资格分田地。扩军三丁抽一、五丁抽二，无钱的人抽跑了，有钱的人用钱买人代替。

① 应为1930年。

过去吸收很多女同志参加革命，可是在紧张时期又不要人家，在过雩都河时，一律要女同志回去，人家不回去，于是枪毙十多个女同志，这是很惨的一件事。

过去当兵开小差的枪毙，有一次一个晚上在东【山】坝一上〔次〕枪毙七八个人，一天晚上梅江枪毙三个，而且这些人都是没有组织人，也没有拖枪，而且都是贫农。

大平乡主席杨炳泽，在扩军中包办，原为三丁抽二、二丁抽一，可是有一家人有四兄弟，杨主席私包不抽。

梅江乡有一家土豪21口人，除留下一个女人外，连一个参加革命进步的孩子都杀死了。

那时整个〈甚至〉把〈土〉豪绅地主赶出苏区境内，有的跑到大刀会集中营，还有的无法可走一定要走，有的地主要求教书，但仍是不要，还是送到劳役队去。

动员归队实行清算运动（穿衣、吃粮、还工等），如赔还不了的话就归队。有的女人提出离婚、戴纸帽等等办法。

干部逃跑，拖枪跑，组织领导跑，一律枪毙。

黄思沛同志谈竹差〔笮〕区情形：

我们那里每个乡村都有一两【个】占统治地位的豪绅地主，姓王的是大姓，姓温的是有势力，有个当过县长，还有一个姓陈的也当过县长，这些人回来耀【武】扬威，作房子作酒。作房子作酒不但没有花钱，而且得相当的进入，这是他采【取】了一种剥削的办法。以后他们还要买枪成立守望队，有的稍微有两个钱，仍要强迫买。实际上出了钱以后，仍然看不到枪，这些枪钱也是被他们剥削去了。

竹差应 ① 姓黄的是相当横行霸道，一撹起来就是打。所以以后又没有谁敢来争。那里还有一个大赌场，这个赌场一面是以此统治剥削，另一个又是抢。

----

① 应为竹笮嵊。

姓黄的是从南昌回来的学生（黄坚），在群众【中】散布了些我们共产党的影响，因此又被人赶跑了。以后到黄陂小布，那些〔时〕当什么游击队的政治委员，据说此人以后被杀了。

1930年红三军七师来了，红军散布宣传，一来就杀猪送给穷人，穷人不敢要，有的还大胆的去拿了，拿了猪肉又没有来，于是红军又拉我们去挑粮。红军走了有的又将送还，经过一个相当的时期，群众起来了，选派人建政府，可选的人又是流氓，红来打红旗，白来打白旗，以后白来我们无钱人又【被】压下去了。豪绅地主乘机动手、说风凉话等，我回去土豪一定要我还钱，我无钱以后打起来了，我无法就跑去固村当游击队去了。

我当兵不到12天当班长，于是我报告一大堆土豪，以后就报移〔复〕他们，捉了很多。

经过相当时期，我请假回家，环境变了，农会都公开了，有钱人吃不开了，有钱人还做很苦的事，这时我很开心。1930年6月间，宁都县打开来了以后，敌人又回来了。温作全①（有钱有势人，在外面当过县长的）说共产党是土匪，说共产党厉害，杀了他兄弟挖了心，温极力说匪无出路，于是〈大家〉群众的情绪都低落了一下。直到武宁暴动，群众的情绪才【恢】复一起〔些〕。

过去的干部政策。部队的能打能冲，肃反的是过左一些，这些就是好干部。那时候的教育方面，阶级教育、敌人残暴教育、政府的待遇教育给我巩固【信念】的帮助是很大的。

曾【凡友】同志

过去根本就没有什么大刀匪的工作，只有打没有争取。扩军政策开始就不要，有了政府以后，除动员好的外，还有好多就是强迫命令的，对归队有的不经宣传，硬要强迫归队，不归队的甚至有拿个来枪决做例子，以此威胁去归队。

---

① 疑为温卓仁（1891—1930），字焕雄，宁都竹笮人，曾任瑞金县县长。

陈斌同志意见

那时候的婚姻政策是对的，但是还有些我是怀疑，我梅江陈明友的老婆，回来不久，我们区委书记一定要，达不到目的利用挑拨，或把男的搞走，有的甚至把女的调在区上工作，利用此机会结婚。还有的是换老婆，我的大哥就是如此。政府人【员】也是不对的，自己生了几个孩子不要而××，有〈的〉一个工作人员带几个女人睡起来。

查田那年，我们那里有一个姓温的，本是个坏家伙，查出来以后他家是没收了，几个乡的群众要杀，可是由于包办的领导人，而仍旧未杀。

打土豪在〈过去〉1932 年打过三次，土豪一家千户，打了六次。

当兵上，出了钱可以免去不当兵。

杨科长的意见

这个材料叫"宁都革命简史"，时间是 1928 至 1934 年。

宁都县以前是十四个区，这次谈的是这七个区……我们是根据这七个区的材料，来总结一下，共分四个问题谈：

一、宁都革命〈产生〉是怎样搞起来的，我认为：（一）秘密活动。（二）武装斗争。（三）统一政权。

（一）根据现有材料，宁都 1928 年就有党的组织，但不大，很小。宁都主要是两个区，即黄陂区、长胜区，其他各区也是经过秘密活动的，主要是从外面回来的，长胜是南昌回来两个学生，秘密活动主要是学生搞起来的，各个区都是相同的。开始搞的时候还不是统一的，因此就由下而上的，由零碎而集成的，这是一个特点。活动的特点主要是农村，如割田塍、东山坝等就是。

那时候的方针是什么我不知道，但争取农民这是对的。再一个是搞武装，长胜搞三条枪，另外长胜还想搞反动武装，被发觉而失败了。

那时候到处张贴标语、传单、暗杀，秘密打土豪，这些材料还缺，大家可以想想，开始活动的方针是对的。有些地方没有秘密活动过，但红军一来就成功。

（二）游击战争、武装斗争的问题，宁都是由秘密到公开，一般的都如此，1929年到1930年春才好。

武装搞起来主要是：①主力红军的接近。②经过暴动，武装斗争的对象主要是地主武装，其他是打土豪。

红军的宣传方法主要是开大会，打土豪分物资，游击战争一般的都经过一次失败，都是局部的，有的甚至还是存在以后，还在继续发展。

为什么会局部失败，主要是：①力量小，群众力小，群众觉悟不高，部分存在等待观望态度：红军好，将来如何呢？还有的是反动的跟在别人后面跑。

②敌人的力量尚未受到损失，敌优我劣，反革命的狂疯遂存在。

③我们没有经验，因都是新参加的农民，失败后也有的低头丧气。同时那时农民自私自利，因而受损失，热情一下，情绪不高。

（三）地区不大，游击战不普遍。部分的损失又给了我们很好的教育，提高了阶级觉悟，另一方面是告诉我们怎样进行武装斗争。

（四）统一政权。真正政权是在1929年才有，但不统一，如国民党和我们的，1930年各个地方都建立了比较普遍的，如戴坊开始由一个乡慢慢发展到一个区。直到1931年宁都暴动以后，才统一了宁都，推翻了反动政权。（1929年到1931年都是两个政权对立）这是个特点，因大地主多，大姓、小姓斗争，实际上还是个阶级斗争，竹差应姓温的支持。还有一个，宁都有地可藏，如寨子等，这是个特点。

第二个，政权落在统治者的手里，（反动走狗）梅江寨子不来还可做事，团支书勾通，割田垧倒还有不同，因是暴动，农民较苦，地主较少，这也是个原因，可是那些都必然的。可是过去我们肃反也有缺点，不清白，只要是阶级成分不好的，虽是经过〈的〉锻炼，也当 AB 团杀了。

另一方面，农民不懂得政权的重要性，也没有群众领袖搞上去做什么事情，这主要是阶级觉悟不高的原因。

第二部分，宁都革命的特点：

（1）宁暴是其他地方没有的。我们口号农暴工兵值得研究，中央苏区几年支持宁都暴动是极大影响。

宁都为什么会暴动？①因土地革命影响。②有组织力量领导。③有其他影响，这个经验值得好好研究。

（2）武装斗争带长期性。1929 年到 1933 年，他们坚持了那样久，这是斗争与其他不同的特点，而【且】是中心县。

（3）带有创造性。建立部队打击敌人（如长胜区的打击敌人）。

第三部分，具体政策上的偏向【问】题，也有很多好的：

战争动员工作（扩军运动）。一种干部做模范，戴坊老孙报名，带十一个连，有的报名后，组织分派去扩军，这是一种方法。第二种是利用竞赛方式，推动很大，但新基础的地方又是不成，而在这些地方又利用了很多办法去推动了。

第二个，组织工作做得很好，担架队、赤卫队、少队等的协助。

工农干部积极性很高。

肃反工作在"立三路线"错误下，杀了很多人。

（注：本文系陈奇涵同志赠送，江西省委党史研究室翻印，1959 年 5 月 13 日）

宁都县概况和革命简史
——上三乡和下三乡的情形与宁都红军史之材料、赣县情况

卢文新　孙文采

一、上三乡的情形

宁都县处在江西南面的偏僻地方，地广人稀，全县人口只有卅五万，分六个乡（即六个区），分上三乡、下三乡，上三乡是广宽面积的山林，下三乡是广大平原和河流。

宁都县在政治、经济、文化上是最不发达的地方，而旧封建社会的统治，普及于乡村相当严重，所以迫使广大农民们往往处在饥寒交迫的境地。有的逼得无法可想的时候，尤其走上不正的道（当流氓、盗贼、土匪等〈行为〉）相当的多，所以那时社会秩序也就变得越来越坏了（旧社会的结果）。

到1929年，宁都上三乡有了共产党的公开活动，他们深入农村〈中〉，细观社会情况，启发群众对豪绅地主的斗争。在黄陂、小布那一带就斗得很尖锐（我们只知道有共产党员在那里领导，但不知是什么机关，叫什么人），今天又听到找有钱人的家（原文如此），明天又听到地主武装镇压穷人。总而言之这个影响颇大，警醒了全上三乡的被压迫的人民。

当年的夏天，在上三乡的麻田又出现了一位替人民着想的、有政治觉悟的青年知识分子——廖云同志（是共产党员）。廖云同志对旧社会是非常愤恨、不满的，对豪绅地主们痛恨入骨，他最能体

贴〔会〕到被压迫者的痛苦，最同情被压迫者对压迫者的恨〈性〉，所以直到那压迫者和被压迫的矛盾登峰造极的时候，廖云同志实在忍受不过了，于是就出来在麻田、南田等地领导百余农民起义暴动。这一斗争的波浪起初就影响周围数百，以致到千数的农民都卷入了这个县的斗争中去了。他们在如荼如火的热烈的斗争中捉了地主，罚了款，抄了地主的家。这时候被压迫的人民都很同情和赞成及拥护，他【们】都从压迫下得到了喘气解放的机会，这使极大多数的人都高兴，而且都充满了胜利信心。

的确，在那时候确是〔实〕胜利了，把地【主】打了，捉了他们的人，抄了他们的家，还得了很多物质上的利益，而且有钱有势的人都被打下去了，但这始终不是最后的解决。群众舆论也很自信的说，他们还会来报复的。但的确我们的预料和准备是做得不够的，力量也不够那样坚强，斗争的经验又不够丰富，于是斗了一个时期又被反动的地主武装——宁都靖卫团【打败】，他们数百〈人〉手执着钢枪武器的敌人，终于战胜了手拿土枪、土炮、梭镖的农民。

从此以后，把暴动的农民赶散了，有的被捕，紧紧的绑【着】向群众宣传游行示威，最后送赴刑场把四肢钉上，挖眼割耳，括〔剥〕皮抽筋，那时被捕者十数人，都在这惨剧之刑场上壮烈地牺牲了。

廖云同志率领部分同志不知逃到什么地方去了。

以上是 1929 年春天的事情。

这次农民暴动的浪潮刚被镇压下去，逐渐的云消雾散，可以〔是〕从宁都县城里又传来一个消息——即王俊同志从衙门里带领了十余条武器逃到上三乡独立地打游击了（王俊同志是共产党员），他一到上三乡（吴村市、肖田市、东韶、漳灌等地）就扩大部队，在两三个月之过程中，一共扩大了百余名，就在那高山和深坑的庄子里进行训练和教育。经过了短短过程就开始了积极的行动，打击和消灭周围"剿匪"的残余地主武装——靖卫团，由很多小胜积成大胜，缴获了敌人的武器武装了自己。王俊同志的这支部队就是这样〈的〉壮大和发展起来的。

王俊同志这支队伍由狭小的活动范围，扩大到整个上三乡的行动范围（吴村、肖田、赖坊、黄陂、小布、麻田、南田、东坑等），他的口号是打土豪、分田地。于是豪绅地主们又从廖云同志失败后，进到一个新的动荡不安，而被压迫者又被升起抬头的机会了。

王俊同志在积极的行动，建立了游击根据地以后，廖云同志带领了一支部队（四十多名有钢枪的部队），仍从远道回来，于是这两支部队又编成了一个大队，叫"赣东西游击大队"。这一大队成立以后，上三乡的社会环境悄然面目焕然一新。被压迫人民的解放更感到有了保证，于是在旧社会当中，土匪、盗贼、流氓也被逐渐消失了，这使〔是〕人们感到最好、最深刻【的】印象。于是王、廖二位同志的会合，得到了更广大群众的拥护和帮助，游击队就在这环境中壮大、发展、生根了。

这支部队发展壮大后，武装斗争越来越尖锐了。在〈上〉上三乡的东韶路口、黄陂、小布、吴村、肖田等地区，红白军拉锯式的斗争，你来我去，我来你去，今天你捉我几个人，明天我捉你几个人，今日这里打一仗，明日那里打一仗，总是斗〈过〉个不休。靖卫团也无办法解决游击队，豪绅地主们为了自己的安全，于是就用钱搬国军大队来上三乡再进行"剿匪"，国军大队用了一两营的气力，"剿"了几个月，连一根毫毛也没有缴到，然后仍缩回县城去了。

王、廖二同志所率领的部队，活动积极，影响日渐扩大，因而上三乡的豪绅地主吓得心警〔惊〕胆裂〔战〕，逃的逃，走的走，这种数量日益增多。因此情况是大大的变化了，而被压迫人民翻身的机会也就此复生了。

1930年是大变化的一年，有了这支部队后，同时成立了赣东北办事处、宁都县政府革命委员【会】等。从这一基础上启发了群众的阶级斗争，进一步组织了下面的基层组织——区苏维埃、乡苏维埃以及严密的群众组织——赤卫队、少先队、儿童团。上【三】

乡所有的群众都成为〈了〉有组织的力量、革命的群众了。

1929 年秋天从东固那边又来了一支二四团（二四团的领导人是金万邦），他们是为消灭宁都地主武装和配合赣东北及宁都的发展，因此宁都在那时只〔的〕确得到了发展的机会。不久主力红军又来了，从此宁都〈革命〉成为〈了〉不可摧毁的重要苏区根据地，并发展成为中心。

宁都革命部【队】的去向，从主力红军来了以后，已编入三军团去了。

二、宁都下三乡的革命情况

葛藤坳一带的农民暴动：它在宁都之南靠山地，它和瑞金、雩都、石城四〔三〕县交界〈的地方〉，是地广人稀贫苦之地。杂姓群众，受剥削压迫最重，特别是受大姓流氓无理之掠夺最甚。北面有郭、黄二大姓，南面有钟、刘、杨三大姓的流氓横行之极，使当地弱小百姓无法安生。在此时群众中亦有主张组联甲，以抵抗流氓的侵害，但无人敢领导。

1929 年红军在大柏地打仗，不久红军又南下到福建去，在当地有宣传和暗赏〔赔偿〕损失，给群众的印象非常好。就在此时（六、七月），有廖彬与陈以和两同志开始出来组织联甲为名，后又叫农工协会（因当地没有地主武装），并组织赤卫军、少先队，半公开的训练着，到十月间才公开，各村赤卫队、少先队，出发打土豪，杀了流氓不少。

同时又成立了游击队，由廖彬领导（队长兼政委），开始只有三支枪，经过几个月的活动，扩大到两百多人，百多支枪（称为江西游击大队），并和桥头游击队混合过行动。在廖彬同志的领导【下】，配合所有的赤卫军、少先队占领了里迳圩、大柏地、戴坊圩、老婆坑和固村镇，因而形成赤白斗争，双方都有老百姓配合作战，死人、烧掉房子不少，例如葛藤坳、戴坊、里迳等圩塘都被烧了。

不断打胜仗，创造了一块很大的根据地，在葛藤坳成立了区苏维埃政府，在大柏地、里迳、老婆坑，都建立了苏维埃政权，声势浩大。所以游击队去打固村镇，开始胜利了，后来因领导者的大意，被国民党正规军两个营袭击，几乎被完全消灭，三百多人只跑回来几十人，枪支只有廿余支，这个失败是很严重的，因为游击队的垮台，所以靖卫团（民团）的"围剿"就更加厉害了，因之区苏维埃政权只好搬到山上去。

到了 1930 年九十月时，红军又到了宁都、黄陂，后到长胜镇时，葛藤坳的游击队和政府又活跃起来了。游击队由廖彬领导，到长胜区与主力红军会合，向主力红军要求发枪时，不知为什么说是 AB 团而被杀了。

这时由于红军的到来，不到一两个月，全县都建立了苏维埃政府（除县城），开始在固村镇成立澎湃县（即宁都），陈以和同志也调县委工作，虽然陈以和同志领导农民暴动有功，后来说他是土匪出身，成分不好，最后将他调去互济工作。（我所料〔了〕【解】的情况大概如此）

（孙文采　1 月 16 日）

三、宁都红军史的点滴

①宁都独立团成立于 1929 年底，在 1931 年初改编为独立第四师（师长龙福林[①]），一〇五团又同年整编入二十二军 ×× 团，又在 1932 年在南丰改编入（整团加入）一军团二师六团。

② 1933 年五月博生（宁都）戴坊区模范团，整团加入少共国际师，干部都是本地人（团长高步云，政委孙文采），编为十五师四十四团，直到长征，贵州遵义时，改编入一军团十二师。

③固厚游击队成立于 1930 年，队【长】南云绪，政委黄永华，活动与〔于〕宁都县城周围，围困 × 寨、王竹寨等，1931 年改编

---

① 应为龙普霖。

为独立第四团，1932 年编入独立四师第四团。到 1934 年，在乐安编入八军团二十二师六十一团，至长征在湘江后，编到三军团第四师。

④还有宜、乐、宁游击大队，后改编到哪个军团我弄不清。

⑤宁都×乡廖云与王俊两个同志领导的游击队，于 1929 年春，曾和二四团会合过，并经常配合行动，在黄陂、小布一带，声势浩大，建立了游击根据地。廖、王二同志牺牲后，该游击队即编入三军团。

⑥ 1929 年冬，在葛藤坳圩由廖彬同志领导成立的游击队（江西游击大队），创造了葛藤坳一带的根据地，至 1930 年，廖受 AB 团咬被杀，部队编散到主力红军去了。

良口①、白露〔鹭〕、龙头一带，在大革命时就搞得很热闹。那时候主要是农民协会，搞了不久以后就失败了，即转为秘密农民协会。1929 年龙头乡的秘密农民协会我就参加了，主要【由】我负责。那时我们知道主要朱希东②、陈龙友、吴新生等是党员。在 1929 年底，我们有几十个农民协会的配合，东固来的游击队，把永丰市的靖卫团消灭了。到 1930 年一、二月间，红军到了白露〔鹭〕、龙头、五坡一带，我们地方就组织了政权，进行了分田、打土豪的斗争。乡政府主席是陈龙友，区政府主席小名石林。在 1930 年三、四月间，七大队、三大队，兴、于、万游击队打良江，把良口打开，组织一个区政府，以后打黄塘、金村，杀了很多人。在那时候的政策，打土豪分田地，不是整个党的政策错误问题，而是在执行方面有些零乱，纪律不明，乱打一气，而那时的烧杀政策很厉害。到 1930 年七、八月我就走了，对那里一带的情形就不清楚了。

---

① 良口是万安县接邻赣县的一个行政区。
② 应为朱曦东，下同。

四、刘务同志【访】谈

1926 年有党的组织，刘震〈他〉是中学生，是党员，农会是他负责。〈当〉刘懋楠、王德礼、万×、康方，这数〔时〕就跑到赣州，没有武装，经常开会，讨论打土豪劣绅，抢粮斗争。

刘玉请了靖卫团来捉人，在冬天拂晓来的，包围刘震家里，因刘开了一家店子，刘××是反动【派】，走后告诉消息的。刘震躲在两个木桶下，捉后就围走，××告诉没走，谢×班当时打死了，刘人和、刘汝霖，农会负责的也跑了，农会散了。

1927 年良口高小，打倒天主堂、帝国主义，天天贴标语，天主堂天天拉，天主堂准备了七十多个教徒，有梭镖，没枪。那天又去贴标语的十多【个】学生，有个十三岁的小学生，跑不动，被杀了一刀没死。那时候朱希东（良口乡人），高小校长，是他领导的，应有许多学商工农都有组织，当时集中起来包围天主堂，把神父捉到了，开了几千人的大会，把神父打了，后送到万安县，还枪毙了，天主堂的财产物资被没收了。

不久大革命失败了，许多人都逃了，没有捉到什么人。

1928 年没有什么行动。

1929 年经常在良口散发标语，良口区的靖卫团过间西村，没有到靖卫团参加暴动，有 20 多条枪在兴岚山一带活动。赣城靖卫团百多人打过一次仗，没打倒就走了，不知谁负责。

1931 年春夏〈的〉间，因肃反打 AB 团，肃反委员会的人住在里仁坑白鹭，准备几十人暴动，后来知道了，破获了，是为白鹭事变。罗寿南、朱希东、廖胖子……不一定是 AB 团。

1930 年是烧杀政策，如打横塘肖石岩。

1931 年在标语方面对中农筹款。

（罗孟文记　1944 年 7 月 21 日）

五、钟汉华【访】谈

良口在 1926 年秋季以朱希东【为】中共书记，林振拱是少共书记，领导良口高小学生反天主教的斗争。因朱是该校校长，天主教打了他在贴标语的学生，引起了斗争，结果他们学生胜利了。

万安在 1926 年冬以县委书记张世熙领导暴动，结果张同志在暴动中牺牲了，暴动被反革命镇压了。

良口等地从配合三路去打黄塘，有百多枪，成万人，主要打黄塘王、杨两大姓的靖卫团。因交通员被打死，右路以燕文、范登榜领导，大失败（朱希东为总指挥，吴干南也参加了），共牺牲了三四十人。后黄塘来了个反攻，当时烧了好多房子，失败后朱又逃到南昌，吴干南逃南洋，以后良口地主林祥庆、林先仍，韶头〈一个〉姓陈的一个地主出来调节议和。

何瑞庭（前清秀才的儿子，吃素）是个青年团员，学生出身，他出来办靖卫团，其中也有党员，何在群众中有威信，何任团总，后参加了暴动。

万安游击队于 1928 年来把钟子生（是前清秀才）捉去杀掉了，就开走了。1929 年二四团部队来良口打游击，这时白鹭先建立苏政权，随后发展到良口等地建立苏【维埃】政权。林九毛堂〔当〕革命（良口）主席（是大流氓出身的三点会员），还有苏振辉、苏明等人领导游击警卫连。后在 1931 年编入赣县独立团，曾彬任团长兼政委，他为秘书长，有八个连，后编入独立六师。

在政策方面：打 AB 团如苏明、陈科英、朱希东，他们都是老革命分子，特别是苏明，他是良口警卫连的政委，都被打掉了，今日来看是值得怀疑的。

（罗孟文记　1944 年 7 月 19 日）

六、刘大煜【访】谈

赣县小富，以钟明英领导的秘密农会，到 1928 年冬开始才一条枪，后来造了几支枪，那时是（三点会）农会的名义，武装名称叫保警队，当时有卅多人，活动地区是莲塘、东山头一带。在 1929 年春曾发动几百人开会，曾利用一房和二房的姓氏中〔展〕开春荒斗争。1930 年春【建】立了苏【维埃】政权，以谢贤同为首，后该队编入了二十八纵队。

（注：本文系陈奇涵同志赠送，江西省委党史研究室翻印，1959 年 5 月 13 日）

（三）于都县

沙心地区革命斗争的回忆（1929—1933 年）

（根据访问钟光殿^①同志的记录整理）

1929 年秋天，沙心地区就开始闹革命了。当时有个红色警卫营，是马德明同志领导的，经常活动在上堡、沙心等地。这支队伍一成立，就与桥头党组织取得了联系；逐渐壮大到 100 多人。当时活动的主要内容是"打富救贫"；发动群众打土豪，没收土豪的财产，分给群众，并进行分田、抗债。由于我们的革命活动有力地打击了豪绅地主，于是这帮不甘心死亡的家伙，也纠结他们的喽啰，组织靖卫团与我顽抗。因此，就形成了赤白斗争的局面。就这样，你来我去，拉锯式的赤白斗争搞了一年多，特别是 1930 年，是与万田靖卫团斗争最激烈的一年。直到 1931 年秋，红四军有个营来到了沙心，驻在青坝，这时，配合当地的人民武装，很快地把万田等地靖卫团打垮了。于是，在 7 月间组织农民协会的基础上，到九月间就成立了乡苏维埃政府。政府成立后，桥头党组织立即派了同

---

① 钟光殿（1915—2010），江西省于都县沙心乡人，1931 年加入中国共产主义青年团，1934 年转入中国共产党，历任乡工会主任、区工会委员长、少共区委书记、少共西江县委书记等职，参加了二万五千里长征。新中国成立后，任中国人民解放军总后勤部营房管理部副部长，1959 年被授予大校军衔，1980 年为正军职。

志前来做政治和组织工作。因此，打土豪、分田地的斗争就更加深入、广泛地开展了。开始苏维埃政府主席是曾元炳，他当时很活动〔跃〕，我就是他第一次叫去开会的。那次会议上，桥头派来的黄祖同志，也参加了，他鼓励大家的斗志，叫大家不要怕，坚决与反动派作斗争，就这样，沙心地区的人民群众，在中国共产党的领导下，很快地团结起来了，纷纷组织农会、工会、妇女会、少先队等群众组织。

1932 年初，红四军的那个营开走了，剩下的武装就是当地的赤卫队、少先队，他们坚决地保卫着自己的胜利果实。不久成立了沙心区苏维埃政府和中共区委会，区主席和书记都是桥头派来的。区成立后，更有力地领导了革命斗争，各种群众团体组织如赤卫队、少先队、儿童团、妇救会、反帝拥苏大同盟、革命互济会、工会等也更加健全了。我开始是在村工会负责，后调兰芬乡、沙心区负责工会工作。

1933 年 2 月成了〈了〉西江县，是直属中央管辖，下管沙心、黄龙、洛口、庄埠、赤鹅（即白鹅）、城市、南门、小密、梅岗、黄安等十个区。沙心原属于会瑞边区，开始的县委书记是马德明同志，随后，我也调县工作了。当时中央领导同志经常会来县指导工作，因此，各项工作都做得很好，曾得到中央的表扬，1933 年底，中央提出"扩大一百万铁的红军"的号召，全县从上到下，掀起了轰轰烈烈的参加运动。在宣传动员中，都有几千人参加。到 1934 年红五月，就进行了总动员，16 岁至 40 岁的公民，能当兵的全部到前方去，不能当兵的也负责担架任务。每次扩军，干部总是带头。我为了响应党的号召，曾几次报名参军，但由于地方工作的需要，没有被批准，直到 1934 年，红五月县召开活动分子会号召带头参加红军，我才离开地方到前方去了。当时之所以有这么多人参加红军，主要是因为红军是人民自己的军队，他是人民利益的保护者。同时红军的优良作风，在群众中影响极深，加上对反动派的憎恨，宣传教育工作做得深透，所以大家都愿意参军，消灭敌人，我那个村子有 80 多个青壮年都到前方去了，家里的农业生产就由妇女来搞。在几次反"围剿"中，人民群众都付出了巨大的力量，从人力、物力上来支援前线，如组织送粮、做军鞋、打草鞋，等等，总之，部队要什么就有什么，哪里要就送到哪里。

当时，广大干部的生活是非常艰苦的。由于国民党对苏区人民的经济封锁，在生活上也造成了一些困难，如食盐布匹就很缺乏，但是在党的教导下，同志们根本不会去计较个人生活、待遇问题，连吃的都自己家里给，那时我在县委工作，我母亲每月都给我送米送菜。虽然这样艰苦，但大家的工作热忱还是非常高的，不分昼夜，积极地完成党所交给的各项工作任务，毫无怨言，只有一颗赤心——永远跟着共产党，坚决消灭敌人。

（1960 年 1 月 31 日于北京）

难忘的岁月

——马从炘[①] 谈于都县上堡革命斗争及游击活动的情况

上堡是于都东北角一个偏僻的山区。全村农民长年累月地辛勤劳动，但总过着食不果腹、衣不蔽体的牛马不如的痛苦生活。在大革命前，这里的穷苦农民，长期以来由于受着封建社会的统治，当时对自己的处境，总是埋怨自己的命运不好。于是把自己的命运交

---

① 马从炘（1909—2003），江西省于都县上堡村人，1930 年参加中国工农红军，1931 年加入中国共产党，1934 年参加二万五千里长征。新中国成立后，历任西南军区运输部政治部主任、北京政治学院干部部副部长、济南军区政治部军事法院副院长等职，1955 年被授予上校军衔，1964 年晋升大校军衔，1983 年享受副军级待遇。

给天地神明，一切由天保佑，总是求神拜佛，想把那种悲惨生活改变过来。但这样没有丝毫作用，反而生活越来越苦，贫穷破产、家破人亡的悲惨事件越来越多。

到大革命时期，广大农民由于受到北伐军的影响，尤其是通过三大政策——联俄、联共、扶助农工，以及耕者有其田的宣传影响后，农民逐步觉醒起来。在那时，农民中带有迷信一类的团体组织，如三点会、红〔洪〕江会等就较盛行起来，想团结起来，反抗压迫者和剥削者。但是由于没有中国共产党的领导和缺乏革命教育，其活动仅仅是狭隘的，没有远大的斗争目标。后到 1927 年 10 月间，朱总司令带领南昌起义部队来到了赣南，在会昌一带攻打了军阀钱大钧部队以后，传来了很多革命的道理和响亮的口号。这时，我们村里部分思想较进步的农民，如马德明等，开始进行活动了。特别是到 1929 年春红三军八师从万田来到了我们村里后，广大群众亲眼看到了共产党所领导的队伍真正的为人民办事，爱护群众，一到就替农民打到了大地主谢同丹兄弟，没收了他的财产，分给广大贫苦农民。并通过大会、小会等各种形式大张旗鼓地向人民群众进行宣传教育，说明为什么要革命、穷人为什【么】会穷、富人为什么会富、穷人团结起来就能把地主打倒等等革命道理。同时提出"打土豪、分田地""穷人是兄弟，地主是穷人的对头""穷苦人民团结起来，坚决与地主斗争""只有打倒地主，穷人才能翻身"等等激动人心的口号。广大农民通过这样算账对比、摆事实的教育后，心里都亮堂了。都知道过去自己苦，是被反动地主和封建地主剥削去了。

提起当时农民所受的压迫、剥削是非常残酷的。除受反动政府和地方劣绅的繁重苛捐杂税外，还严重地受着封建地主的地租及各种债务的剥削，真是剥削得穷人一无所有，终年劳动还得不到一餐好饭吃、一件好衣穿。特别是到过年时节，很多穷人被地主们逼债逼得过不成年。我还记得那年我们村里的刘声 × 农民，因欠地主的债，无法还清，躲债到年三十，直到半夜回来，以为地主不会来逼了，〈把〉买回二角钱猪肉为一家团聚过年，哪知道地主老财半夜还来催债，结果没钱，把那小块猪肉从锅底捞走了。许多农民，因欠地主债务，即被迫卖男卖女，妻离子散，弄得家破人亡。甚至在腊月天，穷人穿着的几件破烂衣服和被子都被债主抢走。这些血泪账，经过红军的宣传启发，广大农民就逐步觉悟了，再也不把命运交给老天爷保佑了。大家都清楚地知道，要翻身，要过好日子，就要团结起来同反动派、〈同〉压迫者、剥削者作坚决的斗争，只有走向革命的道路，打倒反动派，才是自己的唯一的出路。

当时，在上堡农民中最早出来，举起自己的革命红旗，与敌人斗争的是马德明，他通过革命的教育，首先在本村发动了先进群众，在1929年春就正式成立了上堡人民自己的武装——游击队。他开始虽只有十多人，但都是受压迫、受剥削最重的贫苦农民，斗争非常坚决，起初的武器也只有几把大刀、梭镖、鸟铳，可是这支革命武装一成立，就像巨雷似的震动了广大农民，同时也给地主、封建统治者当头一棒。但是反动派不甘心自己的死亡，不愿放下他剥削压迫广大人民的屠刀，因此，地主豪绅们也就组织了反动武装——靖卫团，企图把革命的火焰扑灭。可是革命的烈火越扑越旺，直把封建地主、一切反动派焚烧干净。

我们的游击队一成立，就坚强地领导着广大农民打土豪分田地，没收地主财产分给农民。这支游击队经过很多曲折的道路，在与敌人残酷的斗争中逐步成长起来了。由十多人、几把大刀、鸟铳，发展到二百多人，直到成为于（都）瑞（金）会（昌）边区独立营，后来还光荣地编入了主力红军——独立第三师。当然，它的发展壮大过程不是一帆风顺的，而是从发展—失败—再发展—再失败—直到最后胜利这样一个曲折的道路。

在当时武装斗争方面是敌大我小，我们的武器又很低劣，在斗争中曾几次被敌人挫败。但〈时〉是没有被〔因〕暂时的失败而放弃斗争。如在1929年2月间，因狡猾无耻的敌人——姓方的一股土匪，假装与游击队降和谈判，但正在进行谈判中，敌人突然把马德明同志及所带四人的枪支全部扣押，强迫马德明同志交出全部武器和人员，企图消灭我游击队。但由于马德明同志的革命的坚强意志和不屈不挠的精神，加上群众纷纷起来营救，于北区游击队又闻讯赶来，这样方匪就不得【不】把马德明同志放出，从此之后，马德明同志更坚强的领导这支游击队，并与于北区游击队相配合，返回上堡攻打黄家大地主，消灭了地主靖卫团数十人，缴获驳壳枪一支、步枪数支，杀掉了靖卫团头子黄祖谋。这又大大地壮大了游击队，更加鼓舞了群众的斗志。

到1929年4月间，我游击队攻占了宽田镇。有一天，阴险狡猾的敌人又纠集龙泉坝靖卫团，伪装【成】赴圩的老百姓向我游击队来个突然的袭击。结果我们边打边退，冲出了宽田圩，向佛子坳撤退。但正当马德明同志走到山脚下的时候，不幸两腿中弹，被敌人打伤，在千钧一发之际，他机智地脱险，未被敌人抓去，终被我们救回。伤后，由于当时我方没有医疗设备，就在群众掩护下，用土办法、草药医治了半年才使伤口治愈。可是从此之后，马德明同志已成为残废了，走路时都是一跛一拐的。但他的革命意志仍然坚强。到了秋季，马德明同志由〔在〕原两条枪的基础上，又重振旗鼓，再次地整顿游击队，继续与敌人——国民党、靖卫团作斗争。在上堡地区又一次地打击地主武装，杀了一些地主。到8月间这支游击队就有4条枪，发展到30多人了。

同年9月，敌人集结了于都、瑞金两县的反动主力，大举向我游击队进攻。虽敌人比我多数十倍的力量，但由于我们游击队英勇奋战，进行了顽强的抗击，拉锯式的打了一个多月。最后，由于敌我力量悬殊太大，为了保存自己的力量，坚持长期的斗争，于11月中旬，在马德明同志的领导下，集合了沙心、高陂、岗面、上堡等四个乡的游击队和工作人员共二百余人，黑夜通过下坝敌区，胜利地渡过了曲洋河，到达了于北区桥头。经过短期的休整后，就将这支游击队命名为于（都）瑞（金）会（昌）边区独立营，分为三个连，当时奉令在曲洋、马安石、桥头一带活动。主要是消灭这一带的白色据点——土围、寨子。在这段时间，战斗很激烈，天天打，有时一天打上十多仗。在各乡赤卫队和群众的配合下，终于打下了不少的土围、寨子。如斗笠寨等靖卫团据点，就在这时打下的，同时，在这期间还有力地配合了反第三次"围剿"的斗争。直到1931年7月，这支部队又返回沙心地区的高陂、瑞林寨、岗面（现属瑞金）一带活动，不断地打击敌人。8月间，第三次反"围剿"斗争胜利后，把这个独立营编入了主力红军——独立第三师了。

这支人民的武装，所以能在那样的情况下，不断地发展壮大，取得最后的胜利，主要是有共产党的领导和群众的积极支持以及同志们的坚贞不屈、忘我牺牲的精神。游击队的活动，始终在党的领导下，事事为了人民群众的利益，依靠了广大群众，共同地对付敌人。在工作中，边打仗、边做群众工作，如当时的农协会、工会、妇救会、少先队、儿童团等群众组织，就有力地配合游击队打击敌人。那时打仗的力量主要是依靠群众，光游击队的力量还是很小的。在每次战斗中，人民群众都非常勇敢地跟我们游击队一起打击敌人。除此之外，还自动地替游击队站岗放哨，监视警戒敌人，送信、侦探敌情都是他们担任。

那时游击队的生活是非常艰苦的，有时连饭也吃不上，就在山里面来〔采〕竹笋吃，自己穿的草鞋都要自己编。钱的问题就更不需说，是没有工薪的。但在这样艰苦的情况下，却个个斗志昂扬，没有一句怨言。

大家只有一颗赤心——坚决打倒敌人，使穷人翻身，根本不会去考虑个人的得失问题。当时的马德明同志就是我们学习的榜样，也是一个很好的领导者，他一贯是抱着革命乐观主义精神，〈和〉机智勇敢，善于团结和教育同志及群众，因此很受群众爱戴。1929年他因两腿重伤，大家都为他担忧，但马德明同志却很乐观地说："不要紧，只要不死，就要革命到底。"他随时教育和鼓励群众："只要大家团结一致，坚决与敌人作斗争，就一定能打倒他们。只有打倒反动派，我们穷人才能翻身，胜利一定是属于我们的。"脚伤不能走路，群众就抬着走。后伤口虽愈，但走路还是不方便。组织上为了照顾他给了一匹马，有时他都不骑，宁愿走路，以锻炼自己。他贯彻党的方针政策是坚决的，因此他所领导的区、县的工作总是得到群众的拥护和上级的表扬。自他参加革命工作起，就是兢兢业业地为党的事业直到最后奉献自己宝贵的生命为止。又如我哥哥马从煌，在一次战斗中，因拿着一面红旗，走路不动，敌人就在后面追来，同志们都为他着急，但他死也不把红旗丢掉。

可歌可泣的事迹是【很】多的，这些事迹是值得写一写的。

最残酷的时候，还是 1934 年红军长征后，国民党对人民的屠杀，如上堡姓马的一百来个人，被国民党地主杀害，卖掉的就有 60 多个。很多革命同志和群众都光荣地牺牲在敌人的屠刀下，关于这段悲惨的历史，现在在家的老年人都非常清楚的，你们可以找些人谈谈，就能得到很多材料。如刘家林、马从堂、马伯秀等烈士，都值得我们学习，那时他们的工作是非常好的，以后牺牲也死得很惨。

但是在那种严重的情况下，也有一些经不起革命考验的，做了无耻的叛徒，刘敬果在苏区时是搞青年工作【的】，在国民党时做了保长，就抓打革命家属，我母亲就被他抓去迫害过。又有一个叫黄光斗，在国民党时就杀了我们好【多】同志和群众。像这些叛徒，就应该写他一个遗臭万年。

（1960 年 2 月 7 日于济南）

（四）寻乌县

毛主席第三次到寻乌大概情况（注）

寻乌老中医刘淑士　口述

1930 年旧历四月廿外〔日〕，毛主席和朱德委员长及周总理（那时分别称毛委员、朱军长、周委员）带领五六千军队，从广东经过钟坑、大冈山、茅田、留车等地到达寻乌城。

毛主席来到寻乌的消息，向春风一样吹遍每个角落。人们个个喜笑颜开，奔走相告。那时我刚从县城回到家里，准备和家人欢度端阳节。这年的端阳节，比往年过的特别热闹，地主、豪绅逃得无影无踪，人们安安乐乐的欢度这个端阳佳节。家家的门框上都挂上艾枝和菖蒲，每家的黄酒又浓又香，猪肉、鸡子家家都有，人们既吃粽子又喝雄黄酒，很少人烧香敬神。

端阳节第二天的上午，我正坐在家门口给孩子们讲述寻乌"三二五"暴动的情况，忽然县委书记古柏同志，兴冲冲的走来，不等我向他问清来由，他就边说边递过一张卡片给我说："毛委员明天请你去开会！"我接过卡片一看，上面正中印着"毛泽东"三个字，左下角印着四个较小的字"湖南润之"。当我看完卡片后，一时欢喜若狂，连古柏同志也忘记招呼他坐下歇息，赶忙奔进屋里收拾日常用品，当日赶到县城。

五月初七日上午八时，我怀着跃跃欲试的心情，迈着大步，进入会场。会场设在南门马蹄岗的"碇民医院"里面，毛主席就住在医院对面的楼上。我到得算最早的一个。墙上的大马钟，指针指向九时，参加会的人都陆续到齐，古柏同志站起身来说："现在开始开会了！"这时，人们马上停止了谈论。会议开始，首先由古柏同志向大家介绍毛主席讲话，主席没有发表演说，他只轻声细语的向大家说了几句："我这次来，是进行调查访问的，现在请大家来开个座谈会，有许多问题向大家请教……"

会场坐成一个圆形，主席坐在会场中心的方桌边上，古柏同志坐在主席的左侧，负责记录。我就坐在靠南面的窗子下。

主席在说话间，很自然地翻开笔记本，摘下钢笔："我提一个问题，大家便谈一个。"接着他就念了一个问题。

起初，大家感到有些拘束，停了好些时间，没有人发言。经过主席和古柏同志的启发后，发言的人便多起来。话谈开了，大家都无拘束，发言的人接二连三，非常踊跃。有时，对一个问题有些争论和互相补充，但秩序井然有条，不会混乱。看样子，主席记得很详细，他有时点点头，有时微微发笑，有时停下笔来，全神贯注地看着发言人。如有口音不通的地方，就由古柏同志"翻译"。每当谈完一个问题的时候，主席总要向大家念一遍他的笔记，问大家"是不是这样？"大家说是这样，他又问过另一个问题。

主席穿着灰白色的学生装，留着八字头发，面情〔容〕有点清瘦，眼睛温柔而炯炯有神，就像一个学生的样子。说话时，声音不大而精实，态度镇静无浮躁，看他年纪虽轻，但说起话来，言之有物，非常充实，有条有理，就像一个博学多才的老前辈一样。

正午时分，有人进来说开饭了，大家正准备散会回家，毛主席马上对大家说："别走了，就在这里吃饭。"

吃饭的地方就在开会的楼下，一共八张桌子。没有凳子，大家站着吃，主席也和大家一起站着吃。吃的是糙米饭，两个菜，炒豆角和焖豆腐，没有肉。菜的味道很好，酱油调味，还有辣椒。我非常荣幸，正好和主席共一张桌。主席吃法很斯文，添了一次饭就放了碗。当时，我心里有说不出的兴奋，高兴得连饭都吃不下，吃了一碗饭，肚子就觉得很饱了。

饭后休息不到10分钟，主席又催大家开会。

会议开得很紧张，足足开了两天的时间，五月初八结果〔束〕。主席共问了100多个问题，问题问得很广，首先问到寻乌的地形、气候怎样，有哪些名山大水和关隘。接着问到全县的田亩土地，作物种类，有何特产，农具种类。工业方面，问到寻乌有哪些手工业门路，有哪些手工业产品，销路如何。商业方面，问到生意好不好，商品来路和各种物品价格如何。政治方面，问到反动政府的苛政情况，有哪些苛捐杂税，有何派别。文教方面，问到全县有几个学校，有没有中学，父老们愿不愿意送自己的子女读书，农民子女受教育的情况如何。卫生方面，问到寻乌有哪些疾病，如何治疗。再次，还问到交通运输、人民生活和妇女装束〈……〉等等。

参加这次会议的，有工人、农民、教师、医生、学生、商人、年老的秀才和当时的干部等各界人士，共60多人。会议名称叫做"寻乌县各界人士座谈会"。以后记录整理出来的，就叫"寻乌调查记"。

会议开完后，主席很谦虚地对大家说："谢谢大家，帮助我了解了很多问题，待整理好以后，再印出来。"最后，他还祝贺寻乌人民，永远康乐富强！

次日上午九时，县城召开群众大会。参加者有一万多人，县城附近的农民都一起来了。大家戴着红袖子，个个精神奕奕。会场锣鼓喧天，彩旗飘飘，人们沉浸在欢乐的旌旗海洋之中。会场设在马蹄岗（现在的气象站），一共搭了五个大演讲台，每个演讲台都有人作报告，报告的内容都是一样【的】。会议内容，一方面是庆祝全县赤化；另一方面号召全县人民，继续坚持革命斗争，巩固胜利成果，争取更大胜利。从这时起，寻乌便成立了县苏维埃政府。

当时，我站在最左面那个演讲台的下面，站得很前，报告人我看得很清楚。散会以后，我才知道刚才那个作报告的正是朱军长，倾〔顷〕刻间，使我肃然起敬，从内心里发出对他的赞佩！朱军长非常朴素，身上穿着蓝布军装，脚上穿着草鞋，脸色红里带黑，泛着红光，有胡须，声音洪亮而有力。

毛主席在寻乌时，每日还出版《寻乌日报》，每天一张，油印。专门负责投稿的有古柏、曾招秀、曾碧漪、陈策和我。另外，还有其他方面的来稿。我们每日至少交一篇稿子到毛主席那里去，我多是写诗歌。报纸办了一个多月，直到主席离开寻乌才停刊。

毛主席从五月廿外〔日〕来到寻乌，到六月初才离去，一共住了一个多月的时间。毛主席走的时候，古柏同志和他的爱人曾碧漪一同跟着去了，当时县委书记就由曾招秀担任。

主席从寻乌出发，经过会昌，到达瑞金。不久，在瑞金便成立了临时中央苏维埃政府。

毛主席走的时候，还向有关人士发表了谈话，他说："我们一定到〔都〕会回来的，最后胜利一定是属于我们的！"

自从毛主席走了以后，人民日夜都盼仰〔望〕着他。从此，寻乌的革命活动，也更加如火如荼地开展着。

中共寻乌县委革命斗争史编写办公室

（赖邦兴记录整理）

1960 年 6 月 6 日

注：在这以前，毛主席曾于 1929 年 2 月和 10 月来过两次寻乌。此题目是口述者吩咐这样命题〔名〕的。

附：口述者原名是刘维监，为烈士刘维铲、刘维锷之兄，亦为邝任农、古柏之老师——口述者分〔吩〕咐注明。

（五）赣县

我所了解的一点赣县党史

吴保山 [①]

第一，广教寺村：赣县的党在什么时候建立的我不清楚，我只了解本村的一点片段情况。

记得1929年的秋天时节，就有红军到了上下白石一带（离广教寺村约十五里，隔个大山）组织了该地的暴动队，不断的来进攻广教寺村，同时也有红军去攻石芫圩，在"大村降了小村也降"的认识下，于1930年春，群众就自动的举起手〔了〕红旗，成立临时革命委员会，主席江德顺，接着成立了各种革命的群众团体，例如暴动队、少队、儿童团等，我曾任过儿童团的团长。

党的组织是在田村区派来的一个刘某帮助下成立的，现在回忆得到的支部书记巫秀元，党员江德顺、刘步云、刘永兴等，1930年冬天开始发展了团员，同我一路入团的有两人，还有个女同志，〈地址〉在江德顺的铺子里举行了宣誓，此后，共发展了团员多少

---

① 吴保山（1915—1972），原名巫保山，江西省赣县广教寺村人。他1930年参加革命，1934年由团转党。1934年任共青团赣县县委副书记兼组织部部长，参加了中央苏区的反"围剿"斗争和中央红军长征。中华人民共和国成立后，历任中国人民志愿军第四十六军政治委员，沈阳军区政治部主任，总参谋部三部政治委员，福州军区副政治委员。1955年被授予少将军衔。

回忆不起。1931年九月，我曾任过一个时期的团支书。

政策的执行我以为有些过左，例【如】对地主邹达泉、邹祥佩是〈全〉没收其一切土地财产房屋，并将其人口赶到白区去，罚款则施於〔行〕肉刑，对尚未赤化的区域如上下坪，只派遣暴动队去，打击目的〔标〕是土豪，但实际上在拿了多的情况下，常常是不分青红皂白的，有把穷人的东西也没收了，例如我曾随暴动队去拿过一只鸡、一床单被，现在想起来是不对的。然而当时某些群众中的洋财观念也是存在的，更重要的是这种过激去赤化区域，使群众遭受到更多的靖卫团的压迫。

以上是1932年以前的一点情况。

第二，储江：1932年红军攻打赣州时，我也随军到了储江团区委工作，当时在储江市东坑河西均有党的组织，主力红军退走，储江区委移至东坑办公，地区缩小了，工作也就减少了，主要是搞些秘密工作，1934年后情况不知。

第三，赣县团县委：1934年1月，我在县委工作，书记任皇柳，副书记吴保山兼组织部长，副部长刘护民，宣传部长肖宜庄，还有刘德泉、罗孟湖等人，职位不清。

以上就是我了解的一点材料，其他我不知道。

3月22日于后勤

革命烈士谢长祯（谢其亮）的事迹 [①]

谢长祯系江西省赣县田村人，男性，生于1900年，现年59岁，出身于农民，家庭成分贫农。谢长祯同志在8—10岁读了三年私

---

① 本文的作者信息与成文时间不详。

塾，后因家庭困难就跟着父亲在田村做小食业（卖水粉丝）来维持一家十余口人的生活。生活过得非常贫苦，吃不饱穿不暖。当时，他〈们〉为了减轻父亲的负担，在 16 岁时〈他〉就以父亲的名字承租了刘裔居等地主十六亩地耕。由于他勤耕细作，技术熟练，在 20 岁时就成了生产能手。他一个人就能顶上两三个人的劳动。虽然当时他有这样强的劳动力，但在那个暗无天日的吃人的旧社会里，穷苦的人民受着种种压迫和剥削。所以在生活上是仍然过着愁吃少穿的牛马不如的生活。

1923 年他为了一家的生活拼命的干活，总想使生活能过得好一些，但不幸的是在那一年他的左手害病了。在那个旧社会里吃饭穿衣都成问题，可以想像〔象〕哪里还有钱来治病呢？半年的时间过去了，病还是没有治好。可怜的父母亲为了要生活不得不去东求西借凑了一些钱，由他自己到兴国县竹坊村请了一个张医师才把手治好。有志气的谢长祯和穷人有商有议，他想到穷人无钱治病的痛苦，他就决定学医。为此他就拜张老先生为师傅。从此他也就以行外科医为职业了。

1928 年田村有了共产党的组织，当时党的负责人是顾光理（化【名】为篮为田）。从此田村人民就有了真正的领导和旗手。在党的教育下，谢长祯懂得了穷人只有起来革命才有出路。因此他就利用自己〈的〉行医在群众中取得的密切联系宣传群众靠近党的组织。当时党知道他〈是〉对革命是忠诚的，因此就进一步培养他和在工作中考验他，经常给他侦察任务——秘密联系各地党的组织，为党为人民的革命事业能干。因此在田村党支部丁贤珠等同志的介绍下，就吸收他加入中国共产党。从此他就更加兢兢业业的为党工作，以行医为名到达兴国县东固山一带与中国工农红军取得联系。在 1928 年底田村人民在共产党的领导下，大闹土地革命。当时他也就接来了红〈军〉四军到了田村协助农民打土豪分田地，组织起来武装暴动，并成立农民协会。

到 1930 年春天，田村等地方就普遍的建立了区乡苏维埃政权。他当时也在乡里担任文书工作，同时兼任党支部的组织与宣传工作。他将16—22岁的男女青年组织了少年先锋队，精壮勇敢的编〈成〉为模范少先队。他指令他的弟弟谢长礼担任队长，其中有八十余名随时在茅店、江口等边区配合游击队和红军六十八纵队作战。在取得了不少的胜利后便编入了红军三十五军。正在各地革命运动〈在〉蓬勃发展的时候，〈可是〉蒋介石却派遣了他的匪徒接二连三地对苏区人民进行了“围剿”。当时谢长祯同志便领导群众进行坚壁清野的工作，把粮食隐藏起来，把堆谷的笼打掉。他自己同时也参加了战斗。当战斗进行到激烈的时候他五十多岁的老父就也在赤卫队参加战斗，妹妹谢茂香同政府一道走。但在这三四个月激烈的斗争中，也出现了几个败类，叛变了革命。例如，当时田村苏区主席刘冠群、田村分田委员刘敦棋、田村书记刘猷润、游击队长封□□，经不过考验，成了革命队伍的可耻逃兵，成了人民的敌人。在这一场艰苦的斗争中，谢长祯的父亲和妹妹都被万恶的国民党杀害而光荣地牺牲【了】。他的四胞弟当时在配合红军作战以后便参加了红军独立第三师。由于党的正确领导和人民的支援，红军取得了胜利，我们红军游击队也活捉了叛徒队长封□□，并当场处以死刑。苏区人民都欢天喜地的热烈庆祝红军反击敌人一、二、三次“围剿”的全面胜利。

1930年有了中共赣县县委和县苏维埃政府的组织。在县党政的领导下建立了边区苏维埃政权的工作组。县委派谢长祯同志担任工作【组】的政治指导员，领导了石栾洞①、庄前、三溪、储潭等地的区乡党政组织的领导机关和建立了各地的地方武装，在工作组干了半年多，在工作中总是任劳任怨，并且还附带了治病的业务工作，在储潭就有很多害病的群众得到了及时的治疗。现在乡长刘开科同志（老革命）反映了很多这样的例子。以后他由中共赣县县委调到储潭、三溪担任区委书记的工作。

---

① 疑为赣县湖江乡石垄坑。

　　1931年冬田村是县党政领导机关的所在地。当时苏区得到了一定程度的巩固，县的领导上为了便利群众和地方部队伤病员的治疗需要，就决定在白鹭建立一所赣县红色医院（驻白鹭村里）。谢长祯调任该院的政治指导员兼任党支书和医师。张有光同志任院里的所长（他是一个跟过彭德怀元帅的老红军，因为是荣军才离开部队），谢成仁任副所长，曾宜华任共青团书记，那【时】该院的领导关系和经济关系完全是由赣县的党政负责。

　　1933年冬季江西省军区司令部为了人民治疗和部队伤病员的需要，决定把原来兴国县茶岭红色医院扩大，将赣县白鹭红色医院合并成为茶岭的分院叫"白鹭红色分院"。它是直接受茶岭红色医院党委会和院务委员会的统一领导，白鹭分院建立后各种组织领导、配备制度也就健全起来了。谢长祯同志担任分院的院长、党支书和医师，张有光同志是政治指导员。分院还建立了七个人组成的院务委员会，成为分院的行政领导机构。赖宗机担任共青团支书，宋安平是分院的文书，谢才兴是分院的管理员，曾万禄是分院的事务长，林厚礼、赖振桃、余日辉、吴鸿吉是看护班长，刘家龄、刘位瑞、钟昌顺、钟立元、李赤生等人是医师，看护员曾方清、李金秀、钟茂凤等，钟六秀是洗衣队长，赖振京是伙夫班长，曾宜铭、曾来禧、曾来褆等是伙夫。院里正常有四百名左右的伤病员住院。院里的政治生活和日常生活活动也很健全。院内建立了列宁室，室内挂有马、恩、列、斯领袖的像，并15—20人编成一个政治和时事学习班，合计有十几个班，早晨在列宁室学习政治理论，下午就是在列宁室学习识字。列宁室还有俱乐部，晚上进行文娱活动，也有各种书籍报纸，如前方报、斗争报、红色报。分院有体育场，十天一次体育比赛。分院的全体职工和一部分轻伤的战斗员在每一个星期日，都参加出勤，"礼拜六"做礼拜六的活动，主要是去搞农业生产、耕好红军公田和红属家里的田，其次就是〈大〉打扫公共卫生。谢长祯同志在这些活动中无论工作怎样忙都要抽出时间来参加。他特别关心做礼拜六，参加出勤，平时在政治思想工作上也很关心，对有缺点的干部能耐心的教育。如看护班长赖振桃服务态度不好，他就用团结教育的方法来帮助其克服。又如钟昌顺医师闹婚姻问题比较严重，他就在列宁室召开干部会，大家发言讨论，进行分析批判，帮助了该同志克服了缺点。

谢长祯同志自从担任院长工作以来，在党的直接培养下，经过苦钻苦学，由原来一个普通的中医药的外科医师，因他有革命信心，日夜不停的为院〈的〉工作，学全了中药治疗内科病，同时又精通了应用西药和应用对伤口动手术。由于他进步快，伤病员有比较重的伤病，他就同李赤生等医师亲自去掌握和做手术。分院在他的带动和影响下，全体职工在各项工作上都掀起了革命竞赛的高潮。据了解在工作上〈把〉具有如下的优点：

①分院整个工作能掌握领导，能抓住每次的中心工作处理具体问题，能掌握原则办事。他自己的生活是艰苦朴素，能吃苦耐劳和有大公无私的作风。如反敌人一、二、三次"围剿"时医院在游击时期地下办公和睡觉，节约办院等事迹都很多。

②他对工作自觉性很强，有什么做什么，不辞苦，也不休息，经常的提出问题来研究，重伤员他自己去治疗，碰到了困难他和大家一起磋商、想办法。每一个星期日他自己和大家一起健全了做8小时体力劳动的"礼拜六"。

③他具有优良的服务态度，团结同志全面，发现了问题能及时的解决，在工作上早晚不分的细心的给伤员上药，晚上休息时还亲自到病员房里去问好。例如，红军战士谢清阳同志左手负伤，伤势很严重。当时有位熊医师决定要裁掉这只手，但经过他检查以后，一面安慰谢不用着急，一面找医师研究，以后决定谢长祯同志亲自替战士做了手术，而没有裁了那只手。经过他耐心的治疗，手治愈了。他虽然是二等荣军，但谢清阳的左手还可以干各种生产劳动。当时医院的休养员就替谢长祯同志取了一个名字，叫他是"红军亲爱的院长"，在群众中威信很高，得到了群众的拥护和支持。这次在杨梅村访问时，有的说侯〔胁〕肋病是他治好的，有的说烂背心

是他治好的。龚荣栋是一个最苦的农民，因烂足睡床一年多，龚非常悲观，脚治不好情愿死了。可是经过谢长祯同志的耐心治疗，他的脚已经痊愈。龚感动地说，是谢长祯救了他的命，"我永远也记着他"。

④对革命事业忠心耿耿，有高度的责任感，当每一批轻伤的红军战士病愈归队时，他都要向同志们作国内外革命发展的形势报告和红军的胜利消息。如：他们院在每次动员归队时都在列宁室举行欢迎战士归队大会。归队的战士有谢长发、吴金芳、曾照荣、李全佑、黄玉水等50余人，这是在黄芬村访问谢连发时提到的。蒋匪帮对苏区人民进行了〈的〉第五次"围剿"，红军主力开始了世界闻名的二万五千里长征。谢长祯同志就院内全体休养员同志，进行了红军长征意义的报告和传达党的号召，红军是无敌的，红军一定会胜利，院里的重伤员刘茂恺、刘毛仔、刘如民、何新义等掩护在破石坑里的小村庄内，住在群众家里与群众一同过着艰苦的生活。

⑤他在业务上进步很快，他治病打伤和外科用中药（草药），治疗很顺畅，对内科病使用中药进行治疗。在1933年他又学会了西医治病。但【当】时由于中、西药混合使用，药质之间有相反的矛盾，他便组织了研究组，所以从来没有出现过事故。他学懂了中药、草药、西药的使用方法和技术，这是谢长祯同志很特殊的才能。如刘逊志（老革命）说："他的治疗进步是天生的。"

⑥由于他的政治觉悟高，警惕性也很高，医院的前后都有白鹭乡的赤卫队和少先队放哨守夜，保证了伤病员的安全。在战斗紧急的时候他的对敌斗争很是顽强勇敢。

⑦他一贯是兢兢业业的为人民服务，毫不计较个人的得失。1933年秋季赣县少共县委书记刘邦华同志在住院治病时，考验他说："你的职别太少〔小〕了吗？没有工薪华〔划〕得来吗？"他答道："不要开玩笑，一个月还能分到二三元钱的伙食尾子。为革命工作不是计较钱多少和职别大小的问题。只要革命胜利了才是人民的幸福，干好了革命工作比什么都愉快。"

由于他对革命工作热情很高，工作积极负责，成绩非常显著。上级奖来的奖旗挂满了院，并得了模范称号，真是人人赞扬。如：田村白鹭的人民群众称赞他在医术上的进步，赛过孔明（指他聪明），原来是个普通的农民经过党的培养达到了这种水平，成为能文能武的干部，真是不容易，也是党的伟大。群众反映说："不知他帮助我们穷人治好了多少伤病。"

1934年红军北上后，蒋匪军对中央苏区的人民施行了残酷的第五次"围剿"。谢长祯同志在反对匪军的"围剿"中像部队一样的参加斗争行动。有一天晚上谢长祯和他的胞弟谢长礼在田村村里为了冲出村口，不幸碰着了铲共团的步哨，看到了我们走进了刘祖庭老表家里。匪军便集中力量把房子团团围住，刘祖庭的母亲当时急得无法。谢长祯同志不幸被捉出去了。匪军用绳子把他紧紧地捆绑住押到了匪军团部。在场的八、十两区的伪匪区长萧品骅、匪联保主任刘□堡、谢期梯，铲共团队长刘□坤，还有一个在五次反"围剿"中的叛徒分子原红军连长刘逊芬，等等。匪首开始用花言巧【语】来引诱欺骗他，要他自新招供。可是坚强的谢长祯一言不说。匪徒逼他要交出游击队和说出哪里有暗杀匪军的暗杀团。匪徒像豺狼一样的凶恶，使用严刑拷打。可是谢长祯同志仍是不屈服，置之不理，意志坚定。叛徒刘逊芬又来骗他说："只要招供自新，你可以得到释放。"他闭着眼睛不理。可是万恶匪头子和刘逊芬、刘证伦两叛徒用洋油倒在他身上来烧，又用木杠来压，把脚骨也压断了，胸前的肉和手被烧烂，这是多么残〔惨〕无人道的做法。虽然敌人使用了种种没有人性的刑法，但是谢长祯同志仍是毫不动摇，顽强不屈的坚持与敌斗争。他严肃地回答敌【人】说："为了革命，你们害死我是小事，我们的亲人一定会胜利的，总有一天他们会回来（他指的是党领导的红军）。"他在匪团部受尽了肉烂骨断的刑法后，在监狱中还是不忘革命、关心同志，在传话送饭他吃时，他对谢巴华妹妹说不要忘记他的话，一定要安慰母亲，他是为了革命的成功，另外还要他转告其他同志赶快跑出去，坚决为革命斗争到底，将来就有好处。

1935 年 2 月 28 日凶恶的敌人把他们十几位斗争不屈的坚强战士予于〔以〕迫害，匪首队长刘□坤，匪班长刘犹润、刘益仔、刘逊芬把他押到了刑场（寿钱山）。谢长祯同志在通过街道时满身是伤痕，皮开肉绽，真是寸步难移，他们高呼口号"共产党万岁！红军万岁！"他们喊得雄壮宏〔洪〕亮。很多的群众当场感动的流下了眼泪。刽子手刘润祥、刘坤、刘益仔、刘逊芬（叛徒）在刑场上活活的把谢长祯同志破肚挖心，就这样光荣的牺牲了……

他们虽然光荣的牺牲了，可是他们的事迹却是万古流芳，永垂不朽，在我们的革命史上记下了光辉的一页。